胡楚生著

老莊研究

于大成左手

臺灣學生書局印行

自敘

老莊思想，與孔孟學說一樣，都是我國學術思想中的主流，自先秦以降，歷代的思想學術，很少不曾受到過他們的影響。

老莊的思想，既已精深玄妙，老莊的文辭，卻又艱澀古奧，因此，歷代的學者們，對於老莊的思想，往往也就各本所知，分別從不同的方向，去作探索，我們只要瀏覽一下歷來有關老莊的著作，就會發現，那些撰述，有些是從道教的觀點，去作詮解，有些是從儒家的角度，去作推闡，有些是以佛家的立場，去作敷衍，有些是以西方哲學的理論，去作舖陳，他們的闡釋，自然都各有所見，但是，他們的闡釋，是否已能適當地表顯出老莊思想的原始面貌，卻也不能使人無所疑慮。

本書所收集的二十八篇蕪文，都是筆者近幾年來所撰成的稿件，對於老莊思想的研討，在基本上，筆者是希望儘量採取「回歸原典」的方式，以老莊闡釋老莊，從而去彰明老莊思想的眞實面目，只是，筆者的這種希望，在本書中，能否達成，仍然不敢自信於心，還請讀者諸君，多加批評指正。

摯友于長卿教授，博學宏識，精擅書藝，惠允爲此書題耑，在此也敬申其感謝之忱。

中華民國八十一年八月十五日　**胡楚生**　謹識於國立中興大學

老莊研究　目次

從「形上」到「形下」

——老子「道論」發微

一、引　言

在先秦的思想家中，老子對於形上觀念的興趣，最爲濃厚，但是，老子所以要探討形上的觀念，主要認爲，人是宇宙的一份子，在大宇長宙之中，人們只能去順應宇宙的法則，而不能去違背自然的規律，因此，老子是以人生的立場，作出發點，從而去探尋宇宙萬象的根源，尋覓出宇宙之內一切事物都自然遵循的原理，然後用此原理，去引領人生的方向，去指導人生的行事。

「道」，是老子思想的重心，在老子的思想中，「道」字也蘊涵著許多的意義，試加分析，「道」字有宇宙根源的意義，也有產生萬物能力的意義，也有推動天地萬物生長過程的意義，也有主導宇宙萬物發展規律的意義，也有指引人們生活準則的意義，同時，「道」的意義雖然是「形而上」的，但是，它在「人生」的應用方面，卻可以直接貫串到「形而下」的各種「器」中❶。

二、道的意義

關於「道」的意義，《老子》第二十五章曾說：

有物混成，先天地生，寂兮寥兮，獨立而不改，周行而不殆，可以爲天下母，吾不知其名，字之曰道，強爲之名曰大，大曰逝，逝曰遠，遠曰反。❷

老子認爲，在天地尙未創生以前，已經有此事物，在混沌微妙的情況下自然地產生，此一事物，既無聲音，也無形相，可是，在時間上，它卻是最原始的，它超越了萬物之上，恆久而單獨地存在著，在空間上，它卻是周遍運行，無所不在，永不懈怠，永不止息，它創生了天地萬物，是天地萬物生成的根源，只是由於稱名的方便，老子才爲此事物，命名爲「道」，又用一個「大」字，從時間、空間、根源等意義上，去作爲它勉强形容的稱代之辭。雖然，「道」具有這麼多的特點，但是，它卻不是人們的感官經驗所能覺察得到的，《老子》第十四章也說：

視之不見名曰夷，聽之不聞名曰希，搏之不得名曰微，此三者不可致詰，故混而爲一，其上不皦，其下不昧，繩繩不可名，復歸於無物，是謂無狀之狀，無物之象，是謂惚恍。

由於「道」是無色無聲無形的事物，它視之不可得見，聽之不可得聞，搏之不可得觸，所以，它是人們眼耳鼻舌身等感官經驗，所無法追根究柢、而窮究其眞相的，它只是一種「無狀之狀，無物之象」的事物，只是一種「惚恍」的狀況，《老子》第二十一章也說：

道之爲物，惟恍惟惚，惚兮恍兮，其中有象，恍兮惚兮，其中有物，窈兮冥兮，其中有精，其精甚眞，其中有信，自古及今，其名不去，以閱衆甫。

「道」既然是恍恍惚惚，不可捉摸、不可聽聞，從這方面看，似乎絕然是「無」了，但是，從另一方面說，它卻也是眞實地存在著，它不但自古以來，就眞眞實實地存在著，而且，它也是創生宇宙萬物的根源，它具有創生宇宙萬物的力量，它的力量，是用之不盡的，因此，老子說它是「道沖而用之，或不盈」❸，因此，換另外一個角度去看，它又絕對是「有」的，《老子》第一章說：

無，名天地之始，有，名萬物之母，故常無，欲以觀其妙，常有，卻以觀其徼，此兩者，同出而異名，同謂之玄，玄之又玄，衆妙之門。

老子從「道」的並不具有聲音形貌的特性方面看，從「復歸於無物」方面看，以爲「道」可稱之爲「無」，又從「道」的創生宇宙萬物的特性方面看，從「有物混成」、「其中有物」等方面看，以爲「道」又可以稱之爲「有」，因此，在老子的觀念中，「無」應該是「道」的「體」，「有」則是「道」的「用」，「體」在「用」前，即「體」可以起「用」，「無」在「有」先，即「無」可以生「有」，因此，《老子》第四十章說：「天下萬物生於有，有生於無。」同樣也是在闡釋老子這一關於「道」的「有」「無」的問題，只是，「有」雖然是一種實有，人們可以領悟到它的眞實存有，但它也只是一種「妙有」，卻不是「形而下」的「器」的意義。

《老子》第四十章又說：「反者道之動，弱者道之用。」老子所謂的「反」，是具有循環往復、相反相成、及向反面發展等含義❹，因此，「反」是老子道體之機微發動方面的特徵，老子所謂的「弱」，是綜合了一切清虛自然、寧靜無爲、謙卑濡下、功成不居等等的含義，所以，「弱」是老子道體之屬於應用方面的特徵。要之，「無」與「有」，「體」與「用」，「反」與「弱」等，都仍然只是老子思想中的「形上」意義，都仍然只是老子所體會出來的一些原理和原則。

在先秦的思想家中，老子對於形上觀念的興趣，最爲濃厚，一方面，老子曾是周的「守藏室之史」，身爲史官，他遍閱了歷史的記載，體悟了許多「成敗、存亡、禍福、古今之道」❺，詳細探索了歷史上紛繁錯雜現象背後的原因，吸取了充分的歷史教訓，另一方面，老子又享高年，「蓋老子百有六十餘歲，或言二百餘歲」❻，他經歷了人間的冷暖，體驗了人情的誠僞，等到筆之爲書，才出其經驗，用以導引世人，同時，《老子》第十六章曾說：「致虛極，守靜篤，萬物並作，吾以觀復。」老子不但觀察歷史的教訓，人情的誠僞，他也返觀內照，用心去體悟大宇長宙之內一切森羅萬象背後的原理，找出了宇宙變化的最高理則——「道」的存在，他以爲，人們生活在宇宙之中，既然是宇宙的一份子，便只能夠去順應宇宙的法則，卻不能去違反自然的規律，像日月經天，周而復始，春耕夏長，秋收冬藏，這種種的自然現象，自然情況，人們在這許許多多的變化中，只能採取順應自然的態度，才能獲致和諧安祥的生活，才能安頓自己的生命，因此，老子對於形上觀念的興趣，並不是爲了對於宇宙現象的驚訝好奇，也不是爲了純粹的知識探求，他仍然是從「人生」的立場作出發，一層一層地向上推尋，一直推尋到宇宙萬象的根源之處，尋覓出一種大宇長宙之內、一切事物都自然遵循的原理，然後用以去引領人生的方向，去指導人生的行事，從而去獲致理想的人生境界，這才是老子探尋形上原理的眞正目的❼。

因此，在前述的《老子》第二十五章中，在「遠曰反」之後，老子接著又說：

> 故道大、天大、地大、人亦大，域中有四大，而人居其一焉，人法地，地法天，天法道，道法自然。

在此章中，「人」也被列爲「四大」之一，從「人」的立場出發，人可以去效法大地的厚德載物，效法上天的廣博無私，效法大道的創生不息，而歸趨於順應自然，同時，重要的是，在此章中，形上的「道」，已經直接貫串到形下的「人」，從「人」的效法「道」的「自然」，已經將「人」與「道」的關係，相互聯繫在一起，而直接點明了「人」必須要效法「道」，接受「道」的引領和指導，以作爲安頓生命的原則。同樣地，在前述的《老子》第十四章中，在「是謂惚恍」之後，老子接著又說：

> 迎之不見其首，隨之不見其後，執古之道，以御今之有，能知古始，是謂道紀。

在前述的《老子》第二十一章中，在「以閱衆甫」之後，老子接著又說：

> 吾何以知衆甫之狀哉？以此。

無論是「執古之道」，或者是「吾何以知衆甫之狀哉」，都是從「人」的立場，去體悟「道」的原理，以引領自己生活的方向，都是去藉著形上之「道」，以作爲指導本身形下之「器」所應遵循的途徑，這才是老子探尋形上原理的眞正目的，也就是在這種目的之下，無論在老子的人生哲學、社會哲學、或是政治哲學之中，便都會或多或少地蘊涵了形上的「道」，以作爲指引的原則，只是，這些原則，有些比較明顯易見，有些比較隱微難知而已。

三、道的應用

老子藉形上之「道」，以指引形下之「器」，假自然的「天道」[8]，以闡明「人事」的例子，在五千言中，隨處可見，其較爲明顯的，如《老子》第八十一章說：

> 聖人不積，既已爲人己愈有，既已與人己愈多，天之道，利而不害，聖人之道，爲而不爭。

老子以爲，形而上的道，是以虛無爲本體，是溥利於萬物的，因此，能夠深體此道的聖人，也就應當順應此道，效法道體的精神，作到利澤大衆而不相爭奪的行爲，在此章中，老子以「天之道」與「聖人之道」對舉，很明白地，正是闡釋了天人之際的關係，說明了以形上的精神，下貫到形下之中，而引領人生的實例。又如《老子》第九章說：

> 持而盈之，不如其已，揣而銳之，不可長保，金玉滿堂，莫之能守，富貴而驕，自遺

其咎，功成身退，天之道。

老子以爲，天道以虛無爲本，自然界的現象，也是如此，像日中則仄，月滿即缺，花開花落，過盈則虧，因此，他體悟到人生的行爲，也當效法天道，以謙卑濡下爲準則，順應天理，功成即退，才是善於效法天道的行徑，在此章中，老子也是以形上之道，去作爲指引形下之器的最高原則。又如《老子》第三十七章說：

道常無爲而無不爲，侯王若能守之，萬物將自化。

老子以爲，形而上的道體，是虛無自然、清靜無爲、不假造作的，但是，天地萬物都由道而產生，則道的功能，實際也無所不爲，「道」的這種特性，世間爲君王諸侯者，如能順守此理，效法道的無爲精神，則百姓臣民，都將自然向化，和諧相處，而各遂其生，在此章中，老子也是很明顯運用了他那以形上的原理去貫串形下之器，以人事去順應天道的方向。又如《老子》第七十七章說：

天之道，其猶張弓與，高者抑之，下者舉之，有餘者損之，不足者補之。天之道，損有餘以補不足，人之道，則不然，損不足以奉有餘。孰能有餘以奉天下，唯有道者，是以聖人爲而不恃，功成而不處，其不欲見賢。

天道自然的作用，如同調弓上弦，貴在均平和諧，調勻有餘與不足之間，但是，老子所觀察得到的人間世道，則恰恰與之相反，是損不足以奉有餘的，所以，老子認爲，唯有深體大道的聖人，才能效法天道無私的精神，成就萬物，而功成不居，而做到形上形下，一以貫之的目的。

以上，是《老子》書中，比較明顯地，以形上的天道去指引形下的人事的例子，至於《老子》書中，雖不明顯提到天人之際的關係，卻實際仍然是以形上原理去引領形下人生的情形，也仍然隨處可以見到，例如《老子》第二十二章說：

曲則全，枉則直，窪則盈，敝則新，少則得，多則惑，是以聖人抱一爲天下式。

曲與全，枉與直，窪與盈，敝與新，少與多，都是相反的觀念，但是，老子以爲，在某些情形下，暫時的委屈，反而能夠獲得保全，同樣地，經由過度的枉曲，才能獲得正直，低窪卑下，才能夠得到盈滿，經由敝舊的過程，才能獲得新的生機，由於執簡秉要，才能獲取心得，貪多務得，反而更增迷惑，因此，眞正能夠體悟大道的聖人，也必然會堅守著大道的精神，去作爲世人效法的準則，在此章中，老子所遵循的，仍然是他那「反者道之動」的形上原理而已。又如《老子》第十二章說：

五色令人目盲，五音令人耳聾，五味令人口爽，馳騁畋獵，令人心發狂，難得之貨，令人行妨，是以聖人爲腹不爲目，故去彼取此。

五色不必一定使人目盲，五音不必一定使人耳聾，五味不一定使人味覺盡失，珍貴難得之貨，也不必一定使人行爲乖離正途而德行敗壞，但是，過度的縱情於聲色貨利的追求，過度的馳逐於熾熱熏心的利欲，而不知節制，不知限度，確實會使人貪求無厭，陷溺愈深，終至於無法自拔，而喪失了自然的淳眞與本能，因此，老子忠告世人，應效法體道的聖人，滿足於內在的質樸寧靜，而不該追逐巧詐多變的外在物欲，在此章中，老子所以要「爲腹而不爲目」，仍然只是爲著去順應那清靜無爲的「天道」而已。又如《老子》第七十六章說：

> 人之生也柔弱，其死也堅強，草木之生也柔脆，其死也枯槁，故堅強者死之徒，柔弱者生之徒，是以兵強則不勝，木強則兵，強大處下，柔弱處上。❾

老子觀察外在世界，發覺到人與植物都有相同的情況，當充滿生命的力量時，軀體都是柔軟度相當高的，而當生命的力量消失之後，就會變成枯萎僵直的形象，由此，老子體會到，凡屬於柔弱的，都近乎容易生存的一類，凡屬於堅強的，都近乎難以生存的一類，同時，他也體悟到，世人黷武用兵，往往驕者多敗，而哀者多勝，就如樹木的成長一般，強壯的樹根，反居下位，柔弱的葉莖，乃居上位，在此章中，老子因而得出一種「柔弱勝剛強」的結論，而整章中的意義，也自然歸屬到「弱者道之用」那一形上原理的指引之處。又如《老子》第七十八章說：

> 江海所以能爲百谷王者，以其善下之，故能爲百谷王，是以聖人欲上民，必以言下之，欲先民，必以身後之，是以聖人處上而民不重，處前而民不害，是以天下樂推而

不厭，以其不爭，故天下莫能與之爭。

老子觀察江海所以能匯集衆水的原因，主要在於江海能自居於低下的地位，故能爲百川所朝宗，因此，他也以爲，君王施政，欲爲衆民之主，必須先在言語上謙退自抑，在行動上卑弱自處，寧靜無爲，清虛自然，不多擾民，才能使百姓和樂安祥，無所厭怨，才能作到「受國之垢，是謂社稷主，受國不祥，是謂天下王」⑩的地步，因此，在此章中，老子仍然是以「弱者道之用」的形上原理，去作爲指引君王行事的準則。

四、結語

以上姑爲舉例，用以說明老子思想中「形上」之「道」與「形下」之「器」的相互關係，要之，老子思想中的「道」，不但是宇宙產生的根源，也是萬事萬物發展的規律，更是人們行爲舉措的準則，從「形而上」到「形而下」，是一以貫之，而落實在人生日用之間的，因此，在《老子》書中，雖然他曾經使用了不少的篇幅，去闡釋他那「形上」的觀念，去探討「道」的意義，但是，他眞正關懷的重點，仍然是落在人們生活的各種事項之中，他最終極的目的，仍然是設想著以「形而上」的「道」，去引導人們步入安祥和諧的生活，他的這種用心，是毋容置疑的事實。

附注

❶《易・繫辭上傳》說，「形而上者謂之道，形而下者謂之器。」《朱子語類》卷七十五說，「形而上者，指理而言，形而下者，指事物而言。」又卷六十二說，「天地中間，上是天，下是地，中間有許多日月星辰，山川草木，人物禽獸，此皆形而下之器也。然這形而下之器之中，便各自有個道理，此便是形而上之道。」此文僅論人事，故以人生事項作為「器」之代表。

❷此據王弼注本，下引皆同。

❸見《老子》第四章。

❹見張起鈞先生《老子哲學》頁七，此據民國四十二年中央文物供應社初版本，下引並同。

❺見班固《漢書藝文志・諸子略・道家類・小序》。

❻見《史記・老莊申韓列傳》。

❼張起鈞先生《老子哲學》頁二說：「老子哲學的發生次序，不一定就是形上學優於其他各種思想，但其形上學的理論，卻隱然的含有其他各種思想的總根據，因此，我們必須認清了他的形上學，才能對他的各種思想，具有真正的了解。」徐復觀先生《中國人性論史》（此據民國五十八年一月臺灣商務印書館初版本）頁三二五也說：「老學的動機與目的，並不在於宇宙論的建立，而依然是由人生的要求，逐步向上面推求，推求到作為宇宙根源的處所，以作為人生安頓之地。」所見都極為正確。

❽此處「天道」，實即「道」之代稱。

❾此章「草木」上原有「萬物」二字，范應元本、吳澄本無此二字，據刪。

❿見《老子》第七十八章。

（此文原刊載於《中國學術年刊》第十二期，民國八十年四月出版）

試論《老子》首章的句讀問題

一、引言

《老子》首章，是全書八十一章中最爲重要的一章❶，只是，此章的句讀，向來卻存在著一些頗具爭論的問題，歷代注釋《老子》的學者們，對於《老子》首章的句讀，大致有著兩種明顯不同的文字點斷，第一種是：

> 道可道，非常道，名可名，非常名，無名，天地之始，有名，萬物之母，故常無欲，以觀其妙，常有欲，以觀其徼，此兩者，同出而異名，同謂之玄，玄之又玄，衆妙之門。

這種句讀的方式，重點在上文以「無名」「有名」點斷，下文以「無欲」「有欲」點斷，這種句讀的方式，可以王弼之注爲代表，歷來不少的學者，像呂吉甫、王道、吳澄、魏源等，在他們的著述中，都採取這種句讀的方式❷，另外一種文字點斷的方式是：

> 道可道，非常道，名可名，非常名，無，名天地之始，有，名萬物之母，故常無，欲以觀其妙，常有，欲以觀其徼，此兩者，同出而異名，同謂之玄，玄之又玄，衆妙之門。

這種句讀的方式，重點在於上文以「無」「有」點斷，下文也以「無」「有」點斷，這種句讀的方式，可以王安石之注爲代表，歷來不少的學者，像俞樾、高亨、于省吾、嚴靈峰等，在他們的著述中，都採取這種句讀的方式❸，另外，像蘇轍在《老子注》中，上文以「無名」「有名」點斷，下文以「無」「有」點斷，後世從其說者，爲數較少，暫置不論，以下，主要討論前述兩種句讀的問題。

二、從文法上考察

討論《老子》首章的句讀問題，我們可以從《老子》首章的語義文法上、從《老子》書中的習慣用語上，從《老子》全書的思想義理上，分別去作考察，以下，先從《老子》首章的語義文法上，加以討論。

《老子》首章之中，有一「故」字，「故」字是承上起下之詞，意義與「是以」「所以」相當，是承接上文的原因，以推言其結果的轉接用語，因此，在《老子》的首章之中，「故」字必然應該發揮其「承上起下」的呼應功能，「故」字既然應該發揮它那「承上起下」的呼應功能，則《老子》首章的上文與下文之間，一定有著相當程度的彼此呼應，也必然有其上下文相互影響的「互動」關係，從這個角度去考察，如果上文的句讀作「無，名天地之始，有，名萬物之母」，下文的句讀作「常無，欲以觀其妙，常有，欲以觀其徼」，則上文的「無」「有」，正是以「故」字作樞紐，作「承上起下」之詞，而與下文的「無」「有」，適相呼應，不止在語氣上互相呼應，同時，在意義上也正相呼應。反之，如果上文的句讀作「無名，天地之始，有名，萬物之母」，下文的句讀作「常無欲，以觀其妙，常有欲，以觀其徼」，則上文的「無名」「有名」，與下文的「無欲」「有欲」，相互之間，在語氣上、在意義上，兩種不同的事物，都無法作出彼此的呼應，而此章中的「故」字，也就失去了它在文章中「承上起下」的作用，失去了它存在的價值，《老子》行文，實不應疏忽至此。當然，如果上文以「無名」「有名」點斷，下文以「無」「有」點斷，像蘇轍所主張的，則同樣也有著上下文不相呼應的缺失。

另外，老子在首章之末，分明說是「此兩者，同出而異名，同謂之玄，玄之又玄，眾妙之門」，如果此章上文以「無」「有」斷句，下文也以「無」「有」斷句，則此章文末的「結語」，正好總結前述各句的意義，而指明了「無」與「有」便是「同謂之玄」的「此兩者」，反之，不論此章上文以「無名」「有名」斷句，下文以「無欲」「有欲」斷句，或是上文以「無名」「有名」斷句，下文以「無」「有」斷句，則總束前言的「結語」，都只能說是「此四者」，而不能再是「此兩者」了，古人行文，豈能疏忽至此？同時，老子曾說：「有無相生。」❹又說：「天下萬物生於有，有生於無。」❺因此，只有「此兩者」的「無」與「有」，才可以說是「同出而異名」，才可以說是「同謂之玄」，否則，如果提出「無名」「有名」，「無欲」「有欲」，或是提出「無名」「有名」，「無」與「有」，則此「四」者，又有什麼「玄妙」可言，又豈能「同謂之玄」呢？此「四」者，雖然是「異名」，又豈能稱之為「同出」呢？

三、從用語上考察

以下，我們從《老子》書中，用語的習慣方面，再作考察，由於王弼注本，首章以「無名」「有名」，「無欲」「有欲」斷句，此節的討論，就從這四則語詞，作一考察，《老子》書中，確實多言「無欲」，除第一章內，暫不計算之外，例如：

「常使民無知無欲。」（三章）

「常無欲，可名於小。」（三十四章）

「夫亦將無欲。」（三十七章）

「我無欲而民自樸。」（五十七章）

以上的文句中，都提到了「無欲」，另外，《老子》書中，雖然不說「無欲」，而意義與此相同相近的，也有不少，例如：

「少私寡欲。」（十九章）

「不欲以靜。」（三十七章）

「是以聖人欲不欲。」（六十四章）

「不見可欲。」（三章）

「咎莫大於欲得。」（四十六章）

以上的這些「寡欲」、「不欲」、「不見可欲」、「咎莫大於欲得」，意義也都與「無欲」相同或是相近，因此，「無欲」「寡欲」，確實與老子清靜自然、恬淡無爲的思想，適相符

合，但是，《老子》書中，卻絕不見有任何主張「有欲」的地方。（只除了第一章中疑似之處，尚待考察之外）

同時，《老子》首章曾說「故常無欲以觀其妙，常有欲以觀其徼」，因此，「觀妙」「觀徼」，應該也是此章的重點之一，其實，「觀」字在老子心目中，是一件極爲重要的修養工夫，《老子》十六章說：「致虛極，守靜篤，萬物並作，吾以觀復，夫物芸芸，各復歸其根。」老子以爲，天地萬物的生長運行，都有一個共同的規律，那就是「返復」，如果人們能夠把握住此一規律，那麼，就能夠「執古之道，以御今之有」❻，也就能夠「沒身不殆」❼，因此，人們需要去從事修養的工夫，去致其清虛之心，而達於至極之境，去守其寧靜之意，而達於深篤之域，才能夠培養出虛壹清靜的能「觀」之心，才能夠從紛繁錯雜變化莫測的事物表面現象之中，而「觀察」出它們背後至簡至要、不變不易的原理規律，然後加以秉執控御，以達到「能知古始，是謂道紀」❽的目的。

實則，老子所謂的「觀」，不僅向外觀理，也同時返照內觀，自內心以觀眾理，像老子所說的「希言自然，故飄風不終朝，驟雨不終日，孰爲此者天地，天地尚不能久，而況於人乎」❾，是向外觀理的例子，像老子所說的「不出戶，知天下，不窺牖，見天道，其出彌遠，其知彌少」❿，就是默思冥會，返照內觀，向內心求觀眾理的例子，所以老子要說，「爲學日益，爲道日損，損之又損，以至於無爲」⓫，爲學爲道，正是分別向外向內觀理的兩種不同的方式，只有向內「損之又損」，才能將內心中的雜念物欲，掃除殆盡，才能讓內心本具的明覺呈露，以達到「無爲」的境地，才能返照內觀，使眾理顯現，因此，「觀」在老子思想中，是一件極其重要的修養工夫。

《老子》首章，以闡釋形上之「道」爲主，道的奧妙，不可言說，道的體相，不易明瞭，因此，老子提出了「觀其妙」與「觀其徼」的方法，以協助人們去了悟「道」的特性，人們以「無欲」之心，清虛靜謐，固然可以觀「妙」，但是，如果以「有欲」之心爲念，則私欲已經蒙蔽了自己可觀能觀的心靈，又如何可以去從事「觀」的工夫，以求能得到其「徼」呢？

另外，《老子》書中，雖然曾說到「無名」，像三十五章的「道常無名」，三十七章的「無名之樸」，四十一章的「道隱無名」，但卻罕見「有名」之詞，只有三十二章之中，偶一提到「始制有名」而已，因此，在《老子》首章之中，既然是以闡釋「天地之始」與「萬物之母」的「道」爲主旨，則以「無名」爲說，也還可通，若以「有名」爲說，則極不相宜了。

總之，在《老子》首章之中，「有欲」既然絕對不能作爲「觀」的條件，則從「故」字承上起下的作用而言，其上文的「無名」「有名」，也將同時不能成立，何況，「有名」之說，也絕對不符合「老子」天道的用意呢？（當詳下節）

四、從義理上考察

《老子》首章，立要在於闡明形上的道體，老子以爲，「道」是創生宇宙的根源，所以他說：「有物混成，先天地生，寂兮寥兮，獨立而不改，周行而不殆，可以爲天下母，吾不知其名，字之曰道。」⑫又說：「道生一，一生二，二生三，三生萬物。」⑬因此，老子以爲，天地萬物，都是由「道」而產生的，但是，「道」並不是一個實體，他說：「道之爲物，惟恍惟惚，惚兮恍兮，其中有象，恍兮惚兮，其中有物，窈兮冥兮，其中有精，其精甚眞，其中有信。」⑭因此，道是恍恍惚惚地存在，是一種「無狀之狀，無物之象」⑮，是「視之不見」、「聽之不聞」、「搏之不得」⑯的，但是，「道」卻不是絕對的零，因此，「道」之爲物，「欲言無邪，而物由以成，欲言有邪，而不見其形」⑰，因此，道的「體」可以說是「無」，而道的「用」卻可以說是「有」，老子說：「天下萬物生於有，有生於無。」⑱又說：「故有無相生。」⑲所以，「無」與「有」，在老子書中，其實也都是「道」的代稱，只是，一代表道的「體」，一代表道的「用」而已。

「無」與「有」既然是「道」的代稱，那麼，在《老子》首章之中，如果我們上文以「無，名天地之始，有，名萬物之母」斷句，下文以「故常無，欲以觀其妙，常有，欲以觀其徼」斷句，那麼，此章的要義，就不難得到適當的解釋，因爲，「道」既然是先天地而生，自然可以名之爲「天地之始」，「道」既然是產生宇宙萬物的根源，自然可以名之爲「萬物之母」，同樣地，從「體」上說，「無」可以名之爲「天地之始」，從「用」上說，「有」可以名之爲「萬物之母」，「無」和「有」的差異，只是「體」與「用」，「隱」與「顯」的關係而已。

《老子》首章，前半章言「道體」，後半章言「體道」，前面說「天道」，後面說「人道」，所以，後半章接著說：「故常無，欲以觀甚妙，常有，欲以觀其徼。」這是老子從

「人」的立場，而敘說人們如何去體悟大道的方法，他以爲，人們常可以從大道的「無」的角度，去體會觀察大道的微妙，常可以從大道的「有」的角度，去體會觀察大道的究竟，《老子》十一章說：「故有之以爲利，無之以爲用。」正是去觀察體會大道而得到的結果。如此，則上文的「無」「有」，與下文的「無」「有」，正相呼應，而在中間擔當承上起下的「故」字，也可以適當地發揮了它的作用，而上下文的「無」「有」，也正符合了「此兩者」的條件，「無」與「有」，更是同出於「道」而異其名，大道既然是「微妙玄通，深不可識」[20]，則「無」「有」二者，說它們是「同謂之玄，玄之又玄，眾妙之門」，又有何不可呢？

反之，《老子》首章，如果上文以「無名，天地之始，有名，萬物之母」斷句，下文以「故常無欲，以觀其妙，常有，以觀其徼」斷句，那麼，此章的解釋，就很難符合老子的思想了，因爲，從「無名」「有名」「無欲」「有欲」而言，雖然《老子》首章，也曾說到「名可名，非常名」，但是，重點卻在於彰明「道可道，非常道」，「名」在首章之中，只是幫助說明「道」的不可言說，「道」的難於明瞭，以爲凡有稱名，即非常名，以襯托凡有可道，即非常道，因此，只是在說「名」不可爲「常名」，並不牽涉到「無名」「有名」的問題上去，同時，就意義上來看，「無名，天地之始」，天地始創之際，固然可視以爲是「無名」之時，但是，「有名，萬物之母」，能產生萬物的「母」，又怎能只以「有名」二字作爲代表呢？「有名」，又是有什麼名呢？「萬物之母」，自然是指本章的重心「道」了，「道」固然「可以爲天下母」[21]，固然是「萬物之母」，但是，老子明白地說：「有物混成，先天地生」，「吾不知其名，字之曰道，強爲之名曰大」㉒，「道」本無名，人強爲之名，「道」當「無名」之時，即已爲「萬物之母」，又何需等到「有名」之時，才能爲「萬物之母」呢？而且，一切世間之「名」，都是由人所命，有人而後有名，但是，老子以爲，「道」之產生，「先天地生」，「道」是產生宇宙天地萬物的根源，是「獨立而不改」的，是早於任何事物而存在的，那麼，「道」自然也應該遠在有「人」之前，就早已存在的了，因此，從先後的次序上說，有「道」而後有「人」，有「人」而後有「名」，名既爲人之所命，那麼，「無名」之前，「道」早已存在，已可以爲「天地之始」與「萬物之母」了，何必還要等到有人命名，等到「有名」之後，才能成爲「萬物之母」呢？因此，「無名，天地之始」，也許勉強還可以說得通，但是，「有名，萬物之母」，卻是絕對說不通的。

在《老子》首章之中，如果上文的「無名」「有名」，已經不能解釋得妥當，則從「故」字作承上起下的「互動」的關係上來看，下文的「無欲」「有欲」，自然也不能夠有其適當的呼應，而符合《老子》此章的意義了，何況，前節已經提到，既是「有欲」，又如何能去「觀徼」呢？「有欲」之說，也是絕對不符合老子的思想的。

五、結　語

《老子》首章的句讀，自從王安石提出了與王弼不同的點斷方式以後，歷來注釋《老子》的學者們，對於兩種不同的斷句方式，自然先要有所抉擇，然後才能根據自己所擇定的句讀方式，去對《老子》此章，作出詮釋，因此，每一位注釋《老子》的學者們，也都不免或多或少，對於《老子》首章句讀的點斷，表示了自己的看法，到了近代，更有一些學者，撰著專文，對此問題，加以探討，像張揚明先生所撰的〈關於老子第一章句讀的探討〉，嚴靈峰先生所撰的〈老子第一章的句讀問題〉㉓，以及他們二位先生好幾篇相互論辯的文章㉔，都是針對《老子》首章的句讀，作出討論的例子。

本文的撰作，只是嘗試著想從另外的角度，提出一些粗淺的看法，希望對於前賢的討論，能有一些補充的意見，因此，此文的撰寫，儘量避開歷來諸家注釋的糾結，儘量直接以《老子》首章的正文作爲討論的基礎，去加以探究，所能得到的結論，雖然仍舊只能從王弼與王安石兩家的句讀方式中，選擇其中的一種，作爲歸趨，雖然並不能夠提出一種更加新穎的句讀方式，出於二王的兩種方式之外，但是，此文從文法上、用語上、義理上，加以考察，對於《老子》首章上下文都以「無」「有」斷句的方式，多少也增加了它一點益爲可信的證據，也許可以提供給研治老學的同好，作爲斟酌取捨的資料。

附注

❶《老子》分章，此據王弼注本。

❷見呂著《老子注》、王著《老子億》、吳著《老子解》、魏著《老子本義》。

❸見俞著《老子平議》、高著《老子正詁》、于著《老子新證》、嚴著《老子達解》。王安石《老子注》，見嚴靈峰輯校之《老子崇寧五注》。

❹見《老子》第二章。

❺ 見《老子》四十章。
❻ 見《老子》十四章。
❼ 見《老子》十六章。
❽ 見《老子》十四章。
❾ 見《老子》二十三章。
❿ 見《老子》四十七章。
⓫ 見《老子》四十八章。
⓬ 見《老子》二十五章。
⓭ 見《老子》四十二章。
⓮ 見《老子》二十一章。
⓯ 見《老子》十四章。
⓰ 見《老子》十四章。
⓱ 見《老子》十四章王弼注。。
⓲ 見《老子》四十章。
⓳ 見《老子》第二章。
⓴ 見《老子》十五章。
㉑ 見《老子》二十五章。
㉒ 見《老子》二十五章。
㉓ 二文並見《大陸雜誌》四十二卷十一、十二期合刊。
㉔ 張嚴二位先生論辯之文，見《大陸雜誌》四十六卷四期及四十六卷六期。

老子以水喻道的方式與義蘊

一、引言

哲學家所追求的是「聞道」，是「明道」，所以，孔子要說，「朝聞道，夕死可也」，老子也要說，「上士聞道」，但是，道不易聞，也不易明，因此，哲學家往往利用譬喻的方式，借物喻道，傳述思想，以達到使人聞道明道的目的，像《論語・子罕篇》記載孔子的話：「逝者如斯夫，不捨晝夜。」《六祖壇經・行由品》記載神秀的偈：「身是菩提樹，心如明鏡台，時時勤拂拭，勿使惹塵埃。」便都是明顯的借「水」借「鏡」以喻道的例子。

《老子》五千言中，借「水」喻道的例子，尤其不少，由於《老子》書中，多言形上思想，而具體的器物易睹，抽象的原理難知，因此，老子爲了闡明他的形上之道，也就常常假途於「以水喻道」的蹊徑。

在老子的思想中，「道」不但是宇宙的本源，也是宇宙生成的法則，也更是人間世中，人們生活行爲的指導原則。

在討論到宇宙的本源方面，老子以爲，「有物混成，先天地生，寂兮寥兮，獨立而不改，周行而不殆，可以爲天下母，吾不知其名，字之曰道」（二十五章），他認爲在天地判生以前，已經先有了此「物」的存在，此「物」先於天地而生，是產生天地萬物的根源，所以稱之爲「母」，爲了便於稱呼，才「字之曰道」，但是，此「道」卻是視之不見、聽之不聞、搏之不得、惟恍惟惚地存在著，但也由之而產生了天地萬物，因此，老子在提到「道」時，便說它是「沖而用之，或不盈，淵兮似萬物之宗」（四章）了。

在討論到宇宙生成的過程時，老子以爲，「道生一，一生二，二生三，三生萬物」（四十二章），他認爲，在宇宙生成的過程中，是由宇宙本源的「道」，而產生一氣，再由一氣，而產生天地陰陽，再由天地陰陽而產生「沖和之氣」，更由和氣而產生萬物，這一種宇宙生成的過程，便是依據「道」的法則而產生的。

由上述關於宇宙本源、宇宙生成法則的見解，構成了老子的形上學，也構成了老子思想中的「天道」觀念，只是，老子所以要建立一套形上的思想，最主要的，還是希望爲人們在生活行爲上，尋求到一些安身立命的準則，因爲，老子以爲，在大宇長宙之間，人們是宇宙的一環，人們的生活行爲，也需要順應自然，而不能違反自然，因此，老子雖然尋求「天道」，尋求自然的法則，卻仍然希望將「天道」落實在「人道」之上，依據「天道」，用作爲人生日用行事的指導原則。

人們生活在天地之間，庶務繁多，有人們修身立己的態度，有人與人相處的方式，有治國君民的理則，這些，也都不能違背於自然的原則，也都需要順應於「天道」的指導原則，因此，在老子的思想中，「天道」之外，自然也就衍生出人間世的種種「人道」、「世道」、「君道」和「政道」，因此，老子將他那形而上的「天道」，落實到人間世的應用上，假天道以明人事，也提出了「人法地、地法天、天法道、道法自然」（二十五章）的目標，去作爲人生行事的準則。

二、以水喻道

《老子》書中，有好幾次提到「水」，以「水」作爲譬喻的對象，尤其是第八章，不但整章是以水爲喻，同時，也充分地發揮了以水爲喻，彰明大道的作用，以下，就以第八章作爲重點，去分析老子以水喻道的涵義，《老子》第八章說：

上善若水，水善利萬物而不爭，處衆人之所惡，故幾於道，居善地，心善淵，與善仁，言善信，正善治，事善能，動善時，夫唯不爭，故無尤。❶

老子認爲，體道最深、修道有得的人，他的存心，他的行爲，都近乎「水」的特性，在此章中，老子也提出了水的兩項特性，「善利萬物而不爭」與「處衆人之所惡」，這兩項，是「水」最爲明顯的特性，也是「水」最近似「道」的特性，所以老子說它是「幾於道」。

在第八章中，老子既然提出了「上善若水」的總綱，又特別敘述了「水」的兩項較爲重要的特性，接著，他就再對「水」的特性，從應用到人生行爲等各方面，作出了不同的分說，他那不同的七項分說，我們可以稱之爲「水之七善」或「水之七德」，同時，在歷代《老子》的注釋書中，個人也覺得河上公的注解，簡潔明瞭，最近眞義，以下，就大致根據河上公的注解，去分析疏釋此章中「水之七善」的譬喻意義。

1.居善地

河上公注：「水性善喜於地，草本之上，即流而下，有似於牝動而下人也。」❷水性喜居於低濕之地，是一種謙虛卑下的表徵，用以譬喻人們立身處事，應該要效法水的這種特性，具備水的這項特質，以謙虛卑下爲懷，那麼，在與人相處方面，必然能夠獲得廣大的擁戴，這也是修道之士，從水的「居善地」中，所體悟出來的「人道」與「君道」，同時，像老子所說的「上德若谷」（四十一章）、「善用人者爲之下」（六十八章），都可以取與「居善地」的意義，相互印證。

2.心善淵

河上公注：「水深空虛，淵深清明。」淵潭之水，清澈澄明，空虛如鏡，沉靜內蘊，靈明外照，用以譬喻人們立身行事，應該要效法水的這種特性，具備水的這項特質，那麼，在內心修養，以及了解世態方面，必然能夠獲得寧靜自守，洞澈外象的效果，這也是修道之士，從水的「心善淵」中，所體悟出來的「人道」與「世道」，同時，像老子所說的「致虛極，守靜篤，萬物並作，吾以觀復」（十六章）、「聖人無常心，以百姓心爲心」（四十九章），也都可以取與「心善淵」的意義，相互印證。

3.與善仁

河上公注：「萬物得水以生，與虛不與盈也。」水的特性，普濟萬物，而無所偏私，利施天下，而不求有所報償，用以譬喻人們立身行事，應該要效法水的這種特性，具備水的這項特質，那麼，在內心深處，必然能夠以仁存心，在對外方面，必然能夠博施普濟，做到爲而不有的效果，這也是修道之士，從水的「與善仁」中，所體悟出來的「政道」，當然，老子曾經說過，「失道而後德，失德而後仁」（三十八章），「仁」並不是老子的最高理想，但也不是老子思想中很差的境界，因此，像老子所說的，「天道無親，常與善人」（七十九章），也可以取與「與善仁」的意義，相互印證。

4.言善信

河上公注：「水內影照，形不失其情也。」水可鑑物，物來則應，大小美醜，臨清而照，都能各得其實，而不失卻眞相，又如海潮有信，剋期必至，用以譬喻人們立身行事，應該要效法水的這種特性，具備水的這項特質，那麼，必然能夠言語眞誠，無所欺妄，處事之時，待人以信，行政之際，示民以信，這也是修道之士，從水的「言善信」中，所體悟出來的「世道」與「政道」，同時，像老子所說的「信言不美，美言不信」（五十六章）、「信不足焉，有不信焉」（十七章），也可以取與「言善信」的意義，相互印證。

5.正善治

河上公注：「無有不洗，清且平也。」水性寧靜，至平且正，以此爲則，可準萬物，用以譬喻人們立身行事，應該要效法水的這種特性，具備水的這項特質，那麼，以此存心，必然能夠沉靜而明，以此治國，必然能夠政公且平，（畢沅《老子考異》據《永樂大典》，改「正」作「政」）這也是修道之士，從水的「正善治」中，所體悟出來的「人道」與「政道」，同時，像老子所說的「我無爲而民自化」（五十七章）、「其政悶悶，其民醇醇，其政察察，其民缺缺」（五十八章），也都可以取與「正善治」的意義，相互印證。

6.事善能

河上公注：「能方能圓，曲直隨形。」水無定形，置於方皿，則成方形，置於圓器，則成圓形，形雖不定，功能實多，用以譬喻人們立身行事，應該要效法水的這種特性，具備水的這項特質，那麼，以此處事，必然能夠多方不器，應變無窮，這也是修道之士，從水的「事善能」中，所體悟出來的「世道」，同時，像老子所說的「柔弱勝剛強」（三十六章）、「天下之至柔，馳騁天下之至堅」（四十三章），也都可以取與「事善能」的意義，互相印證。

7.動善時

河上公注：「夏散冬凝，應期而動，不失天時。」水的特性，隨時而變，盛夏渙散，隆冬凝凍，動依天時，順應自然，用以譬喻人們立身行事，應該要效法水的這種特性，具備水的這項特質，那麼，治國君民，必然能夠與時遷徙，應物變化，而無膠滯之弊，這也是修道之士，從水的「動善時」中，所體悟出來的「政道」，同時，像老子所說的「功成身退天之道」（九章），也可以取與「動善時」的意義，相互印證。

《老子》的第八章中，首先總說：「上善若水，水善利萬物而不爭，處衆人之所惡，故幾於道」，然後又分說「水之七善」，最後並說：「夫唯不爭，故無尤」，以作綜結。因此，我們還可以再稍分析，此章「水之七善」，從分別上來說明水的七種善德，其實，這七者都是與本章起頭的「上善若水」那句總綱相應合，其中「居善地」，是應合「處衆人之所惡」的，「心善淵」、「與善仁」、「言善信」、「正善治」、「事善能」，是應合「善利萬物」的，「動善時」，是應合「不爭」的，而在此章之末，老子更綜結以「夫唯不爭，故無尤」，以見水性具有七善，而尤以「不爭」爲其總的代表，故能居於世間，與人相處，而不遭怨尤，也唯有具備了「無尤」的特性，才能夠符合「上善」的標準。

三、結　語

《老子》書中，以水喻道的地方，除了第八章之外，還有好幾處，像三十二章「譬道之在天下，猶川谷之於江海」，三十六章「魚不可脫於淵，國之利器，不可以示人」，六十一章「大國者下流」，六十六章「江海所以能爲百谷王者，以其善下之，故能爲百谷王，是以欲上民必以言下之，欲先民必以身後之，是以聖人處上而民不重，處前而民不害」，七十八章「天下莫柔弱於水，而攻堅强者莫之能勝，以其無以易之，弱之勝强，柔之勝剛，天下莫不知，莫能行，以聖人云，受國之垢，是謂社稷主，受國不祥，是爲天下王」，以上的這些章句，也都提到了水，也都是借水去譬喻道的，只是不如第八章敘述得那麼完整而已。

從修辭學的觀點來看，「譬喻」是由喻體、喻依、喻詞三者配合而成，所謂喻體，是指文句中所要說明的事物，所謂喻依，是指用以比況事物的成分，所謂喻詞，是聯接喻體與喻依之間的語詞，由於喻體、喻依、喻詞的配合或省略，譬喻可以分爲「明喻」、「隱喻」、「略喻」、「借喻」等四種❸。

在《老子》的第八章中，「道」是喻體，「水」是喻依，「若」是喻詞，三者具備，所以是屬於「明喻」的方式。

在《老子》的三十二章之中，「道」是喻體，「川谷」是喻依，「猶」是喻詞，三者具備，也屬於「明喻」的方式。

在《老子》的三十六章之中，「利器」是喻體，「淵」是喻依，並無喻詞，所以是採取「略喻」的方式。

在《老子》的六十一章之中，「大國」是喻體，「下流」是喻依，並無喻詞，所以也是採取「略喻」的方式。

在《老子》的六十六章之中，「上民」「先民」是喻體，「江海爲百谷王」是喻依，「是以」是喻詞，所以是屬於「隱喻」的方式。

在《老子》的七十八章之中，「受國之垢」「受國不祥」是喻體，「天下莫柔弱於水」是喻依，「是以」是喻詞，所以也是屬於「隱喻」的方式。

在「譬喻」的修辭方式中，「喻體」與「喻依」兩者，有其「相似」的特性，卻也有其「並不相等」的特徵，因此，《老子》書中，雖然運用了不少「譬喻」的方式，以水去喻道，那也只是說明，「水」近於「道」，「水」類似「道」而已，但是，「水」卻仍然不是「道」，因此，老子是鑑於「道」不易明，才藉著「水」的特性，作爲橋梁，去傳達自己的思想，目的只在使人易於明了「道」的特性，因此，明道聞道，才是目的，以水作喻，只是手段，明瞭此理，才是善讀《老子》書者，否則，如果移其重點於「水」，反而遺忘了「道」，那就未免是買櫝還珠的行爲了。

附注

❶ 此據王弼注本，下引並同。

❷ 此據世德堂刊本，下引並同。

❸ 參見黃慶萱先生所著《修辭學》，三民書局出版。

（此文原刊載於《中國學術年刊》第十一期，民國七十九年三月出版）

老子的理想政治
——《道德經》第十七章辨義

「小國寡民」，「鄰國相望，雞犬之聲相聞，民至老死不相往來」❶，誠然是老子思想中的理想國，但是，一個國家，政府應該要如何去理政，君主應該要如何去自處，才能形成那樣理想的國度呢？我們似乎可以從《老子》的第十七章之中，尋覓到一點消息，《老子》第十七章說：

> 太上，下知有之，其次，親而譽之，其次畏之，其次侮之，信不足焉，有不信焉，悠兮其貴言，功成事遂，百姓皆謂我自然。

「太上，下知有之」，此從王弼注本，而吳澄注本，則作「太上，不知有之」，《老子》此句，作「下」作「不」，自此之後，便有了兩種不同的系統，同時，也就有了意義不同的解釋，那麼，《老子》此句，到底應該作「下」，抑或作「不」，何者才更符合老子的原義呢？這倒是值得探索的問題，對於這兩句的意義，王弼注說：

> 太上，謂大人也，大人在上，故曰太上，大人在上，居無為之事，行不言之教，萬物作焉而不為始，故下知有之而已，言從上也。❷

吳澄注則說：

太上，猶言最上，最上，謂大道之世，相忘於無爲，民不知有其上也。❸

王弼注本與吳澄注本，不但文字有異，同時，從不同的文字出發，他們二人在注解中所詮釋的意義，自然也就有所不同，王弼釋「太上」爲「大人」，意思是指在位的君王，吳澄釋「太上」爲「最上」，意思是指最理想的政治情況，兩者在對象的指稱上，雖有不同，但是，卻也相差不遠，大體上可以相通，因爲，「太上」既可以指君主本人，也可以指君主所推行的最理想的政治措施，目的倒是一致的，因此，這兩句中，問題的重點，還是落在作「下」或作「不」的關鍵上，順著王弼的解釋，「下知有之」，是指在上位的君主，以無爲的態度主持政府，實行自然的教化，因此，虛無清靜，不作擾民之事，是以百姓僅知上有君主與政府而已，其他則與自己毫無干涉。另外，順著吳澄的解釋，「不知有之」，則是較此更進一步，君主更加謙虛，深自隱晦，以至在上有君，而百姓以爲無君，不知其上仍有君主與政府的存在。上古相傳的《擊壤歌》：「日出而作，日入而息，鑿井而飲，耕田而食，帝力於我何有哉。」❹歌辭中所顯現的政治情況，百姓在心中仍然是知道有位帝王的存在，則仍然只是符合「下知有之」的層次，卻還不是「不知有之」的境界，因此，《擊壤歌》所代表的，無寧說是更爲接近儒家的理想政治，而並不是道家的理想政治。

儒家雖然也講「天何言哉，四時行焉，百物生焉」❺，也講「爲政以德，譬如北辰，居其所而衆星拱之」❻，卻仍然主張君主爲政，要博施濟衆，要實行仁政與王道，也仍然勉勵爲政者，去成爲百姓心目中的聖君賢王，因此，在儒家的理想政治中，百姓仍然會了解到有一位賢明的君主與有爲的政府存在。至於道家，講究的是虛無因應，是清靜自然，勉勵爲政者，要「生而不有，爲而不恃，長而不宰」❼，要「功成而不居」❽，主張「聖人無常心，以百姓心爲心」❾，主張聖人爲政，要「我無爲而民自化，我好靜而民自正，我無事而民自富，我無欲而民自樸」❿，以爲君主只要清虛無爲，人民自然和諧安祥，因此，在道家的理想政治中，是希望百姓並不知道在上仍然有著君主與政府的存在。

《老子》第十七章又說：「其次，親而譽之。」王弼注說：「不能以無爲居事，不言爲教，立善行施，使下得親而譽之也。」吳澄注說：「其次，謂仁義之君，民親之如父母，及仁義益著，則不但親之，而又譽之矣。」此處所顯現的「親而譽之」的情境，如果用以指陳儒家的理想政治，倒是最適當不過的，我們可以說，儒家爲政的理想境界，是在彰顯聖君賢相的仁政王道，强調仁義道德的教化功能，推崇君主博施濟眾的民胞物與之心。而道家爲政的理想境界，是在深藏君主的所作所爲，强調自然無爲的應用，推尊聖人無私無我不居其功的廣大胸懷，兩者比較之下，前者突出了君主的形象，後者潛隱了君主的形象，更通俗地說，儒家的君主，是一位願意站在台前接受群眾歡呼頌揚的聖王，而道家的君主，卻是一位願意隱身幕後而不爲群眾所知的聖人。在這一點上，儒道兩家，確是有著相當程度的差異，《老子》說：「大道廢，有仁義。」⓫又說：「失道而後德，失德而後仁，失仁而後義，失義而後禮，夫禮者，忠信之薄而亂之首。」⓬老子自居於能體悟大道、推行大德的境地，而以爲儒者的行仁施義，已經落在大道不能推行時的次要境地，這種看法，如果說，同時也表現在他所說的「太上，不知有之」與「其次，親而譽之」兩者的差異上，應該是十分恰當的。

從《老子》第十七章的文義呼應來看，章末的「功成事遂，百姓皆謂我自然」，是與首句「太上，下（不）知有之」相呼應的，如果說，前文作「下知有之」，那麼，「功成事遂，百姓皆謂我自然」，其中的「我」字，就當指君主而言，末句也只能點斷成爲「我」「自然」的形式，强調了君主的大德，百姓因而指君主在推行「自然」的大道，那是近乎儒家仁政的看法，卻也與「親而譽之」的意義，適相吻合。反之，如果前文作「不知有之」，則末句的「我」，就應該指百姓而言，末句也必須點斷成爲「我自然」的形式，强調了君主的深自隱晦，無爲自化，百姓但見和諧安祥，以爲是自己悠然如此（自然，作「如此」解），而不知更有君主在上，這才是道家的理想政治境界，王弼注此句說：「居無爲之事，行不言之敎，不以形立物，故功成事遂，而百姓不知其所以然也。」吳澄注此句說：「及其功既成，事既遂，而百姓皆謂我自如此，不知其爲君上之賜也。」吳澄的注解，自是與上文「不知有之」相配合，就是王弼的注解，他說的「百姓不知其所以然」，也是承襲著上文「不知有之」的意義而闡釋的，所以，在王弼的結論中，實在可以看出，他已經接受了「不知有之」的前提，只是，礙於章首的文字，他不得不勉强從「下知有之」去解說罷了，同時，再從第十七章的全文來看，只是老子在陳述他的政治理想，並不像是君主自己在表彰「我」的行政效果，因此，從全章的口氣上看，只有在「百姓都說是人們自己如此」，與前文「不知有之」的配合上，才更能符合全章的語義。

另外，馬王堆出土的帛書《老子》甲本（篆書本），此章雖然作「下知有之」，但是，版本的先後固然須要考慮，義理的貫通尤其值得斟酌，小篆的「不」與「下」，字形也極相近，容易相淆，因此，帛書本的異字，也只能作爲參考的佐證，而不必視爲絕對的依據。

《老子》第十七章又說：「其次畏之，其次侮之。」王弼注說：「不復能以恩仁令物，而賴威權也。不能以正齊民，而以智治國，下知避之，其令不從，故曰侮之也。」吳澄注說：「謂智慧之主，民畏之如神明，及智慧漸窮，則不但畏之，而又侮之矣。」老子此處所指的「畏之」，相當於後世法家的嚴刑峻法，使人民爭相趨避的情形，此處所指的「侮之」，相當於後世暴政的苛虐似虎，使人民鋌而走險，以至揭竿起義的情形，老子說：「民不畏死，奈何以死懼之。」⓭也正是人民百姓不畏死亡，起而侮狎其君的情況，老子在第十七章之中，敘述了君主爲政的層次，也將不同目標的行政結果，著實地批評了一番。

總之，《老子》十七章中，作「下」與作「不」，文字的差別，雖然細微，影響於老子政治思想的層次境界，卻不在小，從此章中，我們也可知道，老子的理想政治，雖然是小國寡民，也仍然肯定是主張有君主的存在，有政府的存在，他並不是一個無政府主義的支持者，只是，在行政的措施上，在爲君的立場上，他卻希望做到儘量地深自隱晦，無爲而治，不居其功，使百姓自然向化，甚至不知有君在上，有政府在上，那才是他最高的理想政治境界。

附注

❶ 見《老子》第八十章，此據廣文書局民國五十年印行之王弼注本，下引《老子》並同。

❷ 同註一。

❸ 此據廣文書局民國五十四年印行本，下引並同。
❹ 此歌現載於《帝王世紀》。
❺ 見《論語・陽貨篇》。
❻ 見《論語・為政篇》。
❼ 見《老子》第十章。
❽ 見《老子》第二章。
❾ 見《老子》第四十九章。
❿ 見《老子》第五十七章。
⓫ 見《老子》第十八章。
⓬ 見《老子》第三十八章。
⓭ 見《老子》第七十四章。

（此文原刊載於《中國文化月刊》一二四期，民國七十九年二月出版）

《老子》「其鬼不神」解

老子崇尚自然，在《老子》書中，所提到的「天」與「道」等，也都含有「自然」的意義，而不具備「人格神」的成份，因此，《老子》書中，也很少提到「鬼」「神」等詞義，只有第六十章，卻很例外，在六十章中，老子不但多次提到了「鬼」「神」，同時，還敘說到鬼神崇人的意見，似與《老子》全書的思想觀點，頗相乖違，《老子》第六十章說：

> 治大國，若烹小鮮。以道莅天下，其鬼不神；非其鬼不神，其神不傷人；非其神不傷人，聖人亦不傷人；夫兩不相傷，故德交歸焉。❶

《老子》此章，目的只在說明其「治國」的原理，因此，章首兩句「治大國，若烹小鮮」，所譬喻的政治方術，自是全章的重心，至於這兩句譬喻中所傳達的意義，《韓非子・解老篇》說：「事大眾而數搖之，則少成功；藏大器而數徙之，則多敗傷；烹小鮮而數撓之，則賊其器；治大國而數變法，則民苦之；是以有道之君，貴靜不重變法。」❷王弼《老子注》也說：「不擾也，躁則多害，靜則全眞，故其國彌大，而其主彌靜，然後乃能廣得眾心矣。」❸已經將它詮釋得十分明白。當然，《老子》此章，自章首兩句重心以下，雖都是闡釋印證此兩句重心的辭語，可是，在闡釋印證的辭語中，何以老子要一反常態，屢次地提到「鬼」與「神」呢？卻是使人不易索解的問題。

實則，《老子》此章所提到的「鬼」「神」，卻都是在「以道莅天下」的前提下，所作的論述，老子以爲，安民治國的君主，如果能以清虛寧靜、無爲自然之「道」，莅臨天下，端拱而治，使百姓無爲自正，無欲自樸，則國家太平，人民向化，自然「其鬼不神」，反之，則鬼神可能爲祟，以至於淆亂天下了。因此，只有在君王「以道莅天下」的前提下，我們才能夠去探索出《老子》此章中「鬼」「神」的意義。只是，對於此章「鬼」「神」的意義，歷來的注釋，也頗多異說。以下，略事徵引，以見一斑。

河上公《老子注》說：

以道德居位治天下，則鬼神不敢見其精神以犯人也。其鬼非無精神也，邪不入正，不能傷自然之人。❹

吳澄《道德經注》也說：

鬼，天地之氣；神，靈怪也；人之氣與天地之氣通爲一，有道之主，以道臨莅天下，簡靜而不擾其民，故民氣和平，充塞兩間，相爲感應，而天地之氣，無或乖戾，故鬼不爲靈怪，與妖災也。❺

高亨《老子正詁》也說：

此神字借爲䰠，說文：「䰠，神也，從鬼申聲。」蓋鬼靈曰䰠，故字從鬼，與神義別。其鬼不䰠，猶言其鬼不靈耳。❻

吳澄以「天地之氣」、陰而能崇人者釋「鬼」，這是傳統對「鬼」的解釋，另外，河上公以「精神」釋「神」，吳澄以「靈怪」釋「神」，高亨以「䰠」爲「神」的本字，所以，他們也就以「鬼不敢見（現）其精神以犯人」、「鬼不爲靈怪」、與「其鬼不靈」，去詮釋「其鬼不神」的意義，也都是以爲，在聖人以大道臨治天下之時，邪不勝正，所以，鬼才不能爲崇以傷害人民，這是比較貼近《老子》書中文字意義所作的詮釋，但也是比較近乎傳統儒家的看法。

方覺慧《老子道德經解》說：

> 鬼，喻小人也；神，喻小人之巧佞也；是故聖王以道蒞天下，綱維二儀，苞藏宇宙，開誠心，布公道，經天下之大經，立天下之大法，使老有所終，壯有所用，幼有所長，矜寡孤獨廢疾者，皆有所養，貨不私於己，則食均；力不藏於身，則役平；不賞無功之祿，不貴難得之貨，一國之人，執政之多，豈無小人側足於其間哉？然小人不能用其巧佞，猶鬼不神也；非其鬼不神，亦猶非夫小人不巧佞，其巧佞不能傷人也；非其巧佞不傷人，因聖王以大公無私，雖小人有逢迎之巧佞，無所設施，聖王亦不傷之，而小人全生於盛世，兩不相傷，故天下咸服聖王之德，而交歸焉。❼

方氏以此章中，「鬼」喻「小人」，「神」喻小人之「巧佞」，以爲聖王爲政，大公無私，雖有小人在側，施其逢迎，也不能用其巧佞，蠱惑聖王，因此，才說「其鬼不神」，而聖王對於小人，則大公無私，包藏優容，不加斥責損傷，故聖王與小人，互不相傷，至於解說中以

〈禮運〉大同之言爲釋，則不免援儒以入道了。

王夫之《老子衍》說：

夫天下有「鬼神」，操治亂於無形；吾身有「鬼神」，操生死於無形；殺機一動，龍蛇起陸，而生德戕焉。靜則無，動則有，神則「傷人」，可畏哉！「載營魄抱一而不離」，與相保於水之未波，豈有以治天下哉？「莅」之而已。❽

船山以爲，「天下有鬼神」、「吾身有鬼神」；能操持天下的治亂，能操持人世的生死，他所說的「鬼神」，實際上，都是指人們內在的「心靈」而言，並沒有作出分別的指陳，因爲，「人心之靈」，是微妙萬端、變化莫測的，一念向善，可以成聖成賢，可以興國，一念向惡，可以爲非爲歹，可以喪邦，人心的一念之異，可以導致完全不同的事態結果，「道心惟微，人心惟危」，尤其是在上位治國安民的君王，「一人之心，千萬人之心也」，其人一念之間的向善向惡，趨義趨利，從而產生的影響，卻是深遠而巨大的，所以說，「天下之風俗奚自乎？自乎一二人心之所向而已」❾，船山在此，就從「人心」的微妙危險的差別，而作爲論析的入手之處，他以爲，在上位的國君，治理大國，其心靈方寸之間，實則已經操持著天下治亂以及人民生死禍福之際的無形樞紐，君王若能「以道莅天下」，清虛無爲，則國家向化，否則，君王「動天下之氣」，紊亂了天下的自然和諧，則是在內心之中，萌現惡念，「殺機一動，龍蛇起陸，而生德戕焉」，則臣民百姓，其所遭受的苦難與災禍，也將不可勝言，所以，船山以爲，君王之「心」，「靜則無，動則有」，一念向惡而動擾天下之民，「神則傷人，可畏哉」，所以，船山主張，爲政之君，要採取寧靜自然之道，「載營魄抱一而不離」，如同「水之未波」，就像寧靜的水一樣，常保平準，紋風不動，而波濤不驚，所以，船山以爲，君王居在上位，「豈有以治天下哉?莅之而已」，主張君王爲國，要垂拱而治，不加人爲的「治理」之功，如同烹調小鮮魚一般，才能使居上的「君王」，既無傷民之心，理國的「聖人」，也不具傷民之行，由「內」至「外」，「兩不相傷」，能如此，老子才可以「大德」歸而譬之。

對於《老子》六十章中「鬼」「神」的意義，河上公、吳澄、高亨等人的詮釋，頗爲近乎儒家的觀點，自然不易符合老子的本義，至於方覺慧，則是以「鬼」「神」譬喻在下位的「小人」，而船山則是以「鬼」「神」譬喻治國在位的「君王」本身，這是三種詮釋不同的地方。

老子是道家，在「人法地，地法天，天法道，道法自然」[10]的前提之下，老子對於「鬼」「神」的觀念，與傳統儒家以「人格神」的觀念去作解釋，是截然不同的，在基本上，老子只承認「人」在宇宙中順應「自然」的重要性，卻不承認「鬼神」在宇宙中爲實有的存在，因此，在《老子》的第六十章中，他只是借用世俗間「鬼」「神」的名言，作爲譬喻，以強調「聖人」治國，要在內心，先求諸己，「正而後行」[11]，先求自己建立清虛寧靜無爲自然的存心，然後由內向外，推之以治國，只有君王以此存心，不造作紛擾，而後民衆國家，才能有自然和諧的結果，總之，一切國家的治亂，人民的生死，其關鍵，都操持在君王個人用心的取向方面，所以，船山要說，「靜則無，動則有」，主張君王爲政，「莅之而已」，從這一個角度去作省察，則王夫之的詮釋，似乎也更為深刻而有理致，也更加切合老子思想的意義了。

附　注

❶此據王弼注本。
❷此據陳奇猷《韓非子集釋》，民國五十四年世界書局本。
❸王弼注，此據民國五十年三月廣文書局影印本。
❹此據民國六十九年八月五洲出版社影印世德堂刊本。
❺此據民國五十四年八月廣文書局影印本。
❻此據民國六十年臺灣開明書局出版本。
❼此據民國五十年八月中華叢書排印本。
❽此據民國六十四年五月河洛出版社影印本。
❾此處借用曾國藩〈原才〉之語。
❿見《老子》二十五章。
⓫見《莊子・應帝王篇》。

老子「三寶」釋義

——兼論馬一浮對老子思想的批評

一、引　言

老子在《道德經》第六十七章之中，曾經提到「三寶」之說，他說：

我有三寶，持而保之，一曰慈，二曰儉，三曰不敢爲天下先。慈故能勇，儉故能廣，不敢爲天下先，故能成器長。今舍慈且勇，舍儉且廣，舍後且先，死矣。夫慈，以戰則勝，以守則固，天將救之，以慈衛之。❶

「三寶」是老子所堅守護持、謹而勿失的寶物，因此，在老子的思想中，其重要性，自不待言，「三寶」之義，以「慈」字最爲重要，但卻以「不敢爲天下先」，最易招致世人的誤解，以下，當先論「不敢爲天下先」的意義，再釋「儉」與「慈」的要旨。

二、釋「不敢爲天下先」

老子所謂的「不敢爲天下先」，一般世人，往往以此詬病老子，以爲此句即是老子思想中消極退讓、懦弱恐懼、畏縮不前、遇事逃避的表徵。

其實，老子身爲史官，又享高年❷，他仰觀天道，俯察人事，了解到宇宙自然的演進法則，才形成了他那「反者道之動，弱者道之用」（四十章）的形上思想，同時，又體悟到了許多古今成敗的內在緣由，因此，也才形成了他那「清虛以自守，卑弱以自持」❸的人生觀與政治哲學，主張凡事都以謙虛不爭，作爲處世的原則，尤其是在位的君主，更應該效法江海的居下能容，廣納眾流，才能成爲眞正度量寬宏的領導者，因此，老子常說，「守柔曰强」（五十二章），「柔弱勝剛强」（三十六章），常說「江海所以能爲百谷王者，以其善下之，故能爲百谷王」（六十六章），常說「受國之垢，是謂社稷主，受國不祥，是謂天下王」（七十八章），「是以侯王自謂孤、寡、不穀」（三十九章），常說「强梁者不得其死」，「故物或損之而益，或益之而損」（四十二章），這些，都是老子深切地體悟到大宇長宙中自然的法則之後，然後用以作爲人生行事的指標，因此，老子在《道德經》六十七章之中，才提出了「不敢爲天下先」的主張，同時，他也接著說道，爲君之道，只有採取「不敢爲天下先」的行事態度，「故能成器長」，才能成爲眞正廣受民眾擁戴的領導者，那又何嘗是消極退讓、懦弱恐懼、畏縮不前、遇事逃避的行爲呢！

另外，《道德經》第六十六章中曾說：

> 江海所以能爲百谷王者，以其善下之，故能爲百谷王，是以聖人欲上民，必以言下之，欲先民，必以身後之，是以聖人處上而民不重，處前而民不害，是以天下樂推而不厭，以其不爭，故天下莫能與之爭。

在此章中，老子雖然主張爲君者要如江海一般，居下能容，「言下」「身後」，但是，他也提出了爲君者有時需要「處上」和「處前」的作爲，其實，老子所言，「言下」「身後」與「處上」「處前」之間，也並不產生矛盾的現象，因爲，老子所謂的「聖人欲上民，必以言下之」，是指爲君王者，要想成爲人民尊崇的領袖，必須具備謙恭下士的態度，禮敬賢人，謙虛爲懷，才能獲得民衆竭誠的歸向，老子所謂的「欲先民，必以身後之」，是指爲君王者，要想成爲人民欽仰的領袖，必需儘量以百姓的利益爲依歸，以民衆的意願爲意願，廓然大公，而不與民爭利，才能獲得人民同心的擁戴，因此，老子所以主張君主要「言下」「身後」，是指君主本身應謙抑自牧，休休有容，尤其是在面對龐大的利益時，更要讓百姓居先，己身居後，「以百姓心爲心」（四十九章），以百姓的幸福利益爲措心的目標，果能如此，則「聖人處上而民不重，處前而民不害」，君主雖然身處民上，也不會使民衆產生任何負累沉重的感覺，同時，在百姓們遭遇危難時，君主也會立即處身民前，身先士卒，保衛民衆。在這種情況之下，君主既能作到「後天下之樂而樂」，又能作到「先天下之憂而憂」，民之所樂所愛，君主則以己身居後以讓之；民之所憂所患，君主則以己身居前以衛之，在這種情形下，君主永遠不與民衆產生相爭的機會，「故天下莫能與之爭」，君主與民衆之間，又如何會產生爭端的事件呢！

因此，「不敢爲天下先」，只是老子思想中身爲君王者治國理民時需要秉持的基本原則，卻不是處處在毫無原則地逃避退讓，因爲，在某些特殊的情況下，他以爲君主仍然應該挺身而出，「處上」與「處前」，而絲毫不加遲疑的，因此，老子「不敢爲天下先」的人生觀與政治哲學，是不應該招致世人的誤解的。

三、釋「儉」

老子所謂的「儉」，歷來的注釋，往往將它解釋爲經濟方面的「節儉」，像王弼的注解便說：「節儉愛費，天下不匱，故能廣也。」河上公的注解也說：「賦斂若取之於己也。」就都是從避免經濟方面的浪費去著眼的，固然，老子曾經主張，人生處世，應該恬淡寡欲，社會經濟，應該均平調和，應該「損有餘而補不足」（七十七章），以免貧富過於懸殊，造成社會問題，他也主張，聖人爲治，應該「去甚、去奢、去泰」（二十九章），而以儉樸爲先，同時，他也批評「民之饑，以其上食稅之多」、「民之輕死，以其求生之厚」（七十五章）的行爲，他也譴責在位者「服文綵，帶利劍，厭飲食，財貨有餘」（五十三章）的奢侈浪費，因此，以經濟方面的「節儉」，去解釋《老子》此章的「儉」字，以經濟方面的「節儉」，從而去達到「儉故能廣」，致使社會財貨不虞匱乏的目的，自然也能符合老子思想的要義，但是，《老子》此章的「儉」字，如果僅僅只是以經濟方面的儉約，去作解釋，則意蘊未免過於淺顯，以之視爲老子極度珍視的「三寶」之一，恐怕是不能完全適合的。

《韓非子・解老篇》在解釋《老子》此章「儉故能廣」時說道：「智士儉用其財則家富，聖人愛寶其神則精盛，人君重戰其卒則民眾，民眾則國廣，是以舉之曰，儉故能廣。」韓非對於老子此章的「儉」字，分別從財貨、精神、民力等三個方向去作解釋，而又能一以貫之，較之後來各家的注解，確是精要得多，宋代王雱的《老子注》，對於老子此章的「儉」字，則加以詮解說：「儉之爲德，寡欲也，貴本也，愛物也，一言而三善至者，其儉乎！」❹他所說的「愛物」、「寡欲」、「貴本」，相當於韓非所指陳的「財貨」、「精神」、與「民眾」，兩家的說法，是可以相通的，至於王雱所說的「一言而三善至」，則更是將「儉」字的三個重點，貫串得緊密無間，理路相通，更是將「儉」之一字，闡釋得內涵豐富而層次分明。

老子在《道德經》第五十九章中說：

> 治人事天莫若嗇，夫唯嗇，是以早服，早服謂之重積德，重積德則無不克，無不克則莫知其極，莫知其極，可以有國，有國之母，可以長久，是謂深根固柢，長生久視之道。

《韓非子·解老篇》解釋《老子》此章說：「嗇之者，愛其精神，嗇其智識也。」又說：「眾人之用神也躁，躁則多費，多費之謂侈。聖人之用神也靜，靜則少費，少費之謂嗇。」河上公注《老子》此章也說：「嗇，貪也，治國者當愛民，治身者當愛精神。」《老子》六十七章中的「儉」，與五十九章中的「嗇」，意義相通，都是節約內斂的意思，人君苟能具備「儉」「嗇」之德，則內之可以清心寡欲，聚斂精神，重積德性；外之可以重視國本，富裕民眾，由內至外，由修己以至於治人，都是經久可行的常則，不僅有益於自己的身心，也有益於國計與民生，所以，老子稱之為「深根固柢」的「長生久視之道」，因此，「儉」之一事，在老子而言，確實是人己內外、一以貫之的常則，無怪乎他要以「三寶」之一而珍視之了。

四、釋「慈」

在老子所說的「三寶」之中，實則以「慈」之一字，最爲重要，慈字的意義，是慈愛與仁慈，那是一種人性中天賦的藹然仁德，也是一種深植在人們內心之中至情至聖的愛意，老子雖然主張行事需要順應自然，清虛濡柔，不敢爲天下之先，但是，在必要時，在人們當下去呈現出他們心中的「慈愛」之意時，卻能夠表現出特殊的英勇行爲，正像慈母對待子女一樣，當子女遇到危難之時，慈母就會挺身而出，加以救護，因此，老子才說：「慈故能勇。」也正是指明，在「慈愛」的前提下，人們往往能夠雖弱必强，雖怯必勇，而不會去顧及自身的安全，甚至是兵爭戰危之事，也不會去加以迴避的，老子在六十七章之末，曾經提到：「夫慈，以戰則勝，以守則固。」魏源在《老子本義》中釋此章說：「與慈相反者，莫如兵，故專以兵明慈之爲用。」❺老子在此章之末，所以要提出戰爭之事，一方面是强調了「慈」在本章中的重要性，另一方面，也正是特別强調，在大多數的民衆都能享受到慈愛仁心的前提下，他甚至會主張動用武力，以戰爭的手段去制止野心家的侵略行爲，當然，也因爲老子所主張的都是保國衛民的禦侮戰爭，所以，也才能夠獲得百姓們的一致擁戴，效死不去，所以才能夠「以戰則勝，以守則固」，無論在攻守方面，都能夠與民衆同心協力，而取得理想的效果。

老子既然極端珍視「慈愛」，以心「慈愛」存心，在他心中，自然也就充滿了溫馨與祥和，仁愛與同情，對於民衆，自然也會洋溢著關懷的意念，因此，無論是就老子個人的修養而言，或者是就老子的處世待人而言，或者是就老子的政治觀點而言，「慈」都是最爲重要的一件珍寶，都是老子思想中的核心概念。

由於老子在心中存有愛意，所以，在修省德行時，他才會說出「見素抱樸，少私寡欲」（十九章）、「泊兮其未兆，如嬰兒之未孩」（二十章）的話，去自我箴規，他才會說出「天道無親，常與善人」（七十九章）的話，去自我勗勉。由於老子在心中存有愛意，所以，在和人們相與共處時，他才會說出「去甚去奢去泰」（二十九章），「損有餘而補不足」（七十九章）的話，去與世人和諧相處，他才會說出「生而不有，爲而不恃，功成而不居」（二章）的話，去貢獻一己的心力，以求獲致社會的禎祥。也由於老子在心中存有愛意，所以，在治國君民的主張中，他才會說出「貴以賤爲本，高以下爲基」（三十九章）、「聖人無常心，以百姓心爲心，善者吾善之，不善者吾亦善之」（四十九章）的話，去關切民衆的願欲，他才會說出「行於大道，唯施是畏」（五十三章）、「其政悶悶，其民醇醇」（五十八章）、「不以智治國」（六十五章）的話，去尋求民衆的福祉。也由於老子在心中存有愛意，甚至當戰爭爆發時，他也會說出「兵者不祥之器，非君子之器，不得已而用之，恬淡爲上」（三十一章）的悲憫心聲，也才會說出「師之所處、荊棘生焉，大軍之後，必有凶年，善有果而已，不敢以取强」（三十章）、「殺人之衆，以悲哀泣之，戰勝，以喪禮處之」（三十一章）的警惕之言。

因此，老子身爲史官，又享高年，他雖然歷經了世事的滄桑，遍嚐了人間的艱辛，但是，他卻仍然擁有一顆赤子般的仁心與慈愛，仍然是一位心中充滿慈祥愛意的長者，他仍然關切民眾的和樂，繫心人群的幸福，應該是可以肯定的。但是，在這一點上，馬一浮先生在「論老子流失」一文之中，卻有著不同的看法，他說：

老子病根所在，只是外物，他眞是個純客觀大客觀的哲學，自己常立在萬物之表……老子則言聖人無私，故能成其私，明明說成其私，是己與物，終成對待，此其所以失之也。

又說：

其宗旨，在退處無爲，自立於無過之地，以徐待物之自變，絕不肯傷鋒犯手，眞是全身遠害，第一法門，任何運動，他決不參加，然汝任何伎倆，他無不明白。

又說：

他只燕處超然，看汝顚撲，安然不動，令汝捉不到他的敗闕，不奈他何，以佛語判之，便是有智而無悲，儒者便謂之不仁。❻

近世以來，對於老子思想的批評，馬一浮先生的這篇文章，是極爲深刻而嚴厲的，馬先生批評老子的主要缺失，是「外物」而「成其私」，是「全身遠害」，是「有智無悲」而「不仁」，由此三項主要的缺失作爲根源，馬先生便也因而批評老子的思想，是後世「一切權謀術數之所從出」。其實，馬先生所指陳的老子的流失，並不是完全沒有商榷的餘地：

首先，老子所說的「成其私」，是出於《道德經》的第七章，原文是「天長地久，天地所以能長且久者，以其不自生，故能長生，是以聖人後其身而身先，外其身而身存，非以其無私耶？故能成其私」，老子所說的「成其私」，是在聖人效法「天長地久」的前提之下而加以討論的，由於老子主張聖人應該效法天道無爲無私、不自營生的精神，因而在修己治人成物等方面，都沒有小我的私心私智，他措心廣大，慈愛及於民眾萬物，所以反而能夠成就其合乎宇宙自然的大我與大公，而使其人生更臻於美善的境界，卻並不是尋求專爲一己之利而謀的私心私智，又怎能據此以評斷老子爲「外物」呢？馬先生不顧《老子》此章所說的「無私」，卻專論其「成其私」，也難怪引伸出這種評論的意見了，況且，馬先生在引用《老子》這段文字時，只是節引部分，以證成己見，也很容易誤導讀者，曲解原文的意義。

其次，老子曾說：「無爲而無不爲」（四十八章），他只是希望藉著無爲的途徑，使社會民眾自然和諧，從而達到「無不爲」的目的，所以，老子才會說：「我無爲而民自化，我好靜而民自正，我無事而民自富，我無欲而民自樸」（五十七章），這又何嘗是「不肯傷鋒犯手」、「全身遠害」的取巧行徑呢？

再次，馬先生批評老子最主要的流失，是「有智無悲」，對於這個問題，其實，只要提出老子「三寶」中的「慈」字，便足以將他的批評，加以對治、加以消解，因爲，馬先生所指出的老子此項流失的原因，主要便是以爲老子在內心中缺乏愛意，所以才會「有智無悲」，進而才會「全身遠害」，以至於「成其私」而「外物」的，反之，只要肯定「慈」在老子思想中的重要地位，則馬先生所指陳的這項流失，便自然不能成立了，馬先生在他的那篇文章中，曾經提到老子三寶中的「慈」字，並曾加以解釋說道：

> 老子所謂慈，與仁慈之慈不同，他是取其不怒之意，故又曰，善爲士者不武，善戰者不怒。

其實，從老子《道德經》第六十七章中去考察，「慈」確是「慈愛」「仁慈」的意義，否則，「慈故能勇」，人生如果缺乏了「慈愛」的精神，完全是自私自利、「全身遠害」、「有智無悲」的想法，又怎能產生同情的「勇氣」呢？如果心中缺乏了同情的力量、慈愛的勇氣，又怎能去面對危難、去面對正義的戰爭，而「以戰則勝，以守則固」呢？馬先生將老子「慈」之一字，解釋爲「不怒」之義，且又以「善爲士者不武，善戰者不怒」，作爲自己說法的佐證，其實，「善爲士者不武，善戰者不怒」，不但是《道德經》中第六十八章的文字，與六十七章中的「三寶」，並無必然的聯繫，即使有所聯繫，那也只是在「以戰則勝」的前提之下，所尋求的作戰技巧而已，而有道的君主，是否需要訴諸於最後的戰爭手段，則是需要在「慈」的前提之下，才會作出考量與決定，（說已見前）馬先生既然以爲「慈」只是「不怒」之義，既然已經否定了「慈愛」才是老子動用武力、訴諸「戰爭」的前提，卻又強調「善爲士者不武，善戰者不怒」的作戰技巧，不免是本末倒置的說法了。

要之，「慈」是老子思想中極爲重要的觀念，他將「慈」列爲自己思想中持而保之的「三寶」之一，而且是特別重要的一寶，不但在六十七章之中，討論得最多，同時，在其他的許多章節中，老子在談到他的人生哲學、社會哲學、政治哲學，甚至是戰爭觀念時，也多與

「慈」字有著密切的關係，也多數都是在「慈」的前提之下，所衍生出來的種種實踐的方法與技巧，這都是一一有其脈絡線索可尋，不容否認的事實。

五、結　語

老子所說的「三寶」，雖然不是他所體悟出來的宇宙法則、形上觀念，但卻是在他那宇宙法則形上觀念的指引之下，蘊藏在自己內心深處的三種人生價值的指標，人生行爲的基本態度，當他面對立身修己、處世待人、安民治國等問題的時候，他會順應宇宙中的自然法則，去加以行事，他也會秉持著蘊藏在內心深處的「三寶」，去作爲立己待人治國的實踐方針，尤其是「慈」之一事，更是證明了老子對於人間社會的關懷之情，也更證明了老子在清虛無爲的方術之外，也是一位具有濃厚愛意的熱心人士，而絕不是一位萬事不關己意的冷漠的旁觀者。

附　注

❶ 此據王弼注本，下引各章皆同。

❷ 《史記·老子列傳》說老子曾為周守藏室之史，又說老子百有六十餘歲，或言二百餘歲。

❸ 見《漢書藝文志·諸子略·道家類·小序》。

❹ 此據嚴靈峰先生所輯校之《老子崇寧五注》本。

❺ 此據漢京文化事業公司校印本。

❻馬先生此文，收入所著《泰和宜山會語合刻》，此據廣文書局影印本。

（此文原刊載於《中國文化月刊》一三九期，民國八十年五月出版）

《老子》「張弓」解

——《道德經》第七十七章疏釋

《老子》書中，曾經以「張弓」之事，作爲譬喻，以闡明「天道」的特性，《道德經》第七十七章說：

天之道，其猶張弓與，高者抑之，下者舉之，有餘者損之，不足者補之。❶

對於「張弓」之事，歷來的註釋，基本上，有兩種不同的解說，一種是針對「弓」的本身而言，另一種是針對「射」的事件而言，雖然，這兩者也是屬於同一項事情，意義也十分接近，但是，在事情的過程中，重點卻不盡相同。以下，對於兩種不同的註釋，各舉出一些例子，作爲代表：

嚴遵《道德指歸論》說：「夫弓之爲用也，必在調和，弦高急者，寬而緩之，弦弛下者，攝而上之，其有餘者，削而損之，其有不足者，補而益之。」❷

吳澄《老子注》說：「凡弛弓，俯其體，則弣在上，弰向下，張之而仰其體，則弣向下，弰在上，是仰弣之高者使之向下，舉弰之下者使之在上。」❸

高亨《老子正詁》說：「《說文》，張，施弓弦也。蓋施弦於弓時，弦之位高，則抑之，弦之位下，則舉之，弦之長有餘，則損之，弦之長不足，則補之。」❹

對於「張弓」的意義，嚴遵、吳澄、高亨的解釋，都是着眼在「施弦於弓」的重點上，由於施弦於弓身之上，弦的位置有其高低的不同，也就有了寬鬆緊急的不同，也就有了弦的長短的不同，吳澄更因此而引出了弓把（弣）與弓之兩端（弰）上下的不同，要之，他們的意見，都是以施弦於弓身之上，作爲對「張弓」的看法。至於另外一種註釋的例子：

黃元吉《道德經精義》說：「持弓審固，內志既正，外體復直，務令前後手臂，平正通達，高者抑之，下者舉之，有餘者損之，不足者補之，然後順手而發，隨幾自中，不患其或失。」❺

宋常星《道德經講義》說：「張弓者，有時而或高，高不可不抑，將前拳往下落，是爲高者抑之，有時而或下，下不可不舉，將前拳往上起，是爲下者舉之，高爲有餘，有餘則不可以命中，損有餘，乃能與的相對，而不過於高，下爲不足，不足亦不可以命中，與不足，乃能與的相當，而不過於下。」❻

李虛庵說：「天之道，有如張弓，體尚平正而已，高者抑，下者舉，則兩臂平，有餘損，不足補，則一身正。」❼

對於「張弓」的意義，黃元吉、宋常星、李虛庵的解釋，都是著眼在「舉弓射的」的重點上，由於人們在舉矢上弦以後，持弓射的，中與不中，主要在於射者身體手臂的能否平正均勻，射者一手持弓，一手搭矢，正對標的，如果有所不正，或過高過低，或過左過右，即可上下左右，加以調適，李虛庵的解釋，以爲「高者抑之，下者舉之」，指前拳持弓之手，上下調適，「有餘者損之，不足者補之」，指前拳持弓之手，左右調適，較之黃元吉與宋常星的說法，更爲簡明完整。

以上的兩種解釋，雖然相差不多，但是，「調弓上弦」與「持弓射的」，在同一件事情的先後過程中，畢竟是有所不同，老子既然明白地說是「張弓」，不是「調弦」，自然仍以採取李虛庵等人的解釋，較爲符合《老子》的本義，因此，「均平調適」，也就自然是「張弓」的「射的」的要旨了。

「張弓」之說，在《老子》第七十七章之中，其實只是一種譬喻之辭，譬喻的對象，卻在上一句的「天之道」裏，由於老子的思想中，最喜闡明形而上學的「天道」，但是，「天道」是抽象的原理原則，不易明瞭，因此，老子往往藉著具體的事物，例如「水」、「谿」、「谷」等，作爲譬喻，以闡明他的「天道」觀念，像在《老子》第八章中，他說「上善若水，水善利萬物而不爭，處衆人之所惡，故幾於道」，並舉出水有七種善德，以闡明「天道」的特性，就是最明顯的「以水喻道」的例子，同樣的，在第七十七章之中，老子又以「張弓」之事作爲譬喻，目的也同樣在於闡明「天道」的原理，河上公註解「老子」此章時說：「天道暗昧，舉物類以爲喻也。」最能說明《老子》藉他物爲喻，以闡明天道的用意。

不過，老子在七十七章之中，不僅藉著「張弓」的譬喻，以闡明「天道」的原理，他的用意，更在於「假借天道，闡明人事」，所以，在第七十七章之中，老子接著說道：

天之道，損有餘而補不足，人之道，則不然，損不足以奉有餘，孰能有餘以奉天下，唯有道者，是以聖人爲而不恃，功成而不處，其不欲見賢。

在先秦的思想家中，老子對於形上學的興趣，最爲濃厚，《老子》書中，也使用了許多篇幅，討論到宇宙的本體和宇宙產生過程的問題，不過，老子眞正的用意，還是希望將其形上思想、天道觀念，落實到人生社會政治等方面，希望將其形上思想中的原理，作爲引領人生方向的指導原則，老子以爲，在大宇長宙之間，人也是宇宙中的一份子，人既不能自外於宇宙，既不能違背宇宙的原則，也只能順應宇宙的變化，也只能遵循宇宙的常規，老子以爲，大宇長宙之間，一切事物的發展運行，都有一種最高的理則——「道」的存在，往大處看，形而上的天道是如此，從小處看，形而下的人生行爲，也莫不應當如此，因此，天道可以作爲人生行爲的指引原則，從人的立場而言，則人們也應當去效法天道的原則，老子說：「人法地，地法天，天法道，道法自然。」❽也正是說明了這種「人法天道」的精神，因此，老子常常「假天道以明人事」，以說明天道對於人生行爲的重要性，也因此，在老子的人生哲學與社會哲學、政治哲學中，便無處不有其形上思想的存在，以作爲指引人生行爲的最高原則，只是，這種作爲指引的原則，有時明確可見，有時卻不易得知而已。

在《道德經》的第七十七章之中，老子由「張弓」的譬喻，闡釋了「天之道」的特性，是「損有餘而補不足」的，是無偏無私廓然大公的，是以「均平調適」爲目的的，進一步，他便由天道而及於人事，老子認爲，他所見到的「人之道」，卻與「天之道」不甚相同，他所見到的人間世界，卻是「損不足以奉有餘」的，那自然不是人間社會的正常現象，由於

「天無私，故均，人多私，故不均」[9]，因此，由於人們私心的作祟，也導致了社會上貧者益貧、富者益富、高者愈高、下者愈下的現象，人們在財富與地位上的差距，愈來愈大，人們在心理上的鴻溝，也愈來愈大，而社會的動亂，戰爭的頻仍，也莫不由此而逐漸產生。

老子既然看到了社會上反常的現象，看到了人性中醜惡的一面，因此，他希望在位而「有道」的「聖人」，能夠效法「天道」大公無私的精神，以上天之心爲心，去均平人們貧富貴賤之間的差異，去調適人們智愚賢不肖之間的距離，儘量作到「有餘以奉天下」的理想，調適到均平和諧的正常道路，以順應天道「損有餘而補不足」的原則，那才是人生社會政治安定祥和的眞正基礎，那也才是老子希望人們能夠「法天之道以爲人道」[10]的目的，「假天道以明人事」的根本用心。

老子嘗爲史官，又享高年，他曾遍觀史冊，吸取了無數的歷史教訓，深刻地了解到許多成敗存亡禍福產生的個中原因，他也仰觀宇宙衆象，俯察人間百態，深深地了解到許多人情世故的誠僞權詐，了解到人間寵辱得失的變幻無常，因此，體悟到只有順應宇宙自然無爲的大道，才是人生幸福安祥的方向，因此，他希望人們能夠「執古之道，以御今之有」[11]，希望人們能夠上體「天道」，以作爲「人道」的準則，從而達到在大宇長宙之間，安頓生命的目的，在《道德經》七十七章之中，老子以「張弓」爲喻，闡釋「天道」的意義，目的卻在以「天之道」去引領「人之道」，而獲致天人一貫的理想哩！

附注

❶此據王弼註本，下引並同。
❷此據嚴靈峰先生《無求備齋老子集成》所輯印之《津逮秘書》本。
❸此據廣文書局影印《諸子薈要》本。
❹此據開明書店印行本。
❺此據自由出版社影印《道藏精華》本。
❻此據三民書局影印本。
❼引見方覺慧所著《老子道德經解》，此據《中華叢書》本。
❽見《老子》第二十五章。
❾見焦竑《老子翼》所引蘇轍《老子解》。
❿見焦竑《老子翼》所引陸希聲《老子註》。
⓫見《老子》第十四章。

（此文原刊載於《中國文化月刊》一三〇期，民國七十九年八月出版）

老子釋疑二題

甲、老子「愚民」解

一

在《老子》書中，最容易招致批評的，是所謂的「愚民」思想，《老子》第六十五章曾說：

古之善為道者，非以明民，將以愚之，民之難治，以其智多，故以智治國，國之賊，不以智治國，國之福，知此兩者亦稽式，常知稽式，是謂玄德，玄德深矣遠矣，與物反矣，然後乃至大順。❶

在此章中，老子主張「非以明民，將以愚之」，他所提出的「愚民」觀念，也是最受世人詬病的地方，甚至有人以為《老子》此章，「完全講的是詐術」❷，只是，老子的思想，以清虛自然為本，在治國君民方面，他會利用「愚民」的權詐之術，去達到控制民眾的目的嗎？

二

首先，從政治思想上看，老子主張「以正治國，以奇用兵，以無事取天下」❸，所謂

「以正治國」，即在上位者，以清靜虛無存心，不干擾百姓，使之自致諧和，自然向化，因此，老子說：「我無爲而民自化，我好靜而民自正，我無事而民自富，我無欲而民自樸」❹，反之，如果在位者造作有爲，多所更張，干擾百姓，則必至「天下多忌諱，而民彌貧，朝多利器，國家滋昏，人多伎巧，奇物滋起，法令滋彰，盜賊多有」❺，因此，老子的理想政治，是「太上，不知有之」❻，是「其政悶悶，其民醇醇」❼，他希望在位者清靜無爲，「生而不有，爲而不恃，長而不宰」❽，以至百姓不知其上有君主的存在，希望在位者無爲無事，政績雖似昏暗不明，而人民卻能達致淳厚樸實的境地，因此，老子希望百姓們都能夠「虛其心，實其腹，弱其志，强其骨」❾，都能夠「甘其食，美其服，安其居，樂其俗」❿，過著和諧富足的生活，卻並無貪鄙爭奪的欲念，因爲「民之難治，以其智多」，因此，老子也才希望，在社會上，不去特別表彰賢能的人，從而能夠「不尙賢，使民不爭，不貴難得之貨，使民不爲盜，不見可欲，使民心不亂」⓫，他是希望從糾紛的根本上去減少民眾爭奪的緣由，化解百姓貪欲的可能成份，其目的，只是希望「常使民無智無欲」⓬而已，「使夫智者不敢爲也，爲無爲，則無不治」⓭而已，因此，他不希望百姓民眾，過於精明聰慧，過於計較得失，這也就是老子所以主張「非以明民，將以愚之」的眞義了，王弼注解《老子》六十五章時曾說：「明，謂多智巧詐，蔽其樸也，愚，謂無知守眞，順自然也。」確實深得老子的用心，因此，老子主張讓百姓民眾，回歸自然，抱守眞樸，這種思想，又那裏會是「愚弄民眾，使民眾愚笨無知，以求便於控制」的作法呢！

三

再則，從君主與民眾的關係上來看，眞正實行嚴酷的法令，控制民眾的君主，必然希望民眾知識低落，近乎愚笨，以求便於控制，另一方面，君主本身，也必然自立於民眾之外，但求自身黠詐多智，才能以其聰慧，運用法術權勢，去控制愚笨的民眾，而一切的法令律例，也都是爲了控制民眾而設，君主自身，卻可以脫然於法律之外，不受律令的拘束，因此，君主與民眾之間，是對立的關係，但是，在老子的政治理念裏，君主與民眾的關係，卻不是對立的，老子曾說：「聖人無常心，以百姓心爲心。」⑭他以爲，眞正善體天道的君主，施政行事，完全是以民意爲依歸，以民心爲己心，而從不堅持一己的主觀意見，因此，他說：「聖人在天下，歙歙焉，爲天下渾其心。」⑮聖王治理天下，渾同其心，歸於質樸，而無私無欲，無所造作，因此，老子也說：「我愚人之心也哉，沌沌兮，俗人昭昭，我獨昏昏，俗人察察我獨悶悶。」⑯他以愚人自居，先求「自愚」，然後爲民作則，與百姓共愚其心，而以昏昏悶悶之「愚」，作爲君民共同遵循追求的政治目標，以求返於質樸純眞的境界，而不屑有取於昭昭察察之「明」的狡黠詭詐，這種思想，又那裏是想要獨立於民眾之外，以求控制百姓，進而去採用愚弄百姓、使民眾愚笨的措施呢？

四

另外，從《老子》此章的文法語氣上來看，此章前半章說「古之善爲道者，非以明民，將以愚之，民之難治，以其智多，故以智治國，國之賊，不以智治國，國之福」，由於老子以爲，民衆的智巧機詐之心日開，確實會增加社會上的權謀欺罔之術，因而加重了治理的困難，因此，他不主張「以智治國」，因此，老子所說的「愚之」，實則只是「不以智治國」而已，此章的後半章說「知此兩者亦稽式，常知稽式，是謂玄德，玄德深矣遠矣，與物反矣，然後乃至大順」，他以爲，在「以智治國」與「不以智治國」之間，爲政者必須知道有所取捨，方能永爲楷法，方能稱之爲是微妙深遠的「玄德」，此種「玄德」，雖然與世俗一般的觀念相反而不類，（河上公注此章說：「玄德之人，與萬物反異。」最得其要，較之一般釋「反」爲「返」，爲勝多矣）但是，老子曾經自謂「正言若反」⑰，「反者道之動」⑱，正因爲老子的思想，往往不與俗情相同，往往看到許多事物有著相反相成的特性，因此，老子才提出了他的「正言」，去作爲告誡世人的諍言，而俗情卻常常視之爲「若反」的狂言；正因爲老子看到許多與該事物之相「反者」，往往適能符合大「道」發「動」的趨勢，因此，老子才指出了他那「愚之」的觀念，正是「與物反矣」的見解，正是不與俗情相同的看法，不過，雖然道理「與物反矣」，卻正好能夠順乎自然的大道，所以才稱之爲「大順」，因此，從《老子》此章的文法語氣上來看，「非以明民，將以愚之」，又那裏是要愚弄民衆而使得民衆愚笨無知的「愚民」思想呢？

五

老子的思想中，絕無世俗所謂「愚民」的觀念存在，雖然，在施政上，他確是主張「愚」

而不主張「明」的，但是，那只是想要使得民眾歸於自然淳樸的境地而已，只是希望民眾能夠不受文明智巧的污染，而回復實質的本性而已，可是，後世的人們，受到秦始皇焚詩書坑儒生的影響，往往一提到《老子》此章的「愚」字，即轉而以暴秦的「愚民政策」，去設想老子的思想，以看待暴秦的眼光，去看待老子，這對老子而言，又那裏是公平的待遇呢！

附注

❶ 此據王弼注本，下引並同。
❷ 見郭沫若《十批判書·黃老稷下學派的批判》。
❸ 見《老子》五十七章。
❹ 見《老子》五十七章。
❺ 見《老子》五十七章。
❻ 見《老子》十七章。
❼ 見《老子》五十八章。
❽ 見《老子》五十一章。
❾ 見《老子》第三章。
❿ 見《老子》八十章。
⓫ 見《老子》第三章。
⓬ 見《老子》第三章。
⓭ 見《老子》第三章。
⓮ 見《老子》四十九章。

⓯ 見《老子》四十九章。
⓰ 見《老子》二十章。
⓱ 見《老子》七十八章。
⓲ 見《老子》四十章。

乙、老子「權謀」辨

一

在《老子》書中，所謂的「權謀」思想，也是極易爲人所批評的目標，《老子》第三十六章曾經說道：

> 將欲歙之，必固張之，將欲弱之，必固強之，將欲廢之，必固興之，將欲奪之，必固與之，是謂微明，柔弱勝剛強，魚不可脫於淵，國之利器，不可以示人。❶

在此章中，老子說到將欲歙之、弱之、廢之、奪之，必固張之、强之、興之、與之，有人稍加推論，認爲老子是主張以張之、强之、興之、與之作爲惡毒的手段，而用以達到歙之、弱之、廢之、奪之的陰險目的，很自然地，即以爲是老子的權謀之言、詭詐之術，像河上公的注，就是明顯的例子，他說：

> 先開張之者，欲極其奢淫，先強大之者，欲使遇禍患，先興之者，欲使其驕危也，先

> 與之者，欲極其貪心也。

河上公的注，正是從手段與目的的立場，去解釋《老子》此章的義蘊，也因此，他便將此章的「利器」，釋之爲是「權道」，完全將此章視爲是老子的權謀詭詐之術，再加上後世的一些學者們，推波助瀾，變本加厲，也從而更加深了對於老子權謀之言的認定。另外，歷來也有一些學者們，曾經嘗試著去爲《老子》此章作出解釋，像章炳麟在《國故論衡·原道篇》中便曾說道：

> 老聃所以言術，將以擿前王之隱慝，取之玉版，布之短書，使人人戶知其術，則術敗。

章炳麟的意思是說，老子由於熟察人情的詐僞，因此，在此章中，他只是將人們心裏的陰謀表暴出來，將人世中的醜惡顯示出來，使得世人瞭然之後，自然不致吃虧上當，而一切陰謀詭詐之術，自然也就不能再產生任何作用了，章氏的用意雖好，但所說的，卻未必有當於《老子》的眞義。

二

其實，老子曾經說道：「反者道之動。」❷老子認爲，宇宙中一切事物的運動變化，往往會朝著相反的方向去發展，這是一種自然的現象，由於有著這種認識，因此，老子也曾說道：「禍兮福之所倚，福兮禍之所伏，孰知其極，其無正，正復爲奇，善復爲妖。」❸他以爲，宇宙中的事物，既然往往朝著相反的方向去發展演進，那麼，眼前表面所顯現的情況，內中也就已經隱伏了反面的因素，因此人們在禍福之間的得失，也就不必堅決執定，而認爲是一成不變的了，因此，當人們目前遭遇到災禍之時，也不必過於喪心失志悲痛，因爲，下一個階段接踵而至的，也許就正是幸福的到來，反之，當人們目前遭遇到幸福之時，也不必過於歡樂欣喜若狂，因爲，下一個階段接踵而至的，也許就正是災禍的到來，就像塞翁失馬，焉知非福，塞翁得馬，焉知非禍一樣，得不必過喜，失不必過悲，要之，老子的用意，只是將宇宙中事物變化時「隱」「顯」「正」「反」的軌跡規律，揭示出來，用以告知世人，讓人們了解到世間事物變化演進的自然流程，希望世人能夠見微知著，有以前知，看到眼前的現象，即可以推知未來的發展，從而可以去趨吉避凶，轉危爲安，步入祥和的人生道路。

因此，在三十六章之中，老子才舉出了一些較爲具體的事例，作爲說明，他希望人們想得更深，看得更遠，當眼前的行事中遇見了「張之」「强之」「興之」「與之」的情形時，勿矜勿喜，而了解未來也必然會有「歙之」「弱之」「廢之」「奪之」的情況到來，因而在心中能夠預作準備，不被眼前一時的現象所迷惑，因而也能夠在心目中預先端正趨向，而知道去守柔守弱，而不去與人爭强鬥勝，反受損傷，王道在《老子億》中說：「將欲云者，將然之辭也，必固云者，已然之辭也，造化有消息盈虛之運，人事有吉凶倚伏之理，故物之將欲如彼者，必其已嘗如此者也，將然者雖未形，已然者則可見，能據其已然，而逆睹其將然，則雖若幽隱，而實至明白矣，故曰是謂微明。」呂吉甫在《老子注》中也說：「於張知歙，於强知弱，於興知廢，於與知奪。」又說：「天之道，物之理，人之事，其勢未嘗不如此者也。」❹王呂二人的解說，都能將《老子》此章的要義，闡釋得相當明確，同時，王道釋「固」爲「已然之辭」，尤其具有見地，因爲，固，是固然必然定然之義，指事理的常則，這種詮釋，也正好肯定了老子所見到的宇宙中事理曲折正反演進的必然途徑，較之馬敘倫等人，釋「固」爲「姑」，解之爲「姑且」之辭❺，從而加重了《老子》此章權謀詭詐的成份，確實要高明多了。

同時，此章之中，「是謂微明」，正是總結上述四組八句的意義，所謂「微明」，河上公說：「其道微，其效明。」是指《老子》上述八句的含義雖然微妙難知，而其事理的變化卻實在是明顯而確切，因此，「微明」二字，已經說明了《老子》前述四組八句中所要表達的事項重點，也更證明了老子不是在敘說什麼權謀詭詐之言。

要之，宇宙中的事物，物極必反，盛極必衰，是自然也是必然的現象，人們如能了解這種原理，從眼前已經發生的事物上，去推測其未來的走向，則自然能夠執簡御繁，把握樞機，從而去抉擇自己應走的徑路了，《老子》此章的用意，正是如此。

三

老子的思想，是以「道」爲主的，《老子》四十章曾說：「反者道之動，弱者道之用。」反與弱，也代表了老子之道，在事物發展與人生應用方面，所存在的兩大原則，《老子》三十六章說道：「將欲歙之，必固張之，將欲弱之，必固強之，將欲廢之，必固興之，將欲奪之，必固與之。」這四組事件，都是由反知正、正反相成的例子，因此，三十六章的前半章，實際就是老子思想中「反者道之動」那一原則的應用。三十六章又說：「柔弱勝剛强，魚不可脫於淵，國之利器，不可以示人。」這種虛靜卑下、柔弱不爭的人生態度，實際就是老子思想中「弱者道之用」那一原則的應用，因此，《老子》的三十六章，正是闡明，大道之要，在「反」與「弱」，人們處世，如能體悟此道，小自個人的修養，大至爲君的施政，都可以遵循這兩種原則的應用，因此，老子才以淵與魚的關係相喻，以說明「反」與「弱」這兩種原則對於人生的重要。

老子之道，既以卑弱清靜自恃，以深藏若虛自勵，因此，他也希望人們，以至治國的君主，都能夠默然自守，隱韜自養，而戒人驕矜，炫耀至理，以免奸邪之人，竊盜此術，危害大眾，所以，他才以「不可以示人」一語，作爲此章的結論。

四

總之，老子的思想，以守柔守弱、清虛自然爲主，本來就與陰謀權詐之術，無所干涉，三十六章之中，雖不免有所流弊，示人以可乘之機，但是，咎責也在後人不能善讀《老子》之書，卻不應該反說《老子》書中，原本就有權謀詐僞的思想存在啊！

附注

❶ 此據王弼注本，下引並同。

❷ 見《老子》四十章。

❸ 見《老子》五十八章。

❹ 並見焦竑《老子翼》所引。

❺ 見馬敘倫《老子覈詁》，固與姑，音雖相近，可以構成通假的條件，但是，在此文中，是否通假借用，卻須從上下文義去仔細檢覈，如依馬氏所說，固作「姑」解，則《老子》此章的四組文字，正是「姑且」以下句作手段，以上句作目的，正是加重了老子的權謀之義了。

（此文曾刊載於《中華文化復興月刊》二十三卷八期，民國七十九年八月出版）

老子對於戰爭的看法

老子的政治思想，主要在於清虛寧靜、恬淡無爲，因此，對於軍爭戰伐之事，自然秉持著極端反對的態度，但是，即使是在「小國寡民」的地方，他也不主張完全蔑棄國防的軍事力量，他雖然不希望發生戰爭，但是，他卻主張國家仍然需要具備武裝的力量，去維持對於侵略者的嚇阻作用，同時，在萬不得已的情況下，他也不惜動用武力，訴諸戰爭，去維護國家與人民的安全，《老子》第六十七章曾說：

> 我有三寶，持而保之，一曰慈，二曰儉，三曰不敢爲天下先，慈故能勇……夫慈，以戰則勝，以守則固，天將救之，以慈衛之。❶

對於人群的慈愛關懷，是老子三寶中最爲重要的一寶，只有在多數人民的生命財產遭到威脅迫害之時，只有在保家衛國禦侮之時，只有在博施濟眾的工作受到阻礙之時，只有在能使更多的人們獲得幸福之時，老子才會主張，爲政者應當挺身而起，表現出大勇的精神，動用武力，以戰止戰，以戈止武，從而達到以戰爭的手段去制止侵略行爲的目的，因此，只有在推行「慈愛」，使更多人受惠的前提下，老子才會主張可以使用武力，而不惜一戰的，《老子》第三十一章說：

> 夫惟兵者，不祥之器，物或惡之，故有道者不處。

老子以爲，戰爭的行爲，畢竟是萬不得已的手段，戰爭的行爲，也將爲人們帶來無窮的禍害，因此，老子對於戰爭的殘酷，也提出了深刻的警告，《老子》第三十章說：

師之所處，荆棘生焉，大軍之後，必有凶年。

軍旅的屯駐，戰事的爆發，軍爭的慘烈，必然會導致人民生命的喪失，財產的損破，屋舍的焚毀，以至於十室九空，形成了廢墟一片的景象，同時，人力的損傷，田園的荒蕪，糧食作物的短缺，導致了饑饉遍野，加以人馬的傷殘，也往往導致了瘟疫的流行，疾病的蔓延，這些，都是戰爭所帶來的殘酷與慘痛的情況，因此，老子不但認爲窮兵黷武者的侵略戰爭應該受到譴責，即使是禦侮者的戰爭，也應該知所節制，即使獲得了最終的勝利，也應該以哀矜勿喜的心情去面對勝利的成果，《老子》第三十章說：

以道佐人主者，不以兵強天下……善有果而已，不敢以取強，果而勿矜，果而勿伐，果而勿驕，果而不得已，果而勿強。

《老子》第三十一章也說：

兵者不祥之器，非君子之器，不得已而用之，恬淡爲上……殺人之眾，以悲哀泣之，戰勝，以喪禮處之。

《老子》第六十九章也說：

> 用兵有言，吾不敢爲主而爲客，不敢進寸而退尺………故抗兵相加，哀者勝矣。

老子以爲，戰爭的行爲，兩軍交鋒，兵刃相加，戰況慘烈，殺戮衆多，不僅對方的兵馬大受損傷，本身的人馬，也必然傷亡累累，生命的損喪，都是有違上天好生之德的行爲，因此，即使是站在公理正義的一方，即使是在戰爭中取得了勝利，身爲將帥者，也應當心情沉重，切勿驕矜自傲，沾沾自喜，引爲偉績，以致好勇逞强，剛猛易折，因爲，以戰止戰的行爲，畢竟也是萬不得已的手段而已，即使獲得勝利，也只該以悲哀的心情，喪禮的儀式，去面對戰爭所留下來的慘痛與浩劫，因此，老子也特別强調，有道的君主，絕對不應作出挑起兵爭以伐人侵略的「主動」行徑，而只是在萬不得已的情況下，作出捍衛國家的「被動」的行爲而已，如果能夠消弭戰爭，即使是退讓迴避，也甘心從事，以避免戰爭的擴大，因此，老子也特別强調，只有以「慈愛」存心，以悲憫爲懷的領導者，才能獲得民衆的竭誠擁戴，才能「以戰則勝，以守則固」，而取得最後的勝利。

戰爭既然有時是不能避免的行爲，爲了達到「以戰止戰」、「以戰則勝」的目的，老子也提出了一些在戰爭中應該具備的條件和技巧，去作爲人們參考的原則，《老子》第六十八章曾說：

> 善戰者不怒，善爲士者不武，善勝敵者不與。

《老子》第五十七章也說：

以奇用兵。

《老子》第六十九章也說：

禍莫大於輕敵，輕敵幾喪吾寶。

老子以爲，身爲將帥者，最重要的條件，是心平氣和，靈臺清明，才能運籌帷幄，料敵如神，而決勝千里，如果輕率易怒，則靈臺常蔽，思慮混淆，又如何能去判斷敵我之間的情況呢！同時，在戰爭技巧方面，老子以爲，善於爲戰者，絕不會逞強鬥狠，進一步，如果能夠不以戰爭作手段，而達到獲取勝利的目的，就像《孫子兵法》所說的「上兵伐謀，其次伐交」，「不戰而屈人之兵」❷一樣，那就是最爲可貴的策略了。其次，老子也提出了「以奇用兵」的作戰原則，他認爲，只有奇兵突出，出奇制勝，才能掌握先機，宰制敵人，而取得最後的勝利。此外，老子也提出了「輕敵」的警惕之言，以告誡領軍的將帥們，希望他們審愼行事，免得一念之差，輕忽大事，以致枉然犧牲了眾多寶貴的生命。

由於老子深切地了解到戰爭的恐怖，了解到戰爭所帶給人類的浩劫，因此，他也從人們內心的深處，去探索世間戰爭所以會產生的原因，去尋求消弭戰爭的根源，《老子》第四十六章說：

禍莫大於不知足，咎莫大於欲得，故知足之足，常足矣。

《老子》第四十四章也說：

> 知足不辱，知止不殆，可以長久。

老子認為，戰爭之所以會產生，主要是由於人們在內心之中，不滿足於眼前的貨利權勢，尤其是在位的領導者，如果貪得無厭，好貨自私，醉心於更多的權位名利，自然會出之以不正當的戰爭手段，去攫取更廣大的土地財富，去侵略別人的國家疆域，因此，老子希望在位者能夠明瞭，人心的欲望，是永難滿足的，如果任意放縱，不加節制，則貪婪之心，只會為他自身帶來災禍與過咎，因此，老子規勸世人，要知足常樂，只有在位者心知滿足，才是制止人世間戰爭的根本辦法，也才是領導者「可以長久」的處世之道。《老子》第六十一章也說：

> 故大國以下小國，則取小國，小國以下大國，則取大國，故或下以取，或下而取，大國不過欲兼畜人，小國不過欲入事人，夫兩者各得所欲，大者宜為下。

老子以為，國家與國家之間，其所以會有戰爭，只不過是為了私利，彼此相疑，兩不信任而已，如果大國想要取得小國的信從，小國想要取得大國的關護，則必須要大國小國，都能謙虛相待、和平相處，戰爭自然能夠避免，而大國的謙卑濡下，尤其容易獲得小國的信任，又何樂而不為呢！

總之，老子以為，戰爭的肇端，是由於人心的不足，尤其是在位的君主，如果貪婪自私，則一人之心，可能也影響到千萬人之心的趨向，影響到千萬人民的幸福，更是應該從根本上去加以調整改正，那才是消弭戰爭的最佳辦法！

附注

❶ 此據王弼注本，下引並同。

❷ 見《孫子・謀攻篇》。

（此文原刊載於《中華文化復興月刊》二十四卷四期，民國八十年四月出版）

試論老子體道的工夫及其進程

一、引　言

在老子的思想中，最重要的觀念是「道」，在《老子》書中，「道」有萬物根源的意義，宇宙演進法則的意義，也有政治原理的意義，人生行爲規範的意義，只是，老子對於「道」的理解體悟，由懵懂到會悟，一定有他致力的工夫，也一定有他內在成長的心路歷程，因爲，一種思想，不會憑空而起，一種見解，也往往需從深刻的內心體會，才能醞釀成熟。不過，《老子》一書，言簡義奧，在書中，對於他自己如何體悟大道的工夫及進程，都不曾明確地加以敘說，雖然如此，在《老子》書中，卻仍然不時透露出有關的訊息，卻仍然有其脈絡與線索，可資探尋；以下，就從《老子》書中，試爲探究其體道的工夫，及其用力的進程。

二、本　論

1.致虛、守靜

《老子》第十六章說：

致虛極，守靜篤。❶

河上公注說：

得道之人，捐情去欲，五內清淨，至於虛極，守清淨，行篤厚。❷

老子以爲，人們的內心，本來是昭靈不昧、清明在躬的，只因爲受到外物私欲的蒙蔽，所以才不得虛靜，所以才不易接納眾理的照察，因此，想要體悟大道，必須從「明心」「復性」的工夫，首先，必須將自己的心靈推致到極度虛靈的地步，將自己的心靈持守到寧靜至極的境域，使自己的心靈，如鏡之明淨，如水之清澄，無一絲塵垢污染，方能照察萬物，使眾理來集，這也如同莊子所說的「心齋」❸一樣，也如同荀子所說的「虛壹而靜，謂之大清明」❹一樣，體道之人，能夠常保此虛靜的境界，才能夠開闊心靈，廣納眾理，而有所取捨、有所鑑別，進而有所理解、有所會悟，這正是悟道體道者首先需要具備的心靈修養。

2.見素、抱樸

《老子》第十九章說：

見素抱樸，少私寡欲。

河上公注說：

見素者，當抱素守眞，不尚文飾也；抱樸者，當見其篤朴，以示下，故可法則。

素是未經染色之絲，樸是未曾斧斲之木，都是最淳眞質實的代表，老子以爲，體道之人，應當儘量減少文飾巧僞的外在華表，以免加多私欲，逐於外物，而應儘量抱持眞淳渾全的內在實質，減少思慮利祿的馳逐沉湎，回復人們原有的自然本性，因此，老子也常說道：「虛其心，實其腹，弱其志，强其骨」（三章），也常說道：「去甚、去奢、去泰」（二十九章），這都是提醒體道悟道之人，要歸眞返樸，回復眞淳，才能不受物欲的蒙蔽，而具備靈明的心境，去體現事物的理則，因此，由「見素抱樸」的工夫，才能逐漸地躋升，以至於「營魄抱一」（十章）、「聖人抱一爲天下式」（二十二章）的目的。《老子》第三十七章也說：

> 道常無爲，而無不爲，侯王若能守之，萬物將自化，化而欲作，吾將鎭之以無名之樸，無名之樸，夫亦將無欲。

老子以爲，人生在世，外物私欲，引誘甚多，如人一念之起，不易克制，則當以無名之樸、清靜之「道」，加以鎭之，以遠去私欲而回返眞淳，這也是塞源杜本的辦法。

3.玄覽、觀復

《老子》第十章曾說：

> 滌除玄覽，能無疵乎？

河上公注說：

當洗其心，使潔淨也，心居玄冥之處，覽知萬事，故謂之玄覽也。

王弼注說：

玄，物之極也，言能滌除邪飾，至於極覽。❺

老子以為，人們心中，往往為外境所染，而產生種種心知妄見，種種聲色私欲，因此，體道者必須洗滌掃除自己心中一切的妄想，「少私寡欲」（十九章），進而至於一塵不染、一物不留、毫無疵瑕的境地，才能保持內在明淨的心境，以觀照外在的眾理，而體察精微，《老子》第十六章也說：

萬物並作，吾以觀復，夫物芸芸，各復歸其根，歸根曰靜，是謂復命。復命曰常，知常曰明，不知常，妄作凶。

王弼注說：

以虛靜觀其反復，凡有起於虛，動起於靜，故萬物雖並動作，卒復歸於虛靜，是物之極篤也。

「觀」之一字，對於老子思想的形成，極為重要，「觀」是觀看照察之義，老子在內心的修養處，既然能夠致虛以至其極，守靜以至其篤，進而滌除物欲塵垢的污染，已經具備澄澈能觀的心境，然後以此心境，觀照事理。他的觀照，不僅遠取諸物，也能近取諸身，不僅向外觀物，也能向內觀理。一方面，老子既享高年，又曾身爲史官，他從歷史記載上觀察到許多治亂興衰的事件，也探索到許多禍福吉凶的教訓，同時，他也從現實社會人群生活中觀察到許多世態變遷的情僞，然後匯歸統持，而得到事物演變的情實。另一方面，老子仰觀天象，俯察地理，了解到宇宙中種種複雜錯綜的現象，以及這些現象背後的軌跡，內觀返照，默會於心，然後，他才探索到了宇宙產生的根源，把握住了天地萬物演進的法則，尋找到了人間社會清虛寧靜的途徑，老子才說：「不出戶，知天下，不窺牖，見天道。」（四十七章）老子才說：「執古之道，以御今之有，能知古始，是謂道紀。」（十四章）因此，「覽」與「觀」，在老子體道的進程中，確實佔有極爲重要的地位。

4.專氣、致柔

《老子》第十章說：

> 專氣致柔，能嬰兒乎？

河上公注說：

> 專守精氣，使不亂，則形體能應之而柔順，能如嬰兒，內無思慮，外無政事，則精神不去也。

王弼注也說：

> 專，任也；致，極也；言任自然之氣，致至柔之和，能若嬰兒之無所欲乎？則物全而性得矣。

老子常以嬰兒比喻悟道者之境界，因爲，嬰兒純眞自然，元氣充沛，無思無慮，含具最淳厚的德性，在心中不雜有一毫欲念之私，所以，老子要說：「我獨泊兮其未兆，如嬰兒之未孩。」（二十章）又說：「常德不離，復歸於嬰兒。」（二十六章）又說：「聖人在天下，歙歙焉，爲天下渾其心，聖人皆孩之。」（四十九章）又說：「含德之厚，比於赤子。」（五十九章）他主要以爲，體道之人，應當如同嬰兒，專一心志，持守精氣，純一思慮，逐漸而能調柔性情，達到氣定神凝的境界，以觀照萬象，以曲應萬物，然後才能在心中不將不迎，內應無窮，而不悚動其心志。

5.儉嗇、積德

《老子》第五十九章說：

> 治人事天，莫若嗇，夫唯嗇，是以早服，早服謂之重積德，重積德則無不克，無不克則莫知其極，莫知其極，可以有國，有國之母，可以長久，是謂深根固柢，長生久視之道。

《韓非子，解老篇》說：

嗇之者，愛其精神，嗇其知識也。❻

河上公注說：

嗇，貪也，治國者當愛民，治身者當愛精神。

在此章中，治人，是指護養身心，事天，是指順乎自然，嗇，是儉約保愛深藏之義，老子以爲，體道之人，應該吝愛精神，愼惜心力，避免耗散擲費，而多從事精神上收斂凝聚的工夫，使內德充實，厚植根本，以增強內在生命的力量，以遠離外在的物欲思慮，才能氣定神閑，澄明心境，虛靜無爲，而會悟大道，所以，釋德清《道德經解》，以爲「嗇，即復性工夫也」，人能復其天賦之本性，故能體悟自然之大道。

6.日損、無爲

《老子》第四十八章說：

爲學日益，爲道日損，損之又損，以至於無爲，無爲而無不爲。

河上公注說：

學，謂政教禮樂之學也，日益者，情欲文飾，日以益多。道，謂自然之道也，日損者，情欲文飾，日以消損。損情欲，又損之，所以漸去。當恬淡如嬰兒，無所造爲。情欲斷絕，德與道合，則無所不施，無所不爲也。

李嘉謀《老子註》說：

爲學所以求知，故日益。爲道所以去妄，故日損。❼

蘇轍《老子解》說：

去妄以求復性，可謂損矣，而去妄之心猶存，及其兼忘此心，純性而無餘，然後無所不爲，而不失於無爲矣。❽

老子以爲，爲學之事，主於追求知識聞見的廣博，所以需要向外尋覓，知古通今，增益識解。而爲道之事，主於會悟澄澈無妄的境界，所以需要向內冥證，杜塞聰明，損情去欲。因此，體道之人，尤其重在滌除本心舊時的習染，泯去昔日的私欲，意不妄動，心不妄生，才能回復清靜的本性，返歸質樸的眞淳，所以，蘇轍以爲，「去妄以求復性，是謂之損」，及其損之又損，以至於清虛寧靜的「無爲」境界，達到眾理匯集的「無不爲」的效果，然後，修養體悟的工夫，才如同爐火中的丹砂，逐漸有成。

在四十八章之中，老子明確地說出了「爲道」的辭語，「道」既可「爲」，自然有其應具的進程，而「日損」，則自然就是修養者體悟大道的「工夫」了。

三、結語

同樣也是道家的莊子，在〈大宗師篇〉中，很明白地說出了自己用力的進程，體道的工夫，他說：「參日而後能外天下，已外天下矣，吾又守之，七日而後能外物，已外物矣，吾又守之，九日而後能外生，已外生矣，而後能朝徹，朝徹，而後能見獨，見獨，而後能無古今，無古今，而後能入於不死不生。殺生者不死，生生者不生，其爲物，無不將也，無不迎也，無不毀也，無不成也，其名爲攖寧，攖寧也者，攖而後成者也。」❾但是，《老子》一書，文簡義奧，老子也不曾在他的書中，將自己體道的工夫，用力的進程，詳加敘述，因此，我們只能從《老子》書中一些隱微的文句裏，大致探索出一些老子本人在不經意中所透露出來的體道的工夫，這些工夫，也只能歸納成幾項重點，略加闡釋，使之較爲明朗，作爲世人的參考，至於老子本人在體道時用力的進程，則只能依其工夫的由淺及深，稍作層次排列，而無法表彰出更爲完密的系統了。

附注

❶ 此據王弼注本，下引並同。

❷ 此據五洲出版社影印至德堂刊本，下引並同。

❸ 見《莊子，人間世篇》。

❹ 見《荀子，解蔽篇》。

❺ 此據廣文書局影印本，下引並同。

❻ 此據陳啓天《韓非子校釋》本。

❼ 引見焦竑《老子翼》。

❽ 同注❼。

❾ 此據郭慶藩《莊子集釋》本。

王眞《道德經論兵要義述》析評

一、引言

《老子》本是明「道」之書，但是，唐代的王眞，卻以爲《老子》八十一章，「未曾有一章不屬意於兵」❶，因此，他才詳觀《老子》，「獨以兵戰之要，採摭玄微」❷，撰成《道德經論兵要義述》❸一書，獻給憲宗皇帝御覽，他的用意，以爲君王治國，宜當文事武備，兩相兼重，因爲，一個國家，「忘戰則危，好戰則亡」❹，人君雖不可以「好戰」，卻不可以「忘戰」，因此，他希望憲宗皇帝，能夠先行「知兵」而「可戰」，進而才能夠「戢干戈於方興之時，卻行陣於已列之地」❺，從而禁戢兵爭，召致太平，以下，即就王眞書中所論之事，加以分析，並評論其要旨。

二、析評

在《道德經論兵要義述》中，王眞曾經探討戰爭發生的原因，在釋《老子》第二章「天下皆知美之爲美」時，他說：

> 夫物既有名，人既有情，則是非彼我，存乎其間，是非彼我，存乎其間，則愛惡起而相攻，愛惡起而相攻，則戰爭興矣。

王眞以爲，世間的人們，各有愛惡之情，各有是非之念，愛惡是非，既然不能齊同一致，從而便產生了彼此的爭鬥，爭鬥既生，愈演愈烈，不能終止，戰爭的行爲，便由是而發生，戰爭既然發生，則國家的武備，自然不能缺少，王眞在釋《老子》三十六章「國之利器，不可以示人」時說：

兵者，戰而不用，存而不廢之物，唯當備守於內，不可窮黷於外者也。

古人立國君民，有文事者必有武備，是以王眞特別重視國家的武備，因爲，兵戰雖爲凶器，用兵之道，雖然不可以窮黷於外，但是，卻更不可以不備守於內，使國防完固，所以，寧可是備而不用，存而不廢，卻不可以使國家沒有武備，王眞在釋《老子》七十五章《民之難治，以其上之有爲」時說：

一國有兵，以及天下，天下有兵，亂靡有定，於是耕夫釋耒而執干戈，工女投機而休織紝，齊人編户，大半從戎，子弟父兄，鄰里宗黨，同爲鋒俠，共作奸回。

又在釋《老子》三十章「善有果而已，不敢以取強」時說：

且興師十萬，日廢千金，十萬之師在野，則百萬之人，流離於道路矣，加以殺氣感害，旱疫相乘，災沴之深，莫甚於此。

國家既有武備，則戰事一旦發生，兩軍交鋒，殺傷必多，災難所涉，其面必廣，而慘烈殘酷之禍，由是興起，而且，雄師十萬，征戰於野，則供應輸運補給之民，必將十倍於此，於是民間耕織之事多廢，鄰里犯科作奸之人群興，而人民百姓之苦，不言可喻，加之大軍之後，必有凶年，水旱之災，瘟疫之禍，接踵而至，所以，戰爭帶給人們的災難，確是無法想像的，因此，王眞以爲，爲政之君，對於戰爭之事，必須力加避免，小心肆應，王眞在釋《老子》六十九章「用兵有言，吾不敢爲主而爲客」時說：

聖人之兵，常爲不得已而用之，故應敵而後起，應敵而後起者，所以常爲客也。

聖人不好戰，所以，兵戎戰爭之起，常是不得已而用之，常是爲了應付敵人之侵略而後起來抵抗强權之進襲，卻不是主動地逞强鬥勇去侵略他人，因此，既然是不得已而用兵，自然也就不敢以軍事力量去耀武而揚威了，王眞在釋《老子》七十六章「兵强則不勝」時說：

夫兵者所謂凶險之器，鬥爭之具，所觸之境，與敵對者也，故兵強則主不憂，主不憂則將驕，將驕則卒暴，夫以不憂之君，御驕將，以驕將臨暴卒，且敗覆之不暇，何勝敵之有哉。

在此章中，王眞力陳兵爭爲凶險之事，力陳以武力逞强好勇，爲覆敗的主因，也因此，人君治國治軍，也就格外應該時時存有憂患之念，不敢稍事輕忽，更不敢以輕敵而取敗了，王眞在釋《老子》五十六章「塞其兌，閉其門」數句時說：

聖人之師，以戰則勝，以守則固，非天下之所能敵也，然而不敢輕天下之敵。

戰爭如果不能避免，則用兵之道，戰則求勝，守則求固，自然是戰爭行爲中所追求的目標，但是，即使是兵強馬壯，所向無敵，也需要小心謹慎，不敢輕敵自傲，以免失去先機，招致挫敗，王眞在釋《老子》六十九章「禍莫大於輕敵，輕敵幾喪吾寶」時說：

輕敵者，謂好戰於外，無備於內，與其無備於內，寧好戰於外，好戰於外，猶有勝負，無備於內，必致滅亡。

王眞主張，在「好戰於外」與「無備於內」這兩者之間，寧願冒大不韙，選擇好戰，只是因爲，戰爭雖然是殘酷的事，但是，總比國家覆亡，要好得多，因此，王眞論兵備戰爭，對於「輕敵」之事，才深加鑑戒，因爲，歷史上許多事實告訴人們，一旦輕敵，爲敵所乘，小則喪兵喪師，大則破國亡家、身無死所，所以，王眞在釋《老子》四十二章「强梁者不得其死」時說：

恃眾好兵，暴強輕敵，必當摧辱破敗，覆軍屠城，即是失其死所，明矣。

因此，王眞主張，對於兵爭之事，必須慎之重之，而不敢稍存一絲輕忽敵人之意，以免爲敵人所乘，而釀成危及國家的大禍，因此，王眞主張，治國君民，不但要謹慎小心，不敢輕敵，更需要常懷謙抑之心，以柔弱爲用，以制止兵戰，爲最高理想，王眞在釋《老子》五十七章章「以奇用兵，以無事取天下」時說：

> 用兵以奇，奇者權也，權與道合，庸何傷乎。以無事取天下，無事者，無兵革之事。

「兵者詭道也」❻，「凡戰者，以正合，以奇勝」❼兵不厭詐，故治國必以正道，用兵則可以詭奇譎異之術以取得勝利，這也是《老子》此句中的本義，但是，王眞在此章中，卻將「以奇用兵」的奇，解釋爲「權」，又提出「權與道合」，主張用兵之爭戰，雖可爲權宜權變之計，卻仍然要與「正道」的目標相合，所以，他對《老子》此章的「以無事取天下」，即釋之爲「無事者，無兵革之事」，這雖然不是《老子》的本義，但卻是王眞心目中的理想，因此，即使是戰爭之事，他也主張應採取柔弱之道，而不採用堅強剛猛，因此，他在釋《老子》第八章「上善若水」時，便以水爲喻，說明用兵之理，他說：

> 夫上善之兵，方之於水，然水之溢也，有昏墊之災，兵之亂也，有塗炭之害，故水治，則潤澤萬物，通濟舟楫，兵理，則鎮安兆庶，保衛邦家，若理兵能象水之不爭，又能居所惡之地，不侵害者，則近道矣。

水能載舟，也能覆舟，就如同兵備之事，可以爲福，也可以爲禍一樣，全在人的引導，水有居下卑弱不爭等特性，人主治兵，如能效法水的這些特性，自然能夠不取堅強剛猛好勝鬥狠之事，而採取居下不爭之道，能如此，自然能夠消弭戰亂，戢滅兵爭。由於用兵時主導的力量在於人君，因此，王眞也特別注重人君本身所採取的態度，他在釋《老子》三十六章「柔弱勝剛强」時說：

> 非謂使柔弱之徒，必能制勝剛強之敵，直指言王侯者，已處剛強之地，宜存柔克之心耳，故謙卑儉約，即永享其年，驕亢奢淫，即自遺其咎，蓋物理之恆也。

王眞以爲，治國治軍的人主，應該以柔弱存心，因爲，他主張，「王者當以謙下爲德」❽，所以「治軍行師，皆以恬淡無味爲上」❾，而「王侯在上，若不能以貴下賤，自卑尊人，但好戰恃兵，乘勝輕敵，必即禍患及之」❿，因此，他以爲，人君應該以不爭爲懷，「不爭，則兵戰自息，兵戰自息，則長保天祿」⓫，所以，只有不爭强鬥勝，才是人君長治久安的正途，也因此，王眞理想中的論兵要義，卻是以戢兵止戈爲目標，王眞在釋《老子》六十四章「爲者敗之，執者失之」時說：

> 師旅之事，不可爲也，爲者必自敗也，干戈之器，不可執也，執者必當自失也。

又在釋《老子》三十七章「侯王若能守之，萬物將自化」時說：

> 夫天下之害，莫大於用兵，天下之利，莫大於戢兵。

由於王眞以爲師旅干戈，不可執持，以爲天下之害，莫大於用兵，天下之利，莫大於戢兵，同時，他更希望，人主要「戢兵於未動之際，息戰於不爭之前」⓬，因此，對於輔佐人主的大將，更主張他們要減少逞强逞勇的心意，王眞在釋《老子》三十一章「夫唯兵者不祥之器」

時說：

> 師徒所征之處，大抵成敗相半矣，設有一勝，必先以大帛顯書其事，露布其文，彼主將者，仍皆以十作百，以百作千，以千爲萬，用要其功，上之人，或知其詐欺，且借以爲勢，務立其威，此則使人怨於顯明之中，神怒於幽闇之處，故曰不可以得志於天下矣，如此爲將，豈得謂以道佐人主乎。

只有不以武勇逞强的大將，才是優秀的軍事將領，只有致力於戢兵止戈的大將，才是傑出的輔弼良材，所以，王眞以爲，治國治軍的人主，如能以「無爲」存心，以「無事」處事，清靜謙虛，「無爲於兵戰之事，乃可以爲天下之長」⑬，王眞在釋《老子》四十八章「取天下常以無事」時說：

> 聖人爲君，常無爲無事，以百姓心爲心，乃可以取天下之心也，及其有事也，則以賦稅奪人之貨財，及其有爲也，則以干戈害人之性命，夫如是，則親離衆叛，國滅人危，又何可以取天下之心哉。

國君治民，在能得民之心，想要得民之心，必須「無爲」「無事」，順應自然，因爲，「王者無爲於喜怒，則刑賞不濫，金革不起」，「無爲於土地，則兵事不出，士卒不勞」⑭，所以，王眞以爲，「無爲者，戢兵之源，不爭者，息戰之本」⑮，反之，如果君王治國，政出多門，煩擾百姓，必至於喪失民心的擁護，王眞在釋《老子》三十六章「將欲歙之，必固張之」等句時說：

> 言治國治軍者，必須仰思天道，俯察人事，常宜深自儆戒。

王眞以爲，「聖人，代天地而理萬物者也」[16]，因此，他以爲治國治軍之主，必須順應天道，善解民隱，才能偃武戢兵，安民治國，才能達到「聖人則天行道，無爲而立事，不言而設教」[17]的目標，這也就是王眞所論述的人君治國治軍的最高理想。

三、結　語

王眞曾經說過，《老子》八十一章，「未嘗有一章不屬意於兵」[18]，但是，在他所撰的《道德經論兵要義述》書中，所論述的，卻往往是一些「非戰」「反戰」的思想，卻往往是一些以不戰論戰，以無爲行事的思想，這與一般討論戰爭，力求勝利的觀點，卻剛好相反。

《老子》書中，經常說到「無爲」「不爭」，又時常說到「兵者不祥之器」[19]，「天下無道，戎馬生於郊」[20]，因此，老子本身非戰反戰的思想，是頗爲濃厚的，在這些地方，王眞接著去發揮「非戰」的思想，自然也比較容易，但是，在《老子》書的其他地方，像三十六章的「將欲奪之，必固與之」等等，明顯地含有作戰的技巧存在，王眞卻將之引述到「王侯若能始終戒愼」、「可謂知微知彰」的方面去，又像五十七章的「以奇用兵」，明明已說用兵，王眞卻將之引述到「權與道合」的方面去，又像六十九章的「用兵有言，吾不敢爲主而爲客，不敢進寸而退尺」，明明已說用兵有言，王眞卻將之引述到「聖人之兵，常爲不得已而用」的方面去㉑，總之，王眞所撰寫的《道德經論兵要義述》，表面上似乎是在討論兵戰之事，實際上，他卻將《老子》書中的每章每句，儘量地引述到「反戰」「非戰」的目標上去，儘量地引述到人君治國治軍，必須「無爲」「不爭」的目標上去，所以，王眞說：「五千之文，每至探索奧旨，詳研大歸，未嘗不先於無爲，次於不爭，以爲教父」㉒，這幾句話，才是王眞撰寫《道德經論兵要義述》的眞正目的，也許，王眞所處的那個時代，藩鎭割據，叛亂時生，外寇入侵，烽燧常傳，朝廷用兵頻繁㉓，因此，王眞才假藉《老子》論兵之事，而行其諫諍戢兵之實，因而才有《道德經論兵要義述》一書的撰著，希望憲宗皇帝，加以採納、加以實踐，也未可知。

王眞的生平不詳，兩《唐書》也都無傳，只是從他所進《道德經論兵要義述》的奏狀中，得見他自署爲「朝議郎使持節漢州諸軍事，守漢州刺史，充威勝軍使」，這是僅見的資料了。

王眞的書，進上之後，憲宗皇帝於元和四年（當西元八〇九年）七月二十九日，曾降手詔，「有省閱之際，嘉歎良深」之諭，可知憲宗皇帝對王眞此書，大約也頗爲激賞哩。

附注

❶ 見王真書末所附「敘表」。

❷ 同注❶。

❸ 此據嚴靈峰先生所輯《無求備齋老子集成初編》影清道光間錢熙祚刊《指海》本。

❹ 同注❶。
❺ 同注❶。
❻ 見《孫子兵法・始計篇》。
❼ 見《孫子兵法・兵勢篇》。
❽ 見王真《道德經論兵要義述》(以下簡稱王真書)六十一章。
❾ 見王真書三十五章。
❿ 見王真書十三章。
⓫ 見王真書三十九章。
⓬ 見王真書二十七章。
⓭ 見王真書四十五章。
⓮ 見王真書第二章。
⓯ 見王真書第八章。
⓰ 見王真書第一章。
⓱ 見王真書第七十三章。
⓲ 同注❶。
⓳ 見《老子》三十一章。
⓴ 見《老子》四十六章。
㉑ 見王真書第八章。
㉒ 王真此書,只是借《老子》的章句,發揮他自己對於兵爭戰伐的觀點,因此,他對《老子》正文的闡釋,往往不必就是《老子》書中的本義,除了本節所引《老子》三十六、五十七、六十九等章之外,另外,像前節所引《老子》第八章「上善若水」、五十六章「塞其兌」、五十七章「以奇用兵」、六十四章「為者敗之」

、七十五章「民之難治」等等，王真所作的闡釋，也很明顯地透露了這種訊息。

㉓ 王真仕於憲宗朝，憲宗元和元年，當西元八〇六年，自此而上推五十年，為玄宗天寶五年，當西元七四六年，五十年間，內有節度使安祿山、史思明、李希烈、朱滔、田悅、李納、王武陵、李懷光等先後叛亂，外有回紇、吐蕃等先後入寇。

（此文原刊載於《中國學術年刊》第十期，民國七十八年二月出版）

試析王船山所論老子思想的基本瑕疵

一、引言

《老子衍》是王船山三十七歲時撰成的作品❶，也是一部以評論老子思想缺失爲主要精神的著述，船山以爲，歷來注釋《老子》的專書，「代有殊宗，家傳異說」❷，又往往牽引《周易》、佛理、禪宗，以相糅雜，是非更無定論，「夫之察其誖者久之，乃廢諸家，以衍其意，蓋入其壘，襲其輜，暴其恃，而見其瑕矣」❸，船山覺察到這些誖謬的現象以後，於是盡去諸家之說，而深入《老子》書中，從而把握到老子思想的基本特徵，然後也才深刻地了解到老子思想的基本瑕疵，因而加以批評，船山《老子衍・自序》說：

> 天下之言道者，激俗而故反之，則不公，偶見而樂持之，則不經，鑿慧而數揚之，則不祥，三者之失，老子兼之矣。故於聖道所謂文之以禮樂以建中和之極者，未足以與其深也。

船山以爲，老子的基本瑕疵，共有三項：

第一，由於老子受到世俗見解的刺激，而故意提出違反俗情的意見，以致矯枉過正，以致他所說出來的道理，往往眞實性不能夠涵蓋全面，在空間上，便往往以偏概全，以部分的現象代表了全部的事實，以致在事理的說明上，也容易陷於偏激，所以船山稱之爲「不公」。

第二，由於老子對於眞理，偶然有所窺知，並樂於堅持己見，以致他所說出來的道理，往往眞實性不能夠恆久長行，往往只能片面地行之於某些特殊的時機之中，在時間上，便往往以特定時間中的某些現象，代替了恆久的事實，以致在事理的解說上，也不能經久不易，所以船山稱之爲「不經」。

第三，由於老子利用自己的智慧，對於所見到的事物，過分地穿鑿求解，而又屢次着力地加以宣揚，以致他所說出來的道理，容易誤導讀者心意，以致產生不良的結果、不幸的影響，也因此，往往不能造福民眾，所以船山稱之爲「不祥」。

船山雖然自稱深入《老子》書中，深刻地了解到老子思想的瑕疵，但是，他的評論，是否眞的可加信任呢？我們不妨引用一些《老子》書中的章句，去作爲考察比證的資料，看看船山所評論的意見，是否眞已把握住了老子思想的基本缺失，指陳出了老子思想的基本瑕疵呢？

二、試析船山所論老子思想的「不公」部分

船山所指陳老子的三項瑕疵，彼此並不完全是相等的，其中「不公」與「不經」，是指陳出老子思想言論在表達時所具含的缺失，而「不祥」、則是指陳出老子思想言論所產生的流弊，對世人的影響。

以下，我們先從船山以爲老子思想中「不公」的部分去作考察，例如《老子》第十二章

說：

> 五色令人目盲，五音令人耳聾，五味令人口爽，馳騁畋獵，令人心發狂，難得之貨，令人行妨，是以聖人爲腹不爲目，故去彼取此。❹

五色適眼，五音適耳，五味適口，都是人們正常的欲望，雖然，過度的貪得無厭，也足以使人視覺撩亂，聽覺遲鈍，味覺差失，但是，卻並不一定必然會使人們因而目爲之盲，耳爲之聾，口爲之爽，以致完全喪失了眼耳味覺的功能，同樣的，馳騁畋獵，難得之貨，即使稍爲過度，也並不一定必然會使人們心靈發狂，身敗名裂，因此，《老子》此章，在思想的表顯上，語言的傳達上，給人的感覺，不免是言過其實，似乎是過分地危言聳聽，也過分地排斥了文明的產物。又如《老子》第二十四章說：

> 企者不立，跨者不行，自見者不明，自是者不彰，自伐者無功，自矜者不長，其於道也，曰，餘食贅行，物或惡之，故有道者不處。

企者雖不易久立，但並非全不能立，跨者雖不易長行，但也並非全不能行，自見自是自伐自矜，雖不是人們最理想的行爲，但是，自見自是自伐自矜之人，也並不是完全不能有所明有所彰，也並不是全然無功、全然不能久長。因此，《老子》此章，所提出的觀點，同樣地也不免給人一種以偏概全、難於完全信服的感覺。又如《老子》第八十一章曾說：

信言不美，美言不信。善者不辯，辯者不善。知者不博，博者不知。

信言固多不美，美言固多不信，但是，信言不必全屬不美，美言不必全屬不信，信實之言，也或有悅耳動聽者在，悅耳動聽之言，也不必全屬毫無信實的內容，美麗的言詞之與信實的內容，兩者之間，也不必全然必須相互排斥，同樣地，善者之與辯者，知者之與博者，兩兩之間，也可以不必全然彼此相互抵拒，塵世之中，固可以有善良能辯之人，也可以有既知且博之人，因此，《老子》此章，所提出的命題，也不免給人一種在理論上不能涵蓋全面意義的印象，使人覺得老子所說的理論，不免是以部分的事件，即行代表了全部的事實。

從以上的例子中，我們似乎可以承認，船山所以要對老子思想作出「不公」的評語，在某些程度上，確實具有相當的理由。

三、試析船山所論老子思想的「不經」部分

其次，我們再從船山以爲老子思想中「不經」的部分去作考察，例如《老子》第三章曾說：

不尚賢，使民不爭，不貴難得之貨，使民不爲盜，不見可欲，使民心不亂，是以聖人之治，虛其心，實其腹，弱其志，強其骨，常使民無知無欲，使夫智者不敢爲也，爲無爲，則無不治。

爲政而不尙賢，固然可以減少民衆的爭端，但是，民衆相爭，原因卻不盡在於爲政者的尙賢使能，同樣地，不貴難得之貨不見可欲，固然也可以減少民衆盜竊的行徑，降低民衆窺伺的私欲，但是，民衆的鋌而走險，淪爲盜賊，罔顧法令，逞其私心利欲，原因卻也不全在於社會上特別貴重難得之貨與顯現可欲之利，船山在《老子衍》中解此章說：「爭未必起於賢，盜未必因於難得之貨，心未必亂於見可欲。」也正是指出了《老子》此章的過分肯定的態度，因此，《老子》此章，雖然有部分的眞實性，但是，他的言論，卻不免使人覺得過分地肯定，往往只能適合去解釋某些特別的事項，卻還不能視之爲是恆久不變的普遍眞理。又如《老子》第十八章曾說：

> 大道廢，有仁義，智慧出，有大僞，六親不和有孝慈，國家昏亂有忠臣。

大道既廢，固然容易凸顯出仁義的可貴，但是，仁義的出現，也不必全然是由於大道的廢棄，人們不能善用智慧，固然容易導致人情的詐僞，但是，權詐詭譎的產生，也不必全然是由於人們智慧的出現，要之，仁義與大僞的產生，其他正面或負面的原因尙多，不能以大道之廢，智慧之出，作爲唯一的原因，同樣地，六親不和，固然容易特別顯現出孝子慈父的可貴，國家昏亂，固然也容易特別彰著忠臣的難得，但是，孝子慈父、忠臣義士的產生，其他主觀或客觀的原因尙多，也不盡全然由於六親的不和、國家的昏亂，方始出現，因此，以六親不和與國家昏亂作爲其唯一的原因，是不易使人信服的，因此，《老子》此章的言論，也就難免不能被視之爲恆久不易的常經了。又如《老子》第七十八章曾說：

天下莫柔弱於水，而攻堅強者莫之能勝，以其無以易之，弱之勝強，柔之勝剛，天下莫不知，莫能行。

水之爲物，誠然柔弱，但是，以爲一切足以攻堅克強之物，都將無法勝過柔弱之水，進而且以爲弱必勝強，柔必克剛，爲天下無人不知之眞理，則是未免過於以部分事項肯定爲恆久不易的常經，在思想的說明上，也就很難讓人們視爲常存可信的眞理了。

要之，老子對於世間的道理，自也有其所能窺見的部分，只是，他所窺見的道理，往往只能行之於某些特殊的時機之中，卻不必全是經久不易的眞理，所以，船山以「不經」二字，對他加以批評，從某些角度去看，也並不是毫無道理的。

四、試析船山所論老子思想的「不祥」部分

再次，我們更從船山以爲老子思想中「不祥」的部分去作考察，《老子》第五章曾說：

天地不仁，以萬物爲芻狗，聖人不仁，以百姓爲芻狗，天地之間，其猶橐籥乎！虛而不屈，動而愈出，多言數窮，不如守中。

一般世俗之人，並不一定完全能夠理解老子所謂的天地聖人，純任自然，清靜無爲，不多仁恩，故似不仁的要旨❺，世俗之人，閱讀《老子》此章，往往不免震懾於老子的不任仁恩，不樹德惠，進而芻狗萬物百姓的觀點，甚至產生不良的影響，造成人性酷虐的不幸後果，追

根究柢，不免也是老子立言，過於險峻，易致誤會，易招流失，也易於爲別有用心的人士所援引所利用，則是不爭的事實，故船山以「不祥」對他作爲評語。又如《老子》第十九章曾說：

> 絕聖棄智，民利百倍，絕仁棄義，民復孝慈，絕巧棄利，盜賊無有，此三者，以爲文不足，故令有所屬，見素抱樸，少私寡欲。

一船世俗之人，並不一定完全能夠理解老子見素抱樸、恬淡虛靜、少私寡欲的用心，世俗之人，閱讀《老子》此章，僅從表面以觀，往往不免驚訝於老子對於聖智、仁義、巧利的排拒，以爲必須加以棄絕，才能獲致利益，因而對於想要獲利百倍、恢復孝慈、滅絕盜賊的人們，往往產生不良的影響，進而在觀念上輕忽聖智、棄絕道德、蔑視仁義，以致造成人性墮落的不幸後果。又如《老子》第三十六章曾說：

> 將欲歙之，必固張之。將欲弱之，必固強之。將欲廢之，必固舉之。將欲奪之，必固與之。是謂微明，柔弱勝剛強，魚不可脫於淵，國之利器，不可以示人。

一般世俗之人，並不一定完全能夠理解老子所謂的天道物理、演進變化、勢有必然的現象❻，世俗之人，閱讀《老子》此章，往往不免迷惑於老子將歙固張、將弱固強、將廢固舉、將奪固與的想法，以爲老子所言，即爲陰謀詭詐之術，可以從中取巧得利，進而暗竊其術，據爲一己的私智，因而也產生了不良的影響，造成了人性貪婪的不幸後果。

要之，老子的思想，在某些方面，確實容易誤導人意，教壞人心，追根究柢，也是由於老子的言論，過於險峻，易招誤會，易致流失，也易於為別有用心的人們所假借所利用，那也是不爭的事實，所以，船山才用「不祥」的評語，對他作出批判。

五、試析船山所論老子思想基本瑕疵形成的原因

船山所謂的「不公」「不經」與「不祥」，確實指出了老子思想中某些基本的瑕疵，只是，形成這些瑕疵的原因，卻值得我們再進一步去加以探索。

老子的思想，從語言的表達上來看，不免顯得過於肯定，從理論的內容上看，也不免會以偏概全而言過其實，然則，老子為什麼要採取這種方式去表達他的思想，卻是我們應該去探索的重點。

語言是根源於思想的，同時，語言也是表達思想的工具，有怎樣的思想方向，就會有怎樣的語言表達方向，因此，語言表達思想，語言之與思想，兩者之間的關係，是密不可分的。

老子的時代，大約與孔子同時，不過，兩家學說在當時社會上的流通情形，卻大不相同，老子是道家的始祖，老子學說思想的淵源，比較難於了解❼，因此，道家的學說，也幾乎都是由老子所戛戛而獨創的，在當時的社會上，流傳並不甚廣，影響的力量也極為薄弱。至於孔子，雖然是儒學的宗師，但是，孔子的思想學說，卻是前有所承，一脈相傳，而集其大成的，因為，在孔子以前，原始儒家的思想，早已經流傳於世，深入社會的人心了，所以，

《中庸》上說：「仲尼祖述堯舜，憲章文武。」班固在《漢書·藝文志》的〈諸子略〉中也說：「唐虞之隆，殷周之盛，仲尼之業，已試之效者也。」所以，在當時的思想界中，眞正的主流，並不是老子所代表的道家，而是孔子所代表的儒家與稍後出現由墨翟所代表的墨家，《韓非子·顯學篇》說：「世之顯學，儒墨也。」正是這種情形的寫照，至於《史記·老莊申韓列傳》上所說的，「世之學老子者，則絀儒學，儒學亦絀老子」，那已經是儒道兩家後學末流彼此相爭的情形了，所以，太史公也才明說是「世之學老子者」，與儒家後學的「道不同，不相爲謀」，因此，儒道兩家相提並論、分庭抗禮的情形，在老子當時，是不曾出現過的。

在當時的社會上，人們既然已經受到儒家思想極多的影響，儒家思想的剛健精神，也已進入到人們的內心深處，根深柢固，而形成爲一股被認定是理所當然的觀念，人們在心目之中，也多數都已經承認儒家思想爲人生是非判斷、價值觀念的唯一標準，因此，對於其他不同的思想，往往也自然採取了懷疑的態度，有意無意地加以拒斥，因此，在這種情況之下，老子想要表示一些他所領悟得到的清虛自然的人生理想，傳達一些他所體會出來的弱道哲學，自然是很難被世人所接受的，老子曾說：「正言若反。」（七十八章），在他自己而言，雖然是以嚴肅的心情，表達出嚴正的思想，可是，世人礙於傳統的俗見，卻往往以爲老子的議論，恰恰與俗情相反，而不願加以接受，另外，老子也曾說道：「吾言甚易知，甚易行，而世人莫能知，莫能行。」（七十章），又說：「天下皆謂我道大似不肖，夫唯大，故似不肖，若肖久矣，其細也夫。」（六十七章）又說：「大道甚夷，而民好徑。」（五十三章），在那種環境之下，可以想見，老子的這些話語，是含具了多少淒涼的心情與無奈的感覺，他又曾說：「人之迷，其日固久。」（五十八章），又說：「知我者希，則我者貴，是以聖人被褐懷玉。」（七十章）又說：「上士聞道，勤而行之，中士聞道，若存若亡，下士聞道，大笑之，不笑不足以爲道。」（四十一章）老子自身辛勤所體悟出來的道理，以熾熱的心情，希望貢獻於世，有益世情，但是，人們卻不屑予以一顧，甚且嗤而笑之，面對著這種種的際遇，老子只得從天道形上的領會中，尋覓出另外一種思想傳達的方式——「反者道之動」（四十章），他以爲，世間的許多事理，雖然有不同的兩面，卻往往是相反而相成的，像有無、難易、長短、高下、美惡、寵辱、得失、禍福、正奇等等，所以，老子常說：「有無相生，難易相成，長短相形，高下相傾」，「天下皆知美之爲美，斯惡已」（二章），「禍兮福之所倚，福兮禍之所伏」，「正復爲奇，善復爲妖」（五十八章），同時，老子也領會到，世間的許多事理，往往需要透過相反的途徑，才能達到正面的目的，透過否定的形式，才能達到肯定的目的，所以，老子也常說：「曲則全，枉則直，窪則盈，敝則新，少則得，多則惑」（二十二章），「明道若昧，進道若退，夷道若類」（四十一章），也常說：「不自見，故明，不自是，故彰，不自伐，故有功，不自矜，故長」（二十二章），「功成而不居，夫唯不居，是以不去」（二章），這一類「知兩」而「用反」的傳達方式，便是由於老子以爲，世人既然深深受到儒家思想的影響，以儒家的思想觀念作爲人生「正」面的代表，自己只得以「反」自居，在表達自己的思想觀念時，便強調了「用反」的功能，以求能發揮大道的作用，因此，老子在以語言文字去傳達自己的思想理論時，便不時出現了「過分強調」、「言過其實」、「以偏概全」、「矯枉過正」等等現象，其實，老子並非不了解這種現象，只是，他也深切地知道，世間的許多事理，「非過正也無以矯枉」，就像他所說的「曲則全，枉則直」一樣，因此，只要我們了解到老子在思想表達時的這種心態、這種方式，則五千言中許多近乎弔詭的言語，便也不致造成誤會而難於索解了。

像前述《老子》第十二章的例子，老子自然也會知道五色五音五味不必一定令人目盲耳聾與口爽，他只是意在强調人們對於外來的物欲，不可過度地沉溺，應該有所節制而已。同樣地，像前述《老子》的第二十四章，老子只是意在强調人們的行爲舉措，都應該把握住可常可久的原則而已，船山在《老子衍》中解釋此章說道：「心彌急者機彌失，是彌堅者非彌甚。」極能說明老子在此章中的用意。像前述《老子》的第八十一章，老子也只是意在使人小心謹慎，因爲，人們的外表與內心之間，往往並不一定是適相符合的。

像前述《老子》的第三章，老子只是希望人們不尙爭奪，少私寡欲，從而減少社會的糾紛而已。像前述《老子》的第十八章，老子也只是希望使人們不必著意去標榜小智小慧與小仁小義而已。像前述《老子》的第七十八章，老子也只是意在使人們了解柔弱之道的不可輕侮而已。

要之，如果我們眞能體諒到老子的處境，了解到老子那種特別加强語氣的表達方式，自然不會認爲老子在語言文字中所要傳達的思想，就眞是那種過分肯定的意義，就眞是那種以偏概全的說辭了。苟能有著如此的體諒與了解，我們也將更能去領悟出老子思想在人生日用中某些程度的眞理、某些程度的價值。以上，是針對船山所指老子思想中「不公」與「不經」

的部分而作出的說解。

至於船山所指老子思想中「不祥」的部分，我們也不能只從表面去觀察老子思想的影響，誠然，像前述《老子》的第五、第十九、第三十六等章的例子，從表面看，老子的言論，不免有弔詭之嫌，用辭也不免過於險峭，不免有教壞人心的疑慮，思想的表達，語氣的使用，也容易引起人們朝向不良的方面去作聯想，但是，只要人們明瞭老子傳達思想時「用反」「過正」的語言方式，相信便也不致誤解到老子的心意，同時，即使有人因此誤解了老子的心意，甚至是有意地曲解利用了老子的言論，去作爲自己偏僻乖戾行爲的託辭，那麼，責任也應大半在於後人的不能善讀老子之書，不能善會老子之意，不能確切地去了解老子的思想，卻不能將責任完全歸咎於老子本身，因爲，言者無心，雖然不能說是完全沒有責任，但是，聽者有意，卻更應該負起大部分歪曲前人原意的罪過才是，因此，船山對於老子思想，加之以「不祥」的批評，是否公允，確是很有斟酌商榷的餘地哩！

六、結　語

老子的思想，在語言表達的方式上，由於「用反」的原因，確實有其「言過其實」、「以偏概全」、「矯枉過正」，以至於「違反俗情」的「瑕疵」，在對後世的影響上，也有著易於產生不良後果的「瑕疵」，從表面看，船山以「不公」、「不經」、「不祥」去作批評，也自有其適當正確的一面，但是，如果我們深入地了解到老子的處境與心情，了解到他「用反」「過正」的語言表達方式以後，則對於老子思想的「瑕疵」部份，或將可以曲諒，而不致有太多的誤會與責難了。

船山批評老子思想有「不公」、「不經」、「不祥」的瑕疵，其實，也只是指出老子的「瑕疵」而已，基本上，他並不曾全盤否定老子思想的某些價值，一方面，船山曾說：「夫之察其誖者久之，乃廢諸家，以衍其意，蓋入其壘，襲其輜，暴其恃，而見其瑕矣，見其瑕而後道可使復矣。」❽船山以爲，只要明瞭到老子的「瑕疵」之後，世人自然可以進而明瞭到老子思想中的要旨與精華部分，另一方面，船山對於老子思想的價值，尤其是在清虛無爲的政道方面，也曾給予頗高的評價，船山曾說：「世移道喪，覆敗接武，守文而流僞竊，昧幾而爲禍先，治天下者生事擾民以自敝，取天下者力竭智盡而敝其民，使測老子之幾，以俟其自復，則有瘥也。文、景踵起而迄昇平，張子房、孫仲和異尚而遠危殆，用是物也。較之釋氏之荒遠苛酷，究於離披纏棘，輕物理於一擲，而僅取歡於光怪者，豈不賢乎？」❾他對於爲政者擾民病民的行徑，是十分痛恨的，他也以爲，只有在爲政者能夠深深地體會到老子清虛無爲的要旨，並且力行實踐以後，天下民衆的痛苦，才有痊癒的希望，因此，他對於漢代文景之治的採用黃老之術，作爲補偏救弊的良方，是極爲贊揚與肯定的。

要之，在學術的基礎上，船山仍然是服膺儒家的思想，服膺儒家的仁義禮樂之教，他也以爲，孔子的思想，是最能切近人情、最爲符合人性的道理，是人們可以恆久長行的中和極則，是人生應該遵循依據的坦途正軌，至於老子的思想，雖然也有他所窺見的眞理，只是這種眞理，在涵蓋的層面上，卻不夠廣大，只能有其部分的眞實性，同時，在語言文字的表達上，也有著曲折欠明的缺點與瑕疵，自然就不易爲人們所普遍地了解與接受了，所以，船山批評老子，說他「於聖道所謂文之以禮樂以建中和之極者，未足以與其深也」❿，並不是沒有原因的。

附注

❶ 此據王孝魚所著《船山學譜》，民國六十四年廣文書局影印本。
❷ 見船山《老子衍・自序》，此據民國六十四年河洛圖書出版社影印點校本，下引《老子衍》並同。
❸ 同❷。
❹ 此據王弼注本，下引《老子》及其章節並同。
❺ 拙稿〈釋老子「天地聖人不仁」義〉一文，載於《古籍探義》一書之中，民國七十一年華正書局出版，可資參考。
❻ 拙稿〈老子釋疑二題〉，載於《中華文化復興月刊》二十三卷八期，可資參考。
❼ 老子思想的淵源，或說出於周之史官，或說出於古之隱者，但都不能清晰明確。
❽ 同❷。
❾ 同❷。
❿ 同❷。

（此文曾發表於《書目季刊》二十五卷三期，民國八十年十二月出版）

嚴幾道《老子評點》論析

一、引言

清光緒二十九年（西元一九〇三年），嚴復（幾道）先生五十一歲，時居京城，他的弟子南昌熊元鍔，將所評的《老子》一書，面呈其師，請爲是正，幾道先生爲他「芟薙十九，而以己意列其眉，久之，丹黃殆遍」❶，熊氏受而讀之，大喜過望，後來，又請幾道先生，「附益千數百言」❷，光緒三十一年（西元一九〇五年），熊氏東渡日本，即以幾道先生所評點的《老子道德經》，鈔付活版，刊印於東京。

幾道先生身處滿清末葉，他對傳統文化，既有深刻的了解，對於西方學術，也有透徹的認識，他認爲《老子》一書，有「與達爾文、孟德斯鳩、斯賓塞相通」❸之處，因此，他對《老子》一書的評點，往往也就以西方學術的理論，來闡釋東方學術的精華，以求其會通，熊元鍔在此書的〈序文〉中說：「讀是書者，紆神澄慮，去其所先成於心，然後知原書自經評點，字字皆有著落，還諸實地，正無異希世瓌寶，久瘞荒山，一經拭磨，群知可貴。」熊氏之言，雖然不免推挹稍過，但是，幾道先生的評點，確實也有著極爲珍貴的價值，此文之作，對於幾道先生的評點部分，試爲論析，目的在於彰明幾道先生評點《老子》時所側重的內容，以及他評點時所具有的優點與缺點。

二、論析

1.取固有學說相印證

嚴幾道先生在所評點的《老子道德經》中，有不少的地方，仍然是以固有的傳統學說，與《老子》思想相印證，例如《老子》第二十二章說：

> 曲則全，枉則直，窪則盈，敝則新，少則得，多則惑，是以聖人抱一爲天下式，不自見故明，不自是故彰，不自伐故有功，不自矜故長，夫惟不爭，故天下莫能與之爭，古之所謂曲則全者，豈虛言哉，誠全而歸之。❹

嚴幾道先生評點說：

> 此章之義，同於《大易》之〈謙卦〉。

幾道先生以爲，《老子》此章之義，與〈謙卦〉相同，《易經．謙卦．彖傳》說：「天道虧盈而益謙，地道變盈而流謙，鬼神害盈而福謙，人道惡盈而好謙。」因此，〈謙卦〉的內容，在於闡釋謙退之道，是天地神人所應共同遵守的法則，老子哲學，常假借天道，以明人事，此章中基本精神，所謂「曲則全」等等，所謂「夫唯不爭，故天下莫能與之爭」等等，都有謙虛卑下無爲的意義，所以，幾道先生即以此章之義，同於〈謙卦〉爲說。又如《老子》第三十三章說：

強行者有志。

嚴幾道先生評點說：

唯強行者爲有志，亦唯有志者能強行，孔曰：「知其不可而爲之。」孟曰：「強恕而行。」又曰：「強爲善而已矣。」……中國將亡，坐無強行者耳。

幾道先生以爲，只有能夠強力而行之人，才能稱之爲「有志」，也只有有志之人，才能夠強力而行，在此章中，他強調了「行」的重要，他引用孔孟之言，重點也在知其不可而「爲」，在強恕而「行」，在強「爲」善，都是強調了行動作爲的重要性，在這方面，他與 中山先生所提出的「知難行易」，在精神上也極爲相似，幾道先生處在清代末葉，滿廷積弱，國不能國，列强瓜分之局，逐漸形成，幾道先生憂心如焚，他以爲，中國將亡，都是由於國人徒然只知坐而言，不能起而行，缺乏强行有志之士，力挽沉淪的緣故。又如《老子》第二十七章說：

善行無轍跡，善言無瑕謫，善數不用籌策，善閉無關鍵而不可開，善結無繩約而不可解。

嚴幾道先生評點說：

《南華·養生主》一篇，是此章註疏，其所以善行、善言、善數、善閉、善結，皆不外依乎天理，然何以能依天理，正有事在也。

《莊子・養生主》一篇的要旨，在「緣督以爲經」、在「依乎天理」、「因其自然」，認爲要護養生主，必須要循順中虛，任順自然，然後才可以保身全生，養親盡年，老子所謂的善行善言等等，也都是無爲無作，「順自然而行」❺的意思，所以，幾道先生以爲，《莊子・養生主》中，推衍庖丁解牛之事，以寓寄依順天理之義，正與《老子》此章相近，所以才指爲是《老子》此章的註疏。

以上，都是幾道先生採用傳統學說，加以詮釋《老子》的例子，此外，佛學自東漢傳入我國以後，經過隋唐時代的演化，佛學經論，也幾乎成爲「我國傳統學術」的一支，因此，幾道先生在評點《老子》時，偶爾也採取佛學理論，加以印證，例如《老子》第三十二章說：「道常無名，樸雖小，天下莫能臣也。」幾道先生評點說：「樸者，物之本質，爲五蘊六塵之所附，故樸不可見，任汝如何，所見所覺，皆附在樸之物塵耳。」五蘊指色、受、想、行、識，六塵指色、聲、香、味、觸、法，皆佛經常用名相，幾道先生取以詮釋《老子》。

2.取西洋新說相比證

嚴幾道先生處在西學東漸之時，又嘗留學英國，深通西方新興學術，因此，在評點《老子》時，便往往以西方學說，與《老子》相互比證，以求相互會通，例如《老子》第四十八章說：

為學日益，為道日損。損之又損，以至於無為，無為而無不為。

嚴幾道先生評點說：

日益者，內籀之事也，日損者，外籀之事也，其日益也，所以為其日損也。

在所譯赫胥黎的《天演論》中，幾道先生曾譯Induction為「內籀」，譯Deduction「外籀」❻，幾道先生在所譯《天演論》的〈自序〉中曾說：「內籀云者，察其曲而知其全者也，執其微以會其通者也。外籀云者，據公理以斷眾事者也，設定數以逆未然者也。」內籀一詞，今譯為「歸納法」，外籀一詞，今譯為「演繹法」，在《老子》此章之中，幾道先生取內籀外籀，解釋日益日損之義，王弼釋日益說：「務欲進其所能、益其所習。」釋日損說：「務欲反（返）虛無也。」黃茂材釋《老子》此章說：「無所不知，而後可以言學，故學欲日益。益者已化，然後可以言道，故道欲日損。」李嘉謨注此章說：「為學所以求知，故日益，為道所以去妄，故日損。」❼老子「為學日益」之言，指知識由小而至大，由點而至面，與由種種特殊事例，以歸納出一般原理的「歸納」方法相似，所以，幾道先生說「日益」是「內籀」之事。老子「為道日損」之言，指道性由泛而至小，由面而至點，與由普遍原理，以推斷出一特殊現象的「演繹」方法相似，所以，幾道先生說「日損」是「外籀」之事。同時，就老子「損之又損，以至於無為」的思想而言，則幾道先生所說的「其日益也，所以為日損也」，自然也是極相符合的。又如《老子》第五章說：

天地不仁，以萬物爲芻狗。

嚴幾道先生評點說：

天演開宗語。

幾道先生所譯赫胥黎的《天演論》，在卷上〈導言〉部分的首篇〈察變〉中曾說：「天運變矣，而有不變者行乎其中，不變惟何，是名天演，以天演爲體，而其用有二，曰物競，曰天擇，此萬物莫不然，而於有生之類爲尤著。物競者，物爭自存也，以一物與物物爭，或存或亡，而其效則歸於天擇。天擇者，物爭焉而獨存，則其存也，必有其所以存，必其所得於天之分，自致一己之能，與其所值之時與地，及凡周身以外之物力，有其相謀相劑者焉，夫而後獨免於亡，而足以自立也。」又說：「斯賓塞爾曰，天擇者，存其最宜者也，夫物既爭存矣，而天又從其爭之後而擇之，一爭一擇，而變化之事出矣。」因此，「物競」「天擇」，就是「天演論」的開宗之語了，幾道先生即持此說以詮釋《老子》此章中起首兩句的大義，《老子》此二句之義，河上公注說：「天施地化，不以仁恩，任自然也。」❽蘇轍注說：「天地無私，而聽萬物之自然。」❾吳澄注說：「天地無心於愛物，而任其自生自成。」❿《老子》此章兩句之義，以爲天地順應自然，無所偏私，而適足以成就它的「大仁」，這種順應自然、無私無親、任物自競自擇、自成自敗，而一皆視同爲芻狗的看法，確實有與天演之論，有相通的地方，所以，幾道先生，才引之以相釋。又如《老子》第三十七章說：

道常無爲，而無不爲，侯王若能守之，萬物將自化。

嚴幾道先生評點說：

老子言作用，輒稱侯王，故知《道德經》是言治之書，然孟德斯鳩《法意》中，言民主乃用道德，君王則用禮，至於專制，乃用刑，中國未嘗有民主之制也，雖老子亦不能爲未見其物之思想，於是道德之治，亦於君主中求之，不能得，乃游心於黃農以上，意以爲太古有之，蓋太古君不甚尊，民不甚賤，事與民主，本爲近也，此所以下篇八十章，有小國寡民之說，夫甘食美服，安居樂俗，鄰國相望，鷄犬相聞，民老死不相往來，如是之世，正孟德斯鳩《法意》篇中，所指爲民主之眞相也，世有善讀二書者，必將以我爲知言矣，嗚呼，《老子》者，民主之治之所用也。

幾道先生以《老子》的小國寡民，比之爲西方的民主政治，因爲，幾道先生處身清末，目睹清廷專制腐敗，又曾留學英國，習知西歐各國民主制度的優良，因此，他在評點《老子》之時，也經常將他對於民主制度的期盼心情，自然地流露出來，因此，在好幾處地方，他都曾提到民主的政治，以與老子思想，作出比較，求其會通，除前述三十七章之外，他在第三章評點時說：「黃老爲民主治道也。」在第十章說：「夫黃老之道，民主之國之所用也，故能長而不宰，無爲而無不爲，君主之國，未有能用黃老者也，漢之黃老，貌襲而取之耳。」在第三十九章說：「以賤爲本，以下爲基，亦民主之說。」在第四十六章說：「純是民主主義，讀法儒孟德斯鳩《法意》一書，有以徵吾言之不妄也。」在第五十七章說：「取天下者，民主之政也。」推究緣由，也是因爲老子之學，主張虛靜無爲，主張人君爲治，必使「太上，不知有之」⓫，人民各安生理，各順其性，以至不知在上有國君的存在，這種情形，比之我國古來的專制政治，自然更接近民主的制度，所以，幾道先生，處在當時，目擊中外的情勢，心有所感，才不禁在評點《老子》書時，而大肆暢言其民主的理想了。

以上，是幾道先生在評點《老子》時，以西方新說，會通老子思想的例子。

3.取中外史事相佐證

嚴幾道先生熟讀中外歷史，因此，在評點《老子》時，對於東西方之史事，他也經常取與老子思想，作爲參考佐證，例如《老子》第四十八章說：

取天下常以無事，及其有事，不足以取天下。

嚴幾道先生評點說：

雖有開創之君，櫛風沐雨，有戰苦辛，若漢高唐太之開國，顧審其得國之由，常以其無事者，非以其有事者也，若夫秦隋之君，所以既得而復失者，正欠此所謂無事者耳，誠哉，有事不足以取天下也。

漢唐開創之君，得國之後，往往偃武修文，與民休息，其事多近於無爲，而秦隋的國君，既得天下，遂大興土木，建造宮室，殘傷民力，而又荒淫暴虐，是以傳國不過二世，天下得而復失，這也正是他們過分地造作有爲，而不能善自體會治天下清靜無爲的緣故。又如《老子》第十七章說：

太上，下知有之，其次，親而譽之，其次畏之，其次侮之。

嚴幾道先生評點說：

將亡之國，民無不侮其政府者，英之察理，法之路易是已。

考西元一六四二年，英國國王察理，專制暴虐，想在長老教會派勢力較大的蘇格蘭推行英國國教，清教徒因之大肆反對，內戰於是展開，八年之後，英王察理，終被控以「暴君」、「叛逆者」、「國民之公敵」等罪名，而遭斬首。西元一七八九年，法國國王路易十六，嚴刑峻法，以虐百姓，以致民不聊生，鋌而走險，法國大革命因之興起，一七九三年，國體改爲共和，路易十六也被判絞刑而死。幾道先生舉出上面兩件史事，以爲老子所謂「其次侮之」的現象，作一佐證，以說明「將亡之國，民無不侮其政府」的道理。又如《老子》第三十章說：

以道佐人主者，不以兵強天下，其事好還，師之所處，荊棘生焉，大軍之後，必有凶年，善有果而已，不敢以取強，果而勿矜，果而勿伐，果而勿驕，果而不得已，果而勿強，物壯則老，是謂不道，不道早已。

嚴幾道先生評點說：

俄日之戰，俄之所以敗者，以取強也，日之所以勝者，不得已也，顧不得已前，尚有無數事在，非不知雄而守雌者，所可藉口也。

又說：

不道之師，如族庖之刀，不折則缺，未有不早已者也，中國古之以兵強者，蚩尤尚已，秦有白起，楚有項羽，歐洲有亞力山大，有韓尼伯，有拿破崙，最精用兵者也，然有不早已者乎，曰好還，曰早已，老子之言，固不信邪，至有始有卒者，皆有果勿強而不得已者也，今中國方欲起其民以尚武之精神矣，雖然，所望他日有果而已，勿以取強也。

清光緒二十六年（西元一九〇〇年），義和團之亂起，俄軍乘勢進駐我國東三省，勢力且進入朝鮮，日本當時正唱議滿朝交換，乃與俄國交涉，不得要領，光緒三十年（西元一九〇四年），日俄雙方在東三省開戰，俄軍大敗，史稱「日俄戰爭」，幾道先生藉此日俄之戰，以闡釋《老子》「不以兵強天下」之義，不過，日俄交戰，俄國失敗，固然是「坐不知足而欲得」⑫，以兵「取強」的結果，而日本勝利，卻同樣也是以兵「取強」之事，而絕不是什麼「不得已」的原因，這只要看日俄戰後，俄方所賠償的，日方所獲利的，多半都是我國東三省及東清鐵路、旅順、大連的經營或租借的權利，就可以明瞭一斑了，自然，幾道先生也已說過，「不得已前，尙有無數事在」。另外，幾道先生認爲，戰爭之事，爲萬不得已而發，戰爭既然發生，倘能達到目的，即當立刻停止，絕不能以之逞强好勇，幾道先生徵引中外歷史上善戰之勇將，以爲鑑戒，認爲以武力暴興的，往往自取滅亡，善戰之士，而能有始有終的，一定是那些萬不得已而用兵，而不敢逞强鬥狠之士。當清代末葉，國勢日蹙之際，有心人士，方將鼓舞民氣，企圖喚起民衆的尙武精神，幾道先生也希望他們都能懂得止戈爲武的意義，而不希望他們以耀武揚威爲驕傲，他的諍言，可說是用心良苦了。

以上，是幾道先生評點《老子》時，取中外史事加以佐證的例子。

4.取一己心得相申論

嚴幾道先生評點《老子》，時常有融會貫通，自出新義，說理安雅的地方，例如《老子》第二十八章說：

知其雄，守其雌，爲天下谿，爲天下谿，常懷不離，復歸於嬰兒。知其白，守其黑，爲天下式，爲天下式，常德不忒，復歸於無極。知其榮，守其辱，爲天下谷，爲天下谷，常德乃足，復歸於樸。

嚴幾道先生評點說：

守雌者必知其雄，守黑者知其白，守辱者必知其榮，否則，雌矣黑矣辱矣，天下之至賤者也，奚足貴乎，今之用老者，只知有後一句，不知其命脈在前一句也。

河上公注《老子》此章說：「雄以喻尊，雌以喻卑。」❸王弼注此章說：「雄，先之屬，雌，後之屬也。」❹蘇轍注此章說：「雌雄，先後之及我者也，白黑，明暗之及我者也，榮辱，貴賤之及我者也。」❺幾道先生以爲，體道之人，其行事之際，所守雖爲卑者、暗者、弱者，但於尊者、明者、强者，必先知之於心，知兩而用反，然後可以合道而歸眞，以之治國君民，才可以爲天下所歸往，如果僅能知一，不能知兩，僅能守雌、守黑、守辱，而不能先行知雄、知白、知榮，則必將入於纖柔微末細弱之極，因此，蘇轍以爲，「不知而不爲，不若知而不爲之至也。」❻因此，幾道先生所說，「今之用老者，只知有後一句，不知其命脈在前一句」的話，才是眞正體悟出了《老子》爲君人南面之術的道理。又如《老子》第六章說：

谷神不死，是謂玄牝，玄牝之門，是謂天地根，緜緜若存，用之不勤。

嚴幾道先生評點說：

以其虛，故曰谷，以其因應無窮，故稱神，以其不屈愈出，故曰不死，三者皆道之德也，然此猶是可名之物，故不爲根，乃若其所從出者，則眞不二法門也。萬物皆用之而不屈愈出，故曰用之不勤，勤猶勞倦也。

在此章中，老子以「谷神不死」形容「道」之存在，幾道先生指出，「谷」象徵道體之虛無寂靜，「神」象徵道體之變化莫測，「不死」象徵道用之恒久不竭，由於道能產生天地萬物，故可以名之爲玄牝，因此，玄牝便是天地的根源，只有這天地萬物所從之而出的「道」，才是眞正產生天地的第一原因，才是產生萬物的不二法門，幾道先生這一段評點，確實是對老子思想體悟得相當深刻，融會貫通，然後才能抒發心得，加以申論的。又如《老子》第四十七章說：

> 不出户，知天下，不闚牖，見天道，其出彌遠，其知彌少，是以聖人不行而知，不見而名，不爲而成。

嚴幾道先生評點說：

> 出彌遠，知彌少，不可與上文作反對看，作反對看，其義淺矣，其知所以彌少者，以爲道固日損也，夫道無不在，苟得其術，雖近取諸身，豈有窮哉！而行徹五洲，學窮千古，亦將但見其會通而統於一而已矣，是以不行可知也，不見可名也，不爲可成也，此得道者之受用也。

《老子》此章，「其出彌遠，其知彌少」，確承「不出戶」、「不闚牖」四句而來，但是，幾道先生卻從另一個角度，加以探索，以爲「爲道日損」，爲道之方，固需日損其心靈之障蔽，減少其心靈之私欲，才能以虛壹寧靜清明之心，反觀內照，以識眾理，幾道先生以爲，「道無不在」，人苟能「通於一而萬事畢」[17]，就可以不行、不見、不爲，而達到可知、可名、可成的結果。王弼注此章說：「道有大常，理有大致，執古之道，可以御今，雖處於今，可以知古始，故不出戶闚牖，而可知也。」⑱河上公注此章說：「聖人不出戶以知天下者，以己身知人身，以己家知人家，所以見天下也。」⑲其義與幾道先生所說相近，而幾道先生之說，更爲深切著明。

以上，是《老子評點》中，幾道先生對於《老子》一書，沉潛反覆之餘，出其獨到的見解，而加以引申論述的例子。

5. 取老學缺失而批評

嚴幾道先生爲學，博觀約取，他熟誦《老子》，也從而深知老學的缺失，在《老子評點》中，對於老學的缺失，他也往往加注自己的批評意見，例如《老子》第七章說：

天長地久，天地所以能長且久者，以其不自生，故能長生。

嚴幾道先生評點說：

形氣之合，莫不毀者，天下有自生之物而長生者乎？此採精練神之家，所以不待攻而其說破也，凡讀《易》《老》諸書，遇天地字面，只宜作物化觀念，不可死向蒼蒼摶摶者作想，苟如是，必不可通矣，如遇聖人，亦只宜作聰明睿智有道之人觀，不必具漢宋諸儒成見，若四靈爲物，古有今無，或竟千世不一見也。

《老子》書中常談到「長生」之事，此章之外，像三十三章所說的「不失其所者久，死而不亡者壽」，五十九章所說的「根深固柢，長生久視之道」，都很容易被後世道教之徒附會爲練丹鼎求長生之術，幾道先生以爲，宇宙間凡有形氣生命之物，沒有不形體銷毀枝萎的，所以，他主張凡讀《周易》《老子》，也應切實地尋覓眞義，而不必專意附會那些渺不可及的玄言虛語，甚至妄想在形體上追求長生久視的效用，總之，幾道先生受過西方科學的嚴格訓練，他雖然篤好傳統的典籍，但卻不希望人們假藉古籍，去妄求違反科學的事實。又如《老子》第二十章說：

絕學無憂。

嚴幾道先生評點說：

絕學固無憂，顧其憂非眞無也，處憂不知，則其心等於無耳，非洲駝鳥之被逐而無復之也，則埋其頭目於沙，以不見害己者爲無害，老氏絕學之道，豈異此乎？

老子以爲，學問之事，雖然能夠增加人們的知識、技能，但是，欲望、機巧、詐謀等等，也都因而產生，人們的煩惱憂慮，也就相對地增加，所以，老子主張要絕棄知識學問，要「虛其心，實其腹，弱其志，強其骨」，要「常使民無知無欲，使夫智者不敢爲也」[20]，則國無不治。但是，幾道先生卻認爲，世界上文明日進，民智日開，已是不可避免的事實，如果一定要棄絕學問知識，那麼，表面上由於棄絕了學問知識而無憂無慮，卻並不是眞正的無憂無慮，那只是自以爲無憂無慮，這與掩耳盜鈴，自以爲無聲，駝鳥埋頭，自以爲無見，也就沒有兩樣了，因此，他批評老子想要由「絕學」的途徑，而達到「無憂」的目的，是不能實現的想法。又如《老子》第十八章說：

大道廢，有仁義，慧智出，有大僞，六親不和，有孝慈，國家昏亂，有忠臣。

嚴幾道先生評點說：

以下三章，是老子哲學與近世哲學異道所在，不可不留意也，今夫質之趨文，純之入雜，由乾坤而馴至於未既濟，亦自然之勢也，老氏還淳反樸之義，猶驅江河之水，而使之在山，必不逮矣，夫物質，而強之以文，老氏訾之，是也，而物文，而返之使質，老氏之術，非也，何則，雖前後二者之爲術不同，而其違自然、拂道紀，則一而已矣，故今日之治，莫貴乎崇尚自繇，自繇則物各得其所自致，而天擇之用存，其最宜太平之盛，可不期而自至。

幾道先生所說「以下三章」，指《老子》此章的「大道廢」等等，以及第十九章的「絕聖棄智，民利百倍，絕仁棄義，民復孝慈，絕巧棄利，盜賊無有」，第二十章的「絕學無憂」而言，幾道先生曾譯有「天演論」，對於達爾文、斯賓塞、赫胥黎等人所創導的物競天擇，適者生存的進化論（Evolutionism）自然有著相當的了解，從「進化」的觀點去看老子的思想，自然會覺得「老子哲學與近世哲學異道」，他以爲，萬事萬物由質樸而趨向文明，由簡約而趨向複雜，是一種自然的現象，他以爲，如果在上古質樸的時代，一定要立即驅之進入文明，固然是不甚可能，如果在現代文明進步的時代，一定要蔑棄文明，而返回質樸，同樣也是違背自然進化的原則，也是不可能實現的想法，所以，他批評老子「還淳反樸」的「退化」觀念，是如同「驅江河之水，而使之在山」的行爲，是無法實現的理想。所以，幾道先生絕不贊成退化的觀念，他以爲，今天的政治，與其想要回復到「小國寡民」，鄰國相望，鷄犬相聞，人們不相往來的不可能實現的理想國度，還不如尊重各人的自由，讓人們去自由地競爭，使各人自由地去發揮他的才能，反而更容易達到和諧淳樸的理想。

以上，是幾道先生深知老學思想的弊病缺失，因而在評點《老子》時，而加注了自己批評意見的例子。

三、結　論

嚴幾道先生將他閱讀《老子》的心得，批注在《老子》書上，他的見解，分析起來，約有以下數點：

1.能以新的觀點，去詮釋《老子》的內容，從而使《老子》一書，衍生新的意義，產生新的價值，在前述論析之中，一至四類的例子，大體都可以歸入這種使《老子》產生新價值的範圍之內。

2.能以新的觀點，去了解《老子》的缺失，從而加以批評，使讀者對於《老子》的價值，可以重新作出調整與評估，在前述論析之中，第五類的例子，便是這種批評精神的代表。

3.對於《老子》書中的文義，引申過遠，以至於近乎曲解，因此，所申述的意義，未免不盡是《老子》書中的本義，例如《老子》第二十二章「曲則全，枉則直」等，曲，在《老子》此章的本義，確是彎曲、委屈之義，曲則全，是說委屈反能保全，但是，幾道先生卻在《評點》中說：「曲，一部分也。」卻將「曲則全」解釋爲「舉一部分則全體見矣」，從而推衍出「天下惟知曲之爲全者，乃可以得，故西人重分析之學」的結論，這對《老子》「曲則全」的意義，不免是引申過遠，類此的例子，在幾道先生的《評點》中，也還不少。

4.對於《老子》書中的文句，比附新義，或至過當，以至細加復按，使人有過份傅會之感，例如《老子》第十六章「知常容，容乃公」，幾道先生《評點》說：「夫耶穌可謂知常者矣，以其言愛仇如己。」又如《老子》第四十三章「天下之至柔，馳騁天下之至堅，無有入無間」，幾道先生《評點》說：「無有入無間，惟以太耳。」以太，爲Ether之音譯，乃物理學名詞，或稱能媒，這些，都不免是比附過當。

以上四項，前兩項是《老子評點》的優點，後兩項是缺點，雖然，在結論中，提到幾道先生評點《老子》一書，優缺點各有兩項，但是，就全部《評點》的意見而言，優點實在是佔了絕大的份量，至於缺點的份量，卻是極其輕微的，因此，幾道先生評點的意見，可說是極其寶貴的，同時，對於闡釋《老子》一書，也是爲用極宏的。

附注

❶見《評點老子道德經》熊元鍔〈序〉。

❷同註❶。

❸見《評點老子道德經》夏曾佑〈序〉。

❹ 此據民國五十九年十月廣文書局印行之嚴復先生《評點老子道德經》。（嚴復先生評點《老子》，據王弼注本）

❺ 見《老子》二十七章王弼注。

❻ 此據民國五十一年十月臺灣商務印書館台一版。

❼ 黃氏李氏之說，皆引見於焦竑《老子翼》。

❽ 此據五洲出版社影印世德堂刊本。

❾ 引見焦竑《老子翼》。

❿ 此據廣文書局《諸子薈要》影印本。

⓫ 見《老子》十七章，不字，王弼本作「下」，此據吳澄本作「不」。

⓬ 見《老子》四十六章，幾道先生評點之語。

⓭ 同註❽。

⓮ 同註❹。

⓯ 同註❾。

⓰ 同註❾。

⓱ 見《莊子・天地篇》。

⓲ 同註❹。

⓳ 同註❽。

⓴ 見《老子》第三章。

（此文原刊載於國立高雄師範大學國文研究所主編之《高仲華先生八秩榮慶論文集》，民國七十七年四月出版）

《莊子·逍遙遊篇》「適性說」與「明心說」的抉擇

一、引言

〈逍遙遊〉是《莊子》書中的第一篇，也是莊子思想的綱領，其重要性，自不待言，但是，歷來對於此篇「逍遙」之義的詮釋，卻有著許多不同的意見，其中差異較巨而影響較大的，是向秀郭象與支遁的說法，向郭二人主張「適性」之說，以為只要宇宙之內，物任其性，便可以各盡其逍遙之樂，支遁則主張「明心」之說，以為〈逍遙遊〉一篇，只是「明至人之心」，是尋求如何去抒發人們內心能夠自得的要旨。本文對於這兩種說法，略作比較，明其差異，並引歸〈逍遙遊〉篇，以見此二說之中，到底何者較為接近莊子的原本意義。

二、〈逍遙遊〉「向郭義」與「支遁義」的基本觀點

向秀字子期，晉河內懷人，《晉書》本傳說他「雅好老莊之學」，注《莊子》二十卷，「發明奇趣，振起玄風，讀之者超然心悟，莫不自足一時」，可惜他所注解的《莊子》，已經亡佚。

郭象字子玄，晉河南人，《晉書》本傳說他「好老莊，能清言」，注《莊子》三十三卷，

其書今傳於世。

自從《世說新語・文學類》記載向秀所注《莊子》之書，爲郭象竊爲己注以來，歷代學者，對此問題，探討已多❶。今向秀之書已佚，郭象之書見存，而向郭二莊，其義實多相近，以下，即以郭象之注，作爲向郭二人意見的代表，取爲討論的資料。

郭象《莊子注》解〈逍遙遊篇〉的要義說：

> 夫小大雖殊，而放於自得之場，則物任其性，事稱其能，各當其分，逍遙一也，豈容勝負於其間哉？❷

《世說新語・文學類》劉孝標注曾引向秀郭象的〈逍遙義〉說：「夫大鵬之上九萬里，尺鷃之起榆枋，小大雖差，各任其性，苟當其分，逍遙一也。」❸可見向秀與郭象二人的意見相同，都是以爲世間的人物，形體雖各有大小不同，但只要能夠自得其樂，悠然自在，充分發揮自己的本性，各盡自己的本分，則可以各具本身的逍遙自足，因此，各物之間，其快然自足的情形，並無彼此高下的分別。從這一個立場出發，因此，對於《莊子・逍遙遊》篇中「北冥有魚，其名爲鯤」，「化而爲鳥，其名爲鵬」一段的敘述，郭象注則說：

> 鯤鵬之實，吾所未詳也。夫莊子之大意，在乎逍遙遊放，無爲而自得，故極小大之致以明性分之適。達觀之士，宜要其會歸，而遺其所寄，不足事事曲與生說。自不害其弘旨，皆可略之耳。

在〈逍遙遊〉篇中，鵾鵬都是「不知其幾千里」的大物，郭象卻採取「鯤爲魚子」（《爾雅・釋魚》）的說法，將「鯤」「鵬」視爲是「小」與「大」的代表，而以爲「小」「大」之物，如能各適其性，則能各得其樂。對於〈逍遙遊篇〉中「鵬之徙於南冥也，水擊三千里，搏扶搖而上者九萬里，去以六月息者也」，郭象注則說：

> 夫大鳥一去半歲，至天池而息，小鳥一飛半朝，槍榆枋而止。此比所能，則有間矣，其於適性，一也。

莊子在此段文字中，只說鵬鳥之「大」，而郭象卻取《莊子》後段中學鳩之「小」，以作對比，而又歸結到「大」「小」兩者在「適性」方面的均等齊一。對於〈逍遙遊〉篇中「水之積也不厚，則其負大舟也無力，覆杯水於坳堂之上，則芥爲之舟，置杯焉則膠，水淺而舟大也」，郭象注則說：

> 夫質小者所資不待大，則質大者所用不得小矣。故理有至分，物有定極，各足稱事，其濟一也。

莊子在此段文字中，重點在說明鵬鳥之「大」，故所需配合的風與水也都必須是「大」，才能飛行絕跡，徙往南冥。而郭象所注，卻强調了「小」「大」之物，各有定極，只要各自適於己事，則其成就也能均等齊一。對於〈逍遙遊〉篇中「蜩與學鳩」譏笑鵬鳥「奚以之九萬里而南爲」，郭象注則說：

> 苟足於其性，則雖大鵬無以自貴於小鳥，小鳥無羨於天池，而榮願有餘矣。故小大雖殊，逍遙一也。

莊子在此段文字中，雖舉出蜩與學鳩對於鵬鳥的譏笑，但是，接下來所敘說的「適莽蒼者，三飡而反，腹猶果然，適百里者，宿舂糧，適千里者，三月聚糧」，卻明顯地是肯定了「小」「大」的差異。而郭象所注，卻强調了「小」不羨於「大」、「大」不貴於「小」的各具逍遙的觀念。也因此，對於莊子緊接著的批評蜩與學鳩之詞，「之二蟲又何知？」郭象的注，便只能說出：「二蟲，謂鵬蜩也。」捨棄學鳩，以鵬與蜩同歸爲「二蟲」，以牽就他在前文中齊同小大「逍遙一也」的說法，以爲鵬蜩並舉，「對大於小，所以均異趣也。夫趣之所以異，豈知異而異哉？皆不知所以然而自然耳，不爲耳，此逍遙之大意。」❹以爲物之大小雖異，只是自然異趣，所以便能各自逍遙。對於〈逍遙遊〉中斥鴳譏笑鵬鳥「彼且奚適也？」一段，郭象注則說：

> 各以得性爲至，自盡爲極也。向言二蟲殊翼，故所至不同，或翺翔天池，或畢志榆枋，直各稱體而足，不知所以然也。今言小大之辯，各有自然之素，既非跂慕之所及，亦各安其天性，不悲所以異，故再出之。

莊子在此段文字中，舉斥鴳與鵬鳥對比，明說是「此小大之辯也」，而郭象所注，卻强調了「小大之辯，各有自然之素」，以爲萬物雖有小大的不同，卻應當「各安其天性」，而萬物之自得，也「各以得性爲至，自盡爲極」，只要得其自性，盡其本分，則快然自足，所以，萬物小大雖殊，正不必「悲其所以異」，而當樂其「適性」的所以同。對於〈逍遙遊〉篇中「堯讓天下於許由」一段，郭象注則說：

> 庖人尸祝，各安其所司；鳥獸萬物，各足於所受；帝堯許由，各靜其所遇；此乃天下之至實也。各得其實，又何所爲乎哉？自得而已矣。故堯許之行雖異，其於逍遙，一也。

莊子在此段文字中，舉堯讓天下於許由，而許由不受之事，以證前文「聖人無名」之旨，而郭象之注，卻強調人與萬物「性各有極」，只要各安所司，各得其實，則可各得其樂，而均等於逍遙之境。對於〈逍遙遊〉篇中惠子有大樹，而「患其無用」一段，郭象注則說：

> 夫小大之物，苟失其極，則利害之理均；用得其所，則物皆逍遙也。

郭象以爲，小大之物，「性各有極」，故當各安定分，乃能各適其性，各得逍遙之樂，否則，如果「苟失其極」，昧於小大之辯，則將反受其害，是以物有小大，如能各適其用，用得其宜，則各物皆能至於逍遙自得、悠然「自足」的境域。

以上是向秀郭象二人所釋莊子「逍遙義」的基本觀點。

支遁字道林，晉陳留人，《世說新語•文學類》曾記載支遁對於〈逍遙遊〉篇的見解：

《莊子・逍遙篇》，舊是難處，諸名賢所可鑽味，而不能拔理於郭向之外。支遁林在白馬寺中，將馬太常共語，因及逍遙。支卓然標新理於二家之表，立異義於眾賢之外，皆是諸名賢尋味之所不得，後遂用支理。

從以上的敘述，可知〈逍遙遊〉一篇，頗難索解，晉代名賢，鑽研品味，論其說解，要不能出於向郭義之外，及至支道林在白馬寺，創立新義，超越眾名賢之外，故後世乃多用支遁之旨。梁釋慧皎《高僧傳》卷四〈支遁傳〉也曾記載：

遁嘗在白馬寺，與劉系之等談《莊子・逍遙》篇云：「各適性以爲逍遙。」遁曰：「不然，夫桀跖以殘害爲性，若適性爲得者，彼亦逍遙矣。」於是退而注〈逍遙篇〉，群儒舊學，莫不嘆服。[5]

《莊子・逍遙遊篇》，舊論多從向郭之說，以「各適其性」爲依歸，支遁不以爲然，乃舉桀跖性惡殘暴不仁爲反證，以爲如從「適性」之說，則桀跖也可以殘害適性，爲得其逍遙，而逍遙之境界，也可隨人不同而高低抑揚，莫知所止了。因此，支遁乃於向郭適性說之外，另立新義，以爲解說。至於支遁逍遙之說的內容，則《世說新語》劉孝標注，曾引支遁〈逍遙論〉說道：

夫逍遙者，明至人之心也。莊生建言人道，而寄指鵬鴳。鵬以營生之路曠，故失適於體外；鴳以在近而笑遠，有矜伐於心內。至人乘天正而高興，遊無窮於放浪，物物而

> 不物於物，則遙然不我得，玄感不為，不疾而速，則逍然靡不適，此所以為逍遙也。若夫有欲，當其所足，足於所足，快然有似天眞，猶饑者一飽，渴者一盈，豈忘烝嘗於糗糧，絕觴爵於醪醴哉？苟非至足，豈所以逍遙乎！

支遁以為《莊子・逍遙遊篇》的意義，主要是在「明至人之心」，在闡明悟道者在內心中如何達到悠然自得、逍遙自在的境界，而不為外物所繫累。因此，支遁以為，莊子在〈消遙遊〉中，是藉著鵬鷃的寄託譬喻，而用意實在於人生境界的獲致，他以為人生在世，當效法鵬鳥的曠達超遠，一舉萬里，而不應如斥鷃的拘羈淺近，驕矜自伐。因此，他以為，人生在世，當遊心於廣大悠遠的遼闊世界，超然於物欲私慮之外，只有措心極大，用心極廣，在內心中達到「至足」的境域，才能獲得眞正的逍遙自在，才是眞正體悟到大道的「至人」。

以上是支遁所釋莊子「逍遙義」的基本觀點。

向郭的「逍遙義」與支遁的「逍遙義」，各自都有他們學說產生的淵源，陳寅恪先生曾經指出：「向郭舊義原出於人倫鑒識之才性論」，「支遁逍遙新義之為佛教般若學格義」❻，同時，也都各自有著他們立說的背景及價值，至於向郭義及支遁義，何者更為接近莊子的原義，則應該將兩種說法，回歸到〈逍遙遊〉篇中，再作衡量與檢討了。

三、從〈逍遙遊〉的義理結構及譬喻方式檢討「適性說」及「明心說」

〈逍遙遊〉一篇，約可分為六個段落：

自「北冥有魚，其名爲鯤」至「聖人無名」，爲第一段。

自「堯讓天下於許由」至「尸祝不越樽俎而代之矣」，爲第二段。

自「肩吾問於連叔」至「將猶陶鑄堯舜者也，孰肯以物爲事」，爲第三段。

自「宋人資章甫而適諸越」至「窅然喪其天下焉」，爲第四段。

自「惠子謂莊子曰，魏王貽我大瓠之種」至「則夫子猶有蓬之心也夫」，爲第五段。

自「惠子謂莊子曰，吾有大樹，人謂之樗」至「無所可用，安所困苦哉！」爲第六段。

第一段，是〈逍遙遊〉全篇的總綱，莊子在此段的前半幅中，藉著寓言的敘述，由鯤鵬的「大」而能「化」，指出鵬鳥之所以能夠遠徙南冥，除了本身內在積蓄深厚的力量之外，也需要外在水大風厚等條件的配合，才能夠上飛萬里，去以六月而息，由此而引出了鵬鳥與蜩及學鳩等的「小大之辯」，他從「物」的形體上的小大對比，再從知識上的小「不及」大，年壽上的小「不及」大，都是以「小」襯托出「大」的可貴，因而，肯定在逍遙的境界上，小不及大，用以譬喻此段後半幅中四種不同人物的心量，在小大的差異上，也就自然有其不同的境界，接著，莊子再列舉出四種人，由「知效一官，行比一鄉，德合一君，而徵一國」的小有才者，到能夠「定乎內外之分，辯乎榮辱之境」的宋榮子，到「御風而行」的列子，以及「乘天地之正，而御六氣之辯，以遊無窮」的至人神人聖人，而由其心量的自小至大，而分別出由「有待」到「無待」的差別，而歸結到只有「無己」「無功」「無名」的「至人」「神人」「聖人」，才是眞正能夠超越形骸的限制，開拓無限精神領域的逍遙者，以譬喻人們的心靈，必自「小」「化」而爲「大」，必去其爲名爲利爲己之念，而後才能恢廓有容而悠然自在，逍遙自得。

第二段，莊子藉著「堯讓天下於許由」，而許由「無所用天下爲」的寓言，以印證第一段之末「聖人無名」的意義，以說明只有悟道的聖人，才能拋棄世俗的名聞，才能不受名聞的拘禁。

第三段，莊子藉著「肩吾問於連叔」的寓言，指出「神人」的「孰肯以物爲事」，「其神凝，使物不疵癘而年穀熟」的效能，以印證第一段之末「神人無功」的意義，以說明只有悟道的神人，才能遠離人間的功利，才能不受功利的束縛。

第四段，莊子藉著「宋人資章甫而適諸越」，以及堯「窅然喪其天下」的寓言，指出了宋人及堯的不能無己，因而爲己見所蒙蔽，以印證第一段之末「至人無己」的意義，以說明只有「不以己自蔽」的至人，才能超越偏執的自我，才能不受私意的誤導。

第五段，莊子藉著惠子擁有大瓠而憂其無所用，因而指出了大必有用，乃在於人們能否善用其用，因而也印證了惠子之不能「無己」，方才爲自己的成見和私意所蒙蔽而不自知。

第六段，莊子藉著惠子擁有大樹而憂其無所用，因而指出了大必有用，乃在於人們能否善用其用，同樣也印證惠子之不能「無己」，方才爲自己的成見私意所蒙蔽，在此段之末，莊子藉著「無何有之鄉，廣莫之野」，點出了「大」義，也藉著「彷徨乎無爲其側，逍遙乎寢臥其下」，而點出了「逍遙」的重心，以與本篇的篇題相呼應。

以上，對於〈逍遙遊〉篇的義理結構，試作分析，雖然筆者相信自己也不免會有著一些主觀的意見，但是，所作的分析，卻希望儘量要求自己貼緊《莊子》的文字，「以意逆志」，去作出較爲客觀的疏解與分析。

《莊子・寓言篇》曾說：「寓言十九。」莊子自己明說書中的寓言，佔了十分之九，因此，莊子在表達自己的思想時，自然是以「寓言」的方式，所佔的成分，比率最高，寓言的方式，是「藉外論之」，是言在此而意在彼，是多所譬喻，多作比況，因此〈逍遙遊〉篇中，物類如鯤魚、鵬鳥、蜩與學鳩、斥鴳、朝菌、蟪蛄、冥靈、大椿，固然只是譬喻，人類如宋榮子、列子、帝堯、許由、肩吾、連叔、接輿、至人、神人、聖人，也都只是譬喻，莊子之意，只是借著物類的形體有小大之分，譬喻人類的心量有小大之別，因而引出人生在世，必須經由修悟的工失，進到無己無功無名的至人神人聖人的境界，才能夠獲致心靈上廣大無邊的領域，精神上悠然自在的境地。

〈逍遙遊〉篇，除第一段的前半幅中，有明顯的「小」「大」對比之外，其他各段之中，都不見有明顯的「小大之辯」。（第六段中的「狸狌」與「斄牛」，也不是用在對比之處，而只是強調「大必有用」而已）。第一段的前半幅中，莊子所以「有小大之辯」，主要是由於，「物」有明顯的小大之分，而「人」卻無過巨的小大之別。（此當就成人的體形而言）所以，莊子才利用寓言的方式，以「物體」的小大差異，以譬喻「人心」的小大差異，以鯤鵬的「大」而能「化」，能自北溟徙於南溟，譬喻至人悟道的工夫及進程，以至於達到至人神人聖人的逍遙境地。因此，從修辭學的觀點而言，〈逍遙遊〉篇第一段前半幅中「物體」的「小大之辯」，只是用作譬喻的「喻依」而已，「人心」才是所喻的「喻體」❼，而且，「物體」的「小大之辯」，除了在第一段中應用之外，在〈逍遙遊〉的其他段落之中，也就不再應用，因此，向郭的注解，在〈逍遙遊〉篇的第一段中，確曾充分地發揮了「物任其性」、「小大雖殊」、「逍遙一也」的精義，可是，在第二段以下，向郭的注解，卻顯得支離紛雜，而缺乏統系，這也正是「適性說」與〈逍遙遊〉篇第二段以下的文義無法相應相容的證明。

反之，如果我們從支遁的「明至人之心」的觀點，去解釋〈逍遙遊〉的意義，或者，換一個角度說，從〈逍遙遊〉篇的義理結構及表達方式，去看支遁的「明心說」，就會感覺得到，支遁的意見，與莊子以「寓言」的方式去表達他自己的思想，以「譬喻」所傳達所表示的通篇意義，較爲相符相合。因此，莊子在〈逍遙遊〉篇中，確實是借「物」喻「人」，以「物體」的小大，譬喻出「人心」的小大，以「物」爲客，以「人」爲主，以說明「人」的「形體」雖難有絕大的差異，而「人」的「心靈」與「精神」，卻可以有小大之間絕對的差異，而「心靈」的變通轉化的力量，也是無窮無盡的，只有勘破束縛人們心靈自在精神自由的「名」韁「利」鎖，勘破蒙蔽自己靈明心思的私欲私見，勘破人們以自我爲中心的主觀成見，達到「無己」「無功」「無名」的境地，才能在心靈中無所須待，無所倚求，由「有待」而達到「無待」，才能開拓出廣大無際的心靈境域，提升其遼闊無邊的精神層次，以達到「至人」「神人」「聖人」般的逍遙自在的理想境界。

支遁以「明心」之說，解釋〈逍遙遊〉的要義，他說：「夫逍遙者，明至人之心也。」他的觀點，也曾被後世的許多學者所繼承所發揮，像林希逸《莊子口義》便曾說道：

鯤鵬變化之論，只是形容胸中廣大之樂。❽

陸西星《南華眞經副墨》也說：

夫人必大其心而後可以入道，故內篇首之以〈逍遙遊〉，遊謂心與天遊也，逍遙者，汗漫自適之義，夫人之心體本自廣大，但以意見自小，橫生障礙，此篇極意形容出個致廣大的道理，令人展拓胸次，空諸所有，一切不爲世故所累，然後可進於道。❾

釋德清《莊子內篇註》也說：

逍遙者，廣大自在之意。世人不得如此逍遙者，只被一個我字拘礙，故凡有所作，只爲自己一身上求功求名，自古及今，舉世之人，無不被此三件事，苦了一生，何曾有一息之快活哉？獨有大聖人，忘了此三件事，故得無窮廣大自在逍遙快活。

又說：

莊子立言本意，謂古今世人，無一得逍遙者，但被一個血肉之軀爲我所累，故汲汲求功求名，苦了一生，曾無一息之快活，且只執著形骸，此外更無別事，何曾知有大道哉！唯大而化之之聖人，忘我忘功忘名，超脫生死而遊大道之鄉，故得廣大逍遙自在，快樂無窮，此豈世之拘拘小知可能知哉！正若蜩鳩斥鴳之笑鯤鵬也，主意只是說聖人境界不同，非小知能知，故撰出鯤鵬變化之事，驚駭世人之耳目，其實皆寓言以驚俗耳。⑩

我們如果參酌以上的這些意見，再去觀察支遁的「明心」之說，確實會感覺得到，要比向郭的「適性」之義，更爲接近〈逍遙遊〉一篇的原本意義。

四、結 語

綜合比較一下〈逍遙遊〉的向郭解與支遁解，可以發現，向郭的「適性說」，是從「物」的立場而出發的，支遁的「明心說」，是從「人」的立場而出發的，換言之，向郭的「適性說」，是以「物」爲中心的的宇宙觀，是站在「齊物」的立場去觀察宇宙的，所以覺得物我齊同，小大齊一，只要能各適其性，則可以各具逍遙；而支遁的「明心說」，是以「人」爲中心的宇宙觀，是站在「人生」的立場，去觀察宇宙的，所以覺得人我不同，心量不一，必須要大其胸懷，方可以逍遙自得。只是，「人」之與「物」，其形體活動的空間，畢竟是有局限的，是不能任意縱躍的，而「人」所獨具且格外靈明的精神領域，其活動的空間是無限量的，是可以隨心所欲的。

《莊子》書中自然有「齊物」的思想，但是，〈逍遙遊〉篇中，卻不見有「齊物」的思想，由篇中的「小大之辯」，也推衍不出「齊一小大」的觀念。在〈逍遙遊〉篇中，莊子似乎仍然只是借「物」以喻「人」，仍然只是緊扣著「人生」與「人心」的關鍵而立論的，所以，支遁的「明心」之說，比較起來，委實要較向郭的「適性」之說，更爲接近莊子〈逍遙遊〉篇的原本意義，應該是可以肯定的。

附注

❶ 可參考楊明照〈郭象莊子注是否竊自向秀檢討〉（載《燕京學報》二十八期）、王叔岷先生〈莊子向郭注異同考〉（載《中央圖書館館刊》復刊一卷四號）、張亨先生〈莊子注的作者問題〉（載《漢學論文集》）、黃錦鋐先生〈關於莊子向秀注與郭象注〉（載《莊子論文集》）。

❷ 此據河洛出版社影印之郭慶藩《莊子集釋》本郭象注，下引並同。

❸ 此據仁愛書局影印之余嘉錫《世說新語箋疏》本，下引並同。

❹ 見〈逍遙遊〉篇郭象注。

❺ 此據臺灣印經處影印本。

❻ 見陳寅恪先生〈逍遙遊向郭義與支遁義探源〉，載《金明館叢稿》二編。

❼ 參見黃慶萱先生《修辭學》，三民書局出版。

❽ 此據廣文書局影印之《道藏》本。

❾ 此據自由出版社影印之孫大綬重刻本。

❿ 此據建康書局影印之金陵刻經處原刊本。

莊子「齊物觀」析評

一、引言

在先秦的思想學說中，無疑的，是以儒道兩家，對於後世的影響，最爲巨大。儒道兩家，對於許多問題，觀點都不一樣，例如對於「人」與「物」在宇宙中地位的看法，儒道兩家，看法就相當分歧。

儒家以爲，人與物，雖然都存在於世界之中，但是，人畢竟是最爲靈明的動物，因此，像《論語・鄉黨篇》中所記載的：「廏焚，子退朝，曰，傷人乎？不問馬。」很明顯地，便是以「人」爲貴於「馬」的立場，貴於其他生物的立場，所表露的關切之情。

像《孟子・盡心篇》中所記載的：「親親而仁民，仁民而愛物。」也是主張，愛心應有等差，人們應該由親己之親，推而及於親人之親，再推而及於愛護其他的物類，這也明顯地是一種以「人」爲中心的物我關係之論。

像《荀子・王制篇》中所記載的：「水火有氣而無生，草木有生而無知，禽獸有生有知而無義，人有氣有生有知，亦且有義，故最爲天下貴也。」以及《孝經》上所說的：「天地之性，人爲貴。」《禮記・禮運》中所說的：「人者，天地之心也。」也都是一種以「人」爲萬物中心的宇宙觀。

可是，道家卻不同，道家以爲，在大宇長宙之中，人與萬物齊同平等，並沒有高低尊卑貴賤的不同，人並不特別尊貴，萬物也並不特別低賤。這種觀念，在《老子》書中，像所謂的「天地不仁，以萬物為芻狗」（第五章），已經透露了一些訊息，到了《莊子》書中，這種平等齊同的觀念，則更加明顯而普遍了。

二、分 析

《莊子・齊物論篇》曾說：

天下莫大於秋毫之末，而太山為小；莫壽乎殤子，而彭祖為夭。天地與我並生，而萬物與我為一。

世上的事物，有許多都是相對而非絕對的，像太山較之秋毫之末，誠然為小，但是，較之宇宙之大，太山實又渺小之至。而彭祖較之殤子，固然長壽，但是，較之長生久視的冥靈大椿，則彭祖不過是早夭的生物罷了。反之，秋毫之末較之世上細微之物，也可以為大，殤子較之世上速死之物，也可以為壽。因此，個別獨立地看，宇宙之中，孰為大？孰為小？何者為久長？何者為短暫？還眞是難於斷定哩！由此推論，莊子以為，人在宇宙之中，與天地並存於世上，與萬物齊同而平等，所以，他說：「天地與我並生，萬物與我為一。」至此，莊子已經將「人」的生命，推廣到與天地中一切萬物等量齊觀的境界，在天地自然之中，萬物不再有彼此之間高低尊卑的差異，莊子以為，在天地宇宙之中，人與萬物，同樣都是來自於自然，也都將走向於自然，回歸於自然，因此，自也不必再行強彼此之間的差異。同時，萬物之間，即使有所差異，也只是人們從那一個角度，那一個觀點去作省察罷了。《莊子・德充符篇》說：

> 自其異者視之，肝膽楚越也；自其同者視之，萬物皆一也。

角度不同，看法有異，從萬物彼此之間「相異」的「殊相」「差別相」來看，從萬物彼此之間的「差異性」而言，則任何「物」與其他「物」之間，必然會有其相異的差別。反之，如果從萬物彼此之間「相同」的「共相」「共同相」來看，從萬物彼此之間的「共通性」而言，則任何「物」與其他「物」之間，也必然有其相同的特性存在。

因此，在此物與彼物之間，到底是取其「同」，抑或是取其「異」，才是基本的分別關鍵，如果取其「同」，則此物彼物之間，必有其小異而大「同」者在，取其「異」，則此物彼物之間，也必有其小同而大「異」者在。因此，萬物相互之間，雖有其差別異同，如果人們站在「求同」而「求其共相」的立場，强調其大同而略其小異，則萬物自可歸於齊一等同，而逐漸泯除其差異的特性。反之，萬物相互之間，雖有其差別異同，如果人們站在「求異」而「求其殊相」的立場，强調其大異而略其小同，則萬物自可趨於差別殊異，而逐漸泯除其共通的特性。《莊子・秋水篇》說：

> 以道觀之，物無貴賤；以物觀之，自貴而相賤；以俗觀之，貴賤不在己；以差觀之，因其所大而大之，則萬物莫不大；因其所小而小之，則萬物莫不小；知天地之爲稊米

> 也，知豪末之爲丘山也，則差數覩矣。

莊子的這一段話，我們可以從後文去向前文作出疏解，莊子以爲，萬物有其差異性，萬物之間的大小，也是相對的，而非絕對的，因此，如果「以差觀之」，則從大的觀點以視，則萬物皆有其大的一面，從小的觀點以視，則萬物也皆有其小的一面，因此，天地之大，可以視爲稊米，毫末之小，可以視如丘山。如果「以俗觀之」，則貴賤的認定，往往身不由己，而操之在於他人。如果「以物觀之」，則凡物莫不自覺尊貴在己而卑賤在於他物，因此，自然互相貴己而賤彼。只有在「以道觀之」的情況下，在大道的觀照之下，在「照之於天」、「莫若以明」的情況下，一切萬物，才是齊同平等，並無彼此之間尊貴卑賤的分別差異。《莊子·秋水篇》又說：

> 以道觀之，何貴何賤？是謂反衍……萬物一齊，孰短孰長，道無終始，物有死生。

莊子以爲，「道」是宇宙的根本，是無所不在的，是超越時間與空間而存在的，因此，在「道」的前提下，人們將自己的心靈，將人生的境界，提升到「道」的層次上，從「道」的觀點去考察宇宙萬物，去尋求萬物彼此之間的「共通性」，由此以視，則萬物既然都是由「道」而生，則在基本的立場上，又有什麼差別可言呢？因此，「以道觀之」，何貴何賤？物既無所貴賤，自然齊同一律，而無所偏倚，也不再需要去分別萬物之間的某些長短大小貴賤尊卑的差異了。《莊子·秋水篇》記：

莊子與惠子遊於濠梁之上，莊子曰：「儵魚出遊從容，是魚樂也。」惠子曰：「子非魚，安知魚之樂？」莊子曰：「子非我，安知我不知魚之樂？」惠子曰：「我非子，固不知子矣，子固非魚也，子之不知魚之樂，全矣。」莊子曰：「請循其本，子曰女安知魚樂云者，既已知吾知之而問我，我知之濠上也。」

莊子以爲，人之與魚，雖非同類，但是，在「道」觀點之下，物我可齊，可以相知，是以莊子可以知道魚樂，而惠子則未能泯除物我異類、不能相知的主見，故以爲人之知曉魚樂，爲不可思議，這也是莊子主張「物我如一」的證明。《莊子・秋水篇》說：

物之生也，若驟若馳，無動而不變，無時而不移，何爲乎？何不爲乎？夫固將自化。

莊子以爲，萬物生於世上，無時無刻不處在變化之中，只是，這種變化，人們在一時之間不易察覺而已，《莊子・寓言篇》也說：

萬物皆種也，以不同形相禪，始卒若環，莫得其倫，是謂天均，天均者，天倪也。

《莊子・至樂篇》也說：

種有幾，得水則爲𢇍，得水土之際則爲鼃蠙之衣，生於陵屯，則爲陵舄，陵舄得鬱棲則爲烏足，烏足之根爲蠐螬，其葉爲胡蝶，胡蝶胥也化而爲蟲，生於竈下，其狀若脫，其名爲鴝掇，鴝掇千日爲鳥，其名爲乾餘骨，乾餘骨之沫爲斯彌，斯彌爲食醯。頤軨生乎食醯，黃軦生乎九猶，瞀芮生乎腐蠸。羊奚比乎不箰，久竹生青寧，青寧生程，程生馬，馬生人，人又反入於機。萬物皆出於機，皆入於機。

「種有機」，武延緒《莊子札記》說：「幾，即下文入於機出於機之機字也。」陶鴻慶《讀莊札記》也說：「幾，當讀爲機，張湛《列子・天瑞篇・注》，機者群有之始，動之所宗是也。下文萬物皆出於機皆入於機，正與此應。」莊子以爲，萬物都有能變能化的機括，在不同情況之下，就能產生變化，而化爲不同形狀的物體，因此，萬物都出於宇宙，萬物也可以相互地變化，這是一種自然也是必然的現象，因此，莊子以爲，物既可以相互地變化，則彼此之間，自也難有高低尊卑的差異需要去論定，可以去論定了。因此，「物化」的觀念，應該也是莊子「齊物」思想的基本立場、基本理論之一。《莊子・齊物論》篇末有一則寓言記載：

> 昔者莊周夢爲胡蝶，栩栩然胡蝶也，自喻適志與！不知周也。俄然覺，則蘧蘧然周也。不知周之夢爲胡蝶與？胡蝶之夢爲周與？周與胡蝶，則必有分矣。此之謂物化。

萬物都具有可化之機，凡物都自然在不停地變化，以不同的形貌相禪相化，莊周夢蝶的寓言，也正是莊子以爲物可相化的一個證明。另外，《莊子・人間世篇》說：

> 匠石歸，櫟社見夢曰：「女將惡乎比予哉？若將比予於文木邪？………且也若與予也皆物也，奈何哉其相物也？………」

在天地宇宙之中，「人」與其他的「眾物」一樣，其實全都是「物」，從宇宙的觀點來看，「人」又何必自貴於「眾物」之表，而以「萬物」爲「物」，自以爲是可以宰制「萬物」的主人呢？就像上述這則寓言中，櫟社之樹對匠石所說的話一樣，「若與予也皆物也」，又何必「相物」而自以爲貴呢？因此，在莊子的內心中，他以爲，人與萬物，一體平等，彼此可齊，自然不應有「相物」「相宰」的觀念存在，這正是莊子齊同萬物、齊一物我、心胸遼闊、以宇宙爲關懷對象的意念。

總之，莊子強調「天地與我並生，萬物與我爲一」，在這一前提之下，他已將個人的生命，從人間社會提升到宇宙自然，將個人的關切情懷，擴展到與天地萬物等同齊視的境地，在這種心量之下，人們已經與天地萬物融而爲一體，再無彼此的分別差異，在這種境界中，孰爲物？孰爲人？已經不再分別，也已不再重要，這種開闊廣大的心胸懷抱，無寧是值得稱許及欽佩的。

三、評論

由上所述，對於莊子的「齊物」觀念，我們可以有以下的幾點看法：

1.莊子的「齊物觀」，基本上，是從「道」的立場作出發點，在「道」的根源上，認爲宇宙萬物，同出一源，都有相同的共通性，自然可以齊一平等。

2.莊子以爲萬物的生命，都是一「氣」的化生，可以相互地轉化，因此，在「物化」的基礎上，萬物既然可以相互地轉化，則尊卑高低貴賤之間，自然也不是一定而不變，則萬物之間，又何必要有其尊卑高低貴賤的差異呢？這是莊子齊同萬物的另一個基本的立場。

3.物與物之間，雖然不免有彼此的差異，卻也自然有其相同的共通性，莊子以爲，只要人們採取「以明」「兩行」的方式，站在對方的立場，去照察事理，去關懷萬物，則在萬物之間，取其「共相」，略其「殊相」，則萬物之間，自然可以齊一、可以等同。

4.儒家學說，是站在「人」的立場去看宇宙萬物，是以「人」爲宇宙的中心，從這一角度出發，自然會以爲「人」最爲可貴，自然也就衍生出「愛有等差」、「親親仁民、仁民愛物」的觀點。

5.道家學說，是站在「宇宙」的立場去看人與萬物，是以「道」爲宇宙的中心，從這一角度出發，自亦會以爲「自然」最爲可貴，自然也就因而會擴大視野，開拓精神領域，泛愛萬物，一體同仁，而不再以人爲中心，從道德上來說，這種用心，確也是一種值得稱許的高尙情操，對於後世的學理，也開啓了張載所主張的「民胞物與」的思想。

四、結　語

從「進化」的觀點來看，則「人」在宇宙之中，畢竟進化得較其他萬物來得迅速快捷，在實質上，人類能運用思想、開拓文明、利用機械、宰制衆物，所以，如果一定要以「人」與其他萬「物」等同齊視，似乎也不是很公平的做法。

可是，齊同萬物，一體泛愛，確實表現了人類遼闊無邊的胸襟氣概，提升了人類在宇宙中無與倫比的道德意境，由此也更加肯定了人之所以爲人而異於其他萬物的原因，由此也更加彰顯了人之所以爲萬物之靈的特殊地位。

作爲「人類」的一分子，我們也眞是樂於見到在傳統道家思想中，出現了如此偉大的一種「齊物」的學說。

從「物化」論「胡蝶夢」的究竟意義

一、引言

《莊子・齊物論》篇末，有一則著名的「莊周夢蝶」的寓言，寓言說道：

> 昔者莊周夢爲胡蝶，栩栩然胡蝶也，自喻適志與，不知周也。俄然覺，則蘧蘧然周也。不知周之夢爲胡蝶與？胡蝶之夢爲周與？周與胡蝶，則必有分矣。此之謂物化。❶

這則寓言，關於「莊周夢爲胡蝶」的含義，歷來的注解，雖然有著許多不同的看法❷，但是，人們所詮釋的重點，往往卻是這則寓言中較爲緊要的兩句：「不知周之夢爲胡蝶與？胡蝶之夢爲周與？」本來，這則寓言，全以莊周爲主，明明說是「莊周夢爲胡蝶」，是莊周在自己的夢中，化而爲胡蝶，本不應當有所懷疑而再行詢問：「不知周之夢爲胡蝶與？胡蝶之夢爲周與？」本來應該很明確地「已知」是「莊周在夢中化爲胡蝶」，但是，由於「夢之中又占夢焉，覺而後知其夢也，且有大覺而後知其大夢也」❸，在此前提之下，則莊周在他的夢中，固然化身爲胡蝶，莊周覺醒之後，固然「蘧蘧然周也」，可是，莊周之覺，是否眞「覺」？是否仍在另一個大夢之中而仍然未「覺」？同時，是否是莊周置身在另一個以胡蝶爲主的大夢之中？是「胡蝶夢爲莊周」，是胡蝶在牠的夢中化而爲莊周呢？因此，從「夢」與「覺」的關係難於肯定而論，到底是「莊周之夢爲胡蝶」？抑或是「胡蝶之夢爲莊周」？也就同樣難於肯定了。

因此，在這則寓言中，莊周與胡蝶，到底是誰在「夢」中？誰在「覺」中？到底是莊周在夢中化爲胡蝶？還是胡蝶在夢中化爲莊周？也就難於絕對地加以肯定了。

其實，在這則寓言中，夢爲胡蝶與夢爲莊周，所着重的，只是「夢覺難分」，只是「主客難定」，只是「不知」——「周之夢爲胡蝶與」？「胡蝶之夢爲周與」？由此，也引出了這則寓言的基本觀點、「夢覺難分」「主客難定」的原因——「物化」。所以，寓言在「不知周之夢爲胡蝶與？胡蝶之夢爲周與？」之後，要接著說：「此之謂物化」了❹。

二、「物化」的意義

「物化」的意義，成玄英在《莊子義疏》中說是「物理之變化也」，憨山大師在《莊子內篇註》中說是「萬物化而爲一也」，陸西星在《南華眞經副墨》中說是「古今夢覺，混融爲一也」，這些解釋，似乎都對，也似乎不完全都對，其實，「物化」的意義，應該是以莊解莊，仍然應該從《莊子》書中去尋求答案才是。《莊子・秋水篇》說：

> 物之生也，若驟若馳，無動而不變，無時而不移。何爲乎？夫固將自化。

莊子以爲，有生命的萬物，生活在宇宙之中，表面看似無所更易，其實，卻無時無刻不在奔競馳騖之中，隨時隨地不在動作變化之內，萬物的本身，自然地會產生無窮的變化。《莊子・寓言篇》也說：

> 萬物皆種也，以不同形相禪，始卒若環，莫得其倫，是謂天均。

莊子以爲，宇宙萬物，雖各有其種類屬別，相互之間，卻以不同的形狀嬗遞禪承，不停地變化，傳之無窮，其間的流衍，自始至終，自終至始，彷彿玉環一般，沒有頭緒端倪，只是反復循環，這種情況，本身就是一種天然均平的眞實現象。《莊子．至樂篇》也說：

> 種有幾，得水則爲㡭，得水土之際則爲鼃蠙之衣，生於陵屯則爲陵舄，陵舄得鬱棲則爲烏足，烏足之根爲蠐螬，其葉爲胡蝶，胡蝶胥也化而爲蟲，生於竈下，其狀若脫，其名爲鴝掇，鴝掇千日爲鳥，其名爲乾餘骨，乾餘骨之沫爲斯彌，斯彌爲食醯。頤輅生乎食醯，黃軦生乎九猶，瞀芮生乎腐蠸，羊奚比乎不箰，久竹生青寧，青寧生馬，馬生人，人又反入於機。萬物皆出於機，皆入於機。❺

因此，莊子肯定，宇宙中的物種萬類，其本身都具備了可化的機括根荄，這種化機，就像遇到水氣的潤濕，就會從無生有而產生細微斷續的水草，再觸及土氣，就會變化成爲青苔，這種青苔，生長在高亢的地方，就會變化爲車前草，車前草遇著糞壤，則又會變化成爲烏足草，烏足草的草根變化成爲蠐螬，烏足草的葉子變化成爲蝴蝶，蝴蝶很快會變化成爲幼蟲，生長在竈爐之下，逐漸脫殼，名爲鴝掇，鴝掇經過千日，變化成爲一種名叫乾餘骨的鳥，這種鳥的口沫變化成爲一種名叫斯彌的蟲，斯彌又變化成爲一種生長在酒甕旁邊名叫食醯的蟲，食醯生出頤輅之蟲，類似這種情形，九猷之蟲則生出黃軦之蟲，腐蠸之蟲又生出瞀芮之蟲，羊奚草配合不荺久竹兩種草，又生出一種名叫青寧的蟲，青寧蟲生出名叫程的豹，程豹又生出馬，馬又生出人，人老之後，又再回返到變化的機括中去，再產生無窮的變化，因此，莊子以爲，宇宙內生存的萬物，都具有可化之機，也無時無刻不在逐漸地變化之中。《莊子・逍遙遊篇》也說：

北冥有魚，其名爲鯤，鯤之大，不知其幾千里也，化而爲鳥，其名爲鵬。

水生的鯤魚可以變化而成爲飛行的鵬鳥，自然也是牠們本身擁有可變的化機，才能產生變化的現象。因此，莊子以爲，宇宙內生存的萬物，是「萬物而未始有極」❻的，因此，《莊子・知北遊篇》也說：

故萬物一也，是其所美者爲神奇，其所惡者爲臭腐。臭腐復化爲神奇，神奇復化爲臭腐，故曰，通天下一氣耳。

莊子以爲，宇宙內生存的萬物，根本上都可以相互融合爲一的，只是「以不同形相禪」而已，因此，有些形體美麗，有些形體醜陋，人們將美麗的視爲是宇宙中神奇的化身，醜陋的視爲是宇宙中臭腐的代表，其實，宇宙中萬物形體的美麗與醜陋，神奇與臭腐，並不是一成而不變的，萬物的形體，卻正是時時刻刻在那裏反復地循環變化而不止哩！莊子同時也認爲，宇宙中一切生物的變化，都是由於「氣」的變化在作主宰，《莊子・至樂篇》記莊子妻死，而莊子說道：

> 察其始而本無生，非徒無生也而本無形，非徒無形也而本無氣。雜乎芒芴之間，變而有氣，氣變而有形，形變而有生，今又變而之死，是相與爲春秋冬夏四時行也。

莊子以爲，人生於天地之間，也完全是「氣」在作主宰，所以，「人之生，氣之聚也，聚則爲生，散則爲死」❼，由氣聚而產生形體，由形體而產生生命，所以，莊子才將人的生死，譬喻爲春秋冬夏四時的反復運行，「始卒若環」❽，因此，莊子以爲，宇宙之間，一切有生命的萬物，其自身的變化，以至於物與物相互之間的變化，也都完全是由「氣」在作主宰的。《莊子・至樂篇》說：

> 支離叔與滑介叔觀於冥伯之丘，崑崙之虛，黃帝之所休，俄而，柳生其左肘，其意蹷蹷然惡之，支離叔曰：「子惡之乎？」滑介叔曰：「亡，予何惡？生者假借也，假之而生生者，塵垢也，死生爲晝夜，且吾與子觀化而化及我，我又何惡焉！」

莊子以爲，人們在清虛寧靜之中，也可以站在客觀的立場，去觀察宇宙中人類生命自然的變化，去體會宇宙中物與物之間的自然的轉化，所以，《莊子・大宗師篇》也說：

> 浸假而化予之左臂以爲鷄，予因以求時夜；浸假而化予之右臂以爲彈，予因以求鴞炙；浸假而化予之尻以爲輪，以神爲馬，予因而乘之，豈更駕哉！

這都是宇宙萬物中有可變的化機，因而才產生可能的變化，《莊子・天道篇》說：

莊子曰：「吾師乎！吾師乎！韲萬物而不爲戾，澤及萬世而不爲仁，長於上古而不爲壽，覆載天地刻雕眾形而不爲巧，此之謂天樂，故曰，知天樂者，其生也天行，其死也物化，靜而與陰同德，動而與陽同波。

《莊子・刻意篇》說：

聖人之生也天行，其死也物化，靜而與陰同德，動而與陽同波。

莊子這兩次所提到的「物化」，都是說明，人的生存，應該順應自然而行，人的死亡，也只是順應萬物自然的變化而已，至於兩次提到的動靜陰陽，則仍然是說明了「氣」在萬物變化中的主導作用而已。因此，上述兩次文句中所提到的「物化」，與〈齊物論〉篇「莊周夢爲胡蝶」中的「物化」，意義是相同的，都是說明「宇宙中生物與生物之間的相互變遷轉化」的情況。所以，在「莊周夢爲胡蝶」這則寓言中的「周之爲胡蝶」及「胡蝶之夢爲周」，其意義，也只是在譬喻著「宇宙中生物與生物之間的相互變遷轉化」的情況。

「物化」的意義既然如此，從這一角度去作觀察，則歷來學者們的注解，像呂吉甫《莊子注》所說的：「方其爲蝶也，栩栩然不知有周，及其爲周也，蘧蘧然不知有蝶，一身之變，猶不自知，則物之化而異形，其能相知乎？」❾周拱辰《南華眞經影史》所說的：「周爲蝶時，周即是蝶，更無夢蝶之周；蝶爲周時，蝶即是周，更無夢周之蝶。」❿宣穎《南華經解》所說的：「周可爲蝶，蝶可爲周，可見天下無復彼物此物之迹，歸於化而已。」⓫王先謙《莊子集解》所說的：「謂周爲蝶可，謂蝶爲周亦可，此則一而化矣。」⑫便都是比較中肯的解釋了。

要之，在「莊周夢爲胡蝶」這則寓言之中，從「物化」的基礎而言，周與胡蝶，可以相化，蝴蝶與周，形非定相，推而至於夢覺難分，彼我如一，因而用以譬喩，生物與生物之間，既然可以相互地轉化，則一切彼此、尊卑、貴賤的分別，似也不必，因此，物之與我，也自然有著齊同等視的可能了。

三、「胡蝶夢」在〈齊物論篇〉中的作用

《莊子・齊物論篇》中，至少有三個重要的主旨，那就是「齊物我」、「齊死生」、與「齊是非」。三個主旨，以「齊是非」着墨最多，論述最詳，以「齊死生」的敘說最少，而以「齊物我」的描述，含義最關緊要。

〈齊物論〉一篇，約可分爲十一個段落⑬。

第一段，從「南郭子綦隱機而坐，仰天而噓，答焉似喪其耦」，到「咸其自取，怒者其誰邪！」——在此段之中，莊子以爲，世間議論繁多，是非難明，都由於人們心中，各存我見，因此，才從「吾喪我」開始，以爲議論之齊，是非之泯，必需由「忘我」入手，所以才點出了「地籟」、「人籟」的「萬竅怒號」，用以譬喩人間的衆論紛繁，再引出了「天籟」，用以譬喩人們語言聲音所發的眞宰。

第二段，從「大知閑閑，小知間間，大言炎炎，小言詹詹」，到「雖有神禹，且不能

知，吾獨且奈何哉！」——在此段之中，莊子描繪論辯者百家爭鳴的各種形象，以及人人各自師其成心，自欺而欺人，強不知以爲知，因而物論也益不可齊，是以聖人對此現象，也無可奈何。

第三段，從「夫言非吹也，言者有言，其所言者，特未定也」，到「是亦一無窮，非亦一無窮，故曰，莫若以明。」——在此段之中，莊子以爲，是非之辯，必須「照之於天」，因應自然的大道，而「莫若以明」，彼此相互易地而觀，站在對方的立場，以清虛寧靜的心境，爲對方設想，才能「是其所非而非其所是」，而達到兩端可行而是非可泯的境地。在此段中，有「方生方死，方死方生」兩句，雖然也接觸到死生的問題，但那只是爲下文「方可方不可，方不可方可，因是因非，因非因是」作譬喻罷了，重點仍然是在「齊是非」方面。

第四段，從「以指喻指之非指，不若以非指喻指之非指也」，到「是以聖人和之以是非而休乎天鈞，是之謂兩行。」——在此段之中，莊子以爲，天地之大，猶如一指，萬物之衆，無異一馬，事物的可與不可，然與不然，也不過是人們後天所加於各種事物之上，以爲之名而已，由於人們的師心自用，立場互異，所以才有人間的衆多是非產生，但從大道的觀點而言，「道通爲一」，事物的差別現象，只要調和是非，使物物各得其所，則其差異，畢竟也是可以相互彌合，復歸爲一的。

第五段，從「古之人，其知有所至矣」，到「爲是不用而寓諸庸，此之謂以明。」——在此段之中，莊子以爲，世間之人，由於各執成見，誤認根源，所以才遠離道本，逐末忘返，只有相互以明，不師己智，而但求寓其道於庸衆之中，才能定安群異。

第六段，從「今且有言於此，不知其與是類乎？其與是不類乎？」到「無適焉，因是已。」——在此段之中，莊子以爲，天地與人同出於大道，萬物也當一體而齊視，苟能如此，自然不必再起是非之念。在此段中，「天地與我並生，萬物與我爲一」，雖然有明顯的「齊同物我」的意義，但在此段之中，這兩句話，卻只是用來作爲「齊同是非」的理由而已。

第七段，從「夫道，未始有封，言，未始有常」，到「昔者，十日並出，萬物皆照，而況德之進乎日者乎。」——在此段之中，莊子以爲，大道本無不在，言論本無是非，只是由於人們各自堅持其是非的成見，才造成世間有了許多不同的論辯，只有人們深切體悟到「不言之辯」的「天府」意義，實踐到含藏內蘊的「葆光」境地，才能齊同是非，而無所爭辯。

第八段，從「齧缺問乎王倪曰，子知物之所同是乎？」，到「死生無變於己，而況利害之端乎？」——在此段之中，莊子以爲，世俗之人，嘵然爭辯，各人以其主觀所見，判別是非，而萬事之間，既無共許之標準，則「是非之辯」，必至於「樊然殽亂」而不止，唯悟道的至人，才可以超越是非，而使之入於齊同之列。

第九段，從「瞿鵲子問乎長梧子曰，吾聞諸夫子，聖人不從事於務，不就利，不違害，不喜求，不緣道」，到「忘年忘義，振於無竟，故寓諸無竟。」——在此段之中，莊子指出了「論辯無法決定是非」的觀點，指出了「眞理並非言辯可以覓得」的道理，雖然，其中「予惡乎知說生之非惑邪？」到「予惡乎知夫死者不悔其始之蘄生乎？」一段，有著明顯的「齊同死生」的意味，其中「夢之中又占夢焉，覺而後知其夢也」一段，也有著明顯的「齊同覺夢」的意味。但是，此段的重點，仍然是落在「齊同是非」之上，只是藉著世人之爭辯是非，有如夢中說夢，有如死生難推，以彰明妙理往往超乎言辯之外，只有「和之以天倪，因之以曼衍」，順應自然的調和，隨同無窮的變化，才能達到「忘年忘義」、勘破死生、齊一夢覺、泯滅是非的境地。

第十段，從「罔兩問景」，到「惡識所以然，惡識所以不然。」——在此段之中，莊子藉著不知影之是否有待於形體？不知影之是否有待於神氣？以說明宇宙萬物，既不能眞知其是否相互有待，則萬物各依乎其自然而行，可也，何必更生是非之辯，以徒增紛擾呢！

第十一段，從「昔者莊周夢爲胡蝶」，到「此之謂物化。」——在此段之中，莊子藉著「夢爲胡蝶」的寓言，點出了「齊同物我」的主旨，以作爲〈齊物論〉全篇的結論。

因此，我們只要回顧一下〈齊物論〉的全篇組織，就可以了解得到，從第一段到第十段，其重點都是在討論「齊是非」的問題，都是在討論到如何去齊一衆論是非的問題，只有在第三段及第九段中，觸及了「齊死生」的問題，在第六段中，觸及了「齊物我」的問題。至於最末的第十一段，則完全是討論到「齊物我」的問題，所以，我們要再加指出，〈齊物論〉篇中，三個討論的重點，以「齊是非」着墨最多，所佔的篇幅最長，論述得也最爲精詳，而「齊死生」的敘說最少，但卻以「齊物我」的描述，含義最關緊要。

在〈齊物論〉全篇之中，第十一段「莊周夢蝶」寓言的含義，何以最關緊要呢？「莊周夢爲胡蝶」的寓言，何以可視爲是〈齊物論〉全篇的結論呢？「齊物我」與「齊死生」及「齊是非」之間，又有著怎樣的關係呢？郭象《莊子注》說：

> 夫覺夢之分，無異於死生之辯也。⑭

郭象是以覺夢之分，去譬喻死生之別，而將「莊周夢蝶」寓言中「齊物我」的意義與前文中「齊死生」的意義，貫聯到相關的地步上去。焦竑《焦氏筆乘》說：

> 苟能早悟於夢覺，則死生之去來，亦不足道也。⑮

集竑是以夢覺之間，有如死生之際，作爲雙方關聯的線索。釋憨山《莊子內篇註》說：

> 故如蝶夢之喻，則物我兩忘，物我忘，則是非泯。

又說：

> 以夢覺觀世人，則舉世無覺者，以顯是非之辯者，皆夢中說夢耳。

又說：

> 萬物混化爲一，則了無人我是非之辯，則物論不齊而自齊也。⑯

憨山以爲，是非之辯，如同夢中說夢，人苟能知夢蝶物化的意義，能忘懷物我，則物論之分辯，自能齊一，這也是從「齊物我」的立場進而去推論其與「齊是非」之間的關係。陳壽昌《南華眞經正義》說：

意謂爲蝶爲周，忽夢忽覺，在己者且無以辯，又何論外來之是非，於彼於此，曷有曷無，勘破物相，同歸於化而已。⑰

陳氏以爲，從「物化」的觀點而言，則是莊周夢爲胡蝶？還是胡蝶夢爲莊周？是誰爲夢？是誰爲覺？尚且難以分辨，則又如何能夠判斷已身以外的是非呢！這是由「物我難分」聯想到「是非難定」，由「齊物我」而聯想到「齊是非」的情形。馬其昶《莊子故》說：

至人深達造化之源，絕無我相，故一切是非、利害、貴賤、死生，不入胸次，忘年忘義，浩然與天地精神往來。⑱

馬氏以爲，體悟大道的至人，能夠深知物化的究竟，能夠通曉造化的根源，所以，在大道的觀照之下，在「以明」「兩行」的條件下，由「齊物我」，進而推至於一切是非、利害、貴賤、死生的差異，都可以不使入於胸臆，而一以齊同等視對之，所以，才能達至「齊死生」以及「齊是非」的境界。陳啓天《莊子淺說》說：

萬物既皆自化而歸於齊一，則物我、是非、與生死之別，自無須爭辯矣。⑲

陳氏以爲，萬物既可以自然轉化，達於齊一，則物我彼此，即已難於分別，進而死生是非，也同樣難於肯定，其中差異，自也無須加以爭辯了，因爲，「物」與「我」、「彼」與「此」，可以互化，「死」與「生」，可以相轉，則「是」彼「非」此、「是」此「非」彼，豈不都是無謂的爭執嗎？

從以上各家的意見所論，可以了解，先能「齊物我」，而後方能「齊死生」以及「齊是非」，因此，「齊物我」對於「齊死生」「齊是非」的作用，以及三者的關係，同時，〈齊物論〉將「莊周夢蝶」這則寓言置於全篇之末，作爲結論，其用意也就可以推想而知了。

四、結　語

《莊子．齊物論篇》，在義蘊的表達上，有三個重要的主旨，分別是「齊物我」、「齊死生」、與「齊是非」。要了解「齊死生」與「齊是非」，需要先了解「齊物我」；要了解「齊物我」，需要先了解「莊周夢蝶」的寓言；要了解「莊周夢爲胡蝶」的究竟意義，又需要先了解「物化」的眞實意義。

因此，我們可以說，「物化」，是「齊物我」的基礎；「齊物我」，則是「齊死生」與「齊是非」的基礎；而「莊周夢爲胡蝶」，「不知周之夢爲胡蝶與？胡蝶之夢爲周與？」則又是爲「物化」的意義，作出了譬喻性的解釋。

附　注

❶ 此則寓言，在文字方面，很多學者都提出了校勘方面的意見，像王叔岷教授的《莊子校詮》曾說：「昔，借為夕，猶夜也。」劉文典的《莊子瑣記》曾說：「自喻適志與五字，疑是後人注語，誤入正文者也。」張默生的《莊子新釋》則說：「（周與蝴蝶，則必有分矣）二句，石永楙氏謂注文誤入，文義難通，其說極是。」

蔣錫昌的《莊子哲學．齊物論校釋》則以為：「《釋文》謂栩栩，崔本作翩翩，當從之。」都可作為參考之資。

❷ 歷來的注解，舉其較具代表的，像郭象的《莊子注》、林希逸的《莊子口義》，以為是夢覺難分；呂吉甫的《莊子解》、陸西星的《南華真經副墨》，又以為是夢覺相異；至於當代，則陳鼓應先生的《莊子哲學》，更借著卡夫卡之《變形記》，以作解釋。

❸ 見《莊子．齊物論篇》。《莊子．大宗師篇》也有類似的言論：「且汝夢為鳥而厲乎天，夢為魚而沒於淵，不識今之言者，其覺者乎？其夢者乎？」

❹ 此處姑從石永楙氏所校，以「周與蝴蝶，則必有分矣」二句為衍文。

❺《莊子．至樂篇》此段文字脫略甚多，王叔岷教授《莊子校詮》於此處校補極多，可資參考。

❻ 見《莊子．田子方篇》。

❼ 見《莊子．知北遊篇》。

❽ 見《莊子．寓言篇》。

❾ 引見焦竑《莊子翼》。

❿ 此據文海出版社影印之嘉慶癸亥年重刻本。

⓫ 此據藝文印書館影印同治六年半畝園刊本。

⓬ 此據世界書局排印本。

⓭〈齊物論〉一篇的分段，歷來學者，或有差異，此則以較通行者為據。

⓮ 此據河洛出版社影印點校郭慶藩《莊子集釋》本。

⓯ 引見焦竑《莊子翼》。

⓰ 此據建康書局影印金陵刻經處刊本。

⑰ 此據新天地書局所影印光緒十九年怡顏齋刊本。

⑱ 此據光緒三十年合肥李氏刊本。

⑲ 此據臺灣中華書局印行本。

《莊子》「爲惡無近刑」解詁獻疑

《莊子・養生主篇》，約可分爲五個段落，第一段中提出了「爲善無近名」、「爲惡無近刑」、「緣督以爲經」等三個綱領，二至四段是「庖丁解牛」、「右師之介」、「澤雉之善」等三個譬喻，分別與首段中的三個綱領，作爲印證，第五段則是「薪盡火傳」的結語。

《養生主篇》首段中提到「爲善無近名，爲惡無近刑」，從常情而論，「爲善」而易於近名，「爲惡」而易於近刑，這是很自然的現象，但是，莊子此文，卻是希望「爲善」而不近乎名，「爲惡」而不近乎刑，此文二句，上句易解易通，下句卻頗爲費解，因爲，《莊子》這兩句，相對成文，語法一律，在訓釋上，照理也應當語義一致才是，不過，上句的「爲善無近名」，如果解釋爲「作善行不可近於好名」，則下句的「爲惡無近刑」，也勢必解釋爲「作惡行不可近於刑戮」，果眞如此，則是莊子公然主張人們可以爲惡，只要能規避刑網，即可以安然而自得，這種解釋，似乎不是《莊子》此句的眞義，然則，《莊子》此句，究竟應該如何去作詮釋呢？

〈養生主〉篇首段中的三個綱領，「爲善無近名，爲惡無近刑，緣督以爲經」，彼此之間，自然有密切的關係，對這三句，歷來的注解，卻異說頗多，尤其是「爲惡無近刑」，更有多方的解說，以下，僅擇瀏覽所及，選其較具代表性的說法，列舉如下，並略加檢討。例如郭象《莊子注》說：

忘善惡而居中，任萬物之自爲，悶然與至當爲一，故刑名遠己而全理在身也。

又說：

順中以爲常也。❶

郭象釋「緣督以爲經」作「順中以爲常」，他既提出了「中」的觀念，以「中」釋「督」，以「常」釋「經」，很自然地，對於「爲善」「爲惡」兩句，便提出了「忘善惡而居中」，以及「刑名遠己」的說法，他以爲，「不爲善」「不爲惡」，自然是取其「中」道了，能如此，才能作到「緣督以爲經」、「順中以爲常」的理想，才是順應自然的常道。成玄英《莊子疏》說：

夫有爲俗學，抑乃多徒，要切而言，莫先善惡。故爲善也無不近乎名譽，爲惡也無不鄰乎刑戮。是知俗知俗學，未足以救前知，適有疲役心靈，更增危殆。

又說：

緣，順也；督，中也；經，常也。夫善惡兩忘，刑名雙遣，故能順一中之道，處眞常之德，虛夷任物，與世推遷。養生之妙，在乎茲矣。❷

成玄英的《莊子疏》，以疏釋郭象的《莊子注》爲主，在義理上，自然也常以郭象之說，爲其依歸，所以，對於莊子的那兩句話，成玄英也是以「善惡兩忘」，「刑名雙遣」，去作解釋，固然，「爲善」易於「近名」，「爲惡」易於「近刑」，「近名」「近刑」，對於「順中以爲常」的「養生」之事，不免易於受到拘束，喪失主宰，自然也會產生或多或少的影響，所以，就「養生」而言，不爲善，不爲惡，善惡兩皆不爲，刑名兩皆不及，在義理上，自屬可通，但是，在文辭上，莊子只說「爲善無近名，爲惡無近刑」，成玄英卻將之釋作「爲善也無不近乎名譽，爲惡也無不鄰乎刑戮」，其實，「無不」並不與「無」相當，成玄英以「無不」釋「無」，以否定的否定，去詮釋否定的意義，卻正是增字解經，（增「不」字）適足使文句造成意義相反的結果，因爲，否定的否定，等於肯定，所以，「爲善也無不近乎名譽，爲惡也無不鄰乎刑戮」，正是「爲善必近名，爲惡必近刑」另一種表達的方式，這樣的詮釋，與莊子的「爲善無近名，爲惡無近刑」，豈不正好相反？又如何可以通達呢？或許，成玄英受到郭象「忘善惡」的影響，一心只想「善惡兩忘」，所以才會不顧《莊子》這兩句文辭解釋的是否安妥，而只求在義理上牽就郭象的說法了。張默生《莊子新釋》說：

> 以上二句，當係倒句，當解作「無爲善近名，無爲惡近刑」也，即言善惡皆不當爲，始合於「緣督爲經」之理，始合於莊子哲學之思想。

又說：

> 督既有中空之義，則緣督以爲經，即是凡事當處之以虛，作爲養生的常法，既不爲

惡，亦不爲善，如此，則名固不至，刑亦不及，可得從容之餘地，以全其生命。❸

張默生以爲，莊子養生之事，應該是善惡皆所不爲，名刑都所不及，才是緣督處虛的常法，基本上，這種看法，仍然是祖述郭象與成玄英的觀點，（郭象與成玄英的這種觀點，確實曾大量地影響到許多後世學者們的看法）不過，張默生以「無爲善近名，無爲惡近刑」去詮釋「爲善無近名，爲惡無近刑」，以爲兩者是倒句的現象，其實，張默生將莊子這兩句中的「無」字，改置於兩句的句首，並不是倒句的型式，而只是將莊子肯定的句式，改變成爲否定的句式而已，兩者在文辭所表現的意義上，是恰好相反的。

要之，從《莊子》這兩句的文辭上來看，莊子所說的是「爲」，是「爲善」「爲惡」，而郭象、成玄英、張默生等人所詮釋的，卻是「不爲」，是「不爲善」「不爲惡」。因此，莊子這兩句話的意義，似乎可以從「爲善」「爲惡」的角度，再試作詮釋。王師叔岷教授〈有莊子「爲善無近名爲惡無近刑」新解〉一文，他的解釋是：

所謂善惡，乃就養生言之，「爲善」謂「善養生」，「爲惡」謂「不善養生」，「爲善無近名」，謂「善養生無近於浮虛」，益生、長壽之類，所謂浮虛也。「爲惡無近刑」，謂「不善養生無近於傷殘」，勞形、虧精之類，所謂傷殘也。❹

王教授在此文中，是站在「爲」的立場，是站在「爲善」「爲惡」的觀點，去解釋莊子此二句，這是他與郭象、成玄英、張默生等人不同的地方，同時，他是尅就「養生」的意義，將

「爲善」「爲惡」，解釋爲「善養生」「不善養生」（而不解作「爲善行」「爲惡行」），將「近名」「近刑」解釋爲「近於浮虛」「近於傷殘」，當然，在「養生」的前提下，這種解釋，是十分合理的，意義也最貼近《莊子》此二句的文辭。不過，從字面上說，「爲善」「爲惡」如果解作是「善養生」「不善養生」，則「爲善」「爲惡」，實相當於「爲之善」「爲之惡」，或「爲而善」「爲而惡」。「爲善」「爲惡」，是否可以解作爲「爲之善」「爲之惡」，或解作爲「爲而善」「爲而惡」，便是很重要的關鍵了，這是筆者稍有所疑的地方。另外，屈復在《南華通》中曾說：

> 善惡二字，當就境遇上說，人生之境，順逆不一，窮通異致，順而且通，所謂善境也，窮而且逆者，所謂惡境也。吾之境而爲善歟，此時易于有名，而吾無求名之心，不唯不求而已，即德輝所著，自然有名，而吾亦淡然忘之，不以動于中，如澤雉之神王，而不自知其善也。吾之境而爲惡歟，此時難于免刑，而吾無致刑之道，不唯無以致之而已，即數奇命厄，卒不免刑，而吾亦恬然安之，不以神吾神，如右師之刖足，而以爲天所生也。❺

屈復以爲《莊子》此兩句中，「善」「惡」二字，當就「境遇」上說，以爲「善」指人生際遇中的「順境」，「惡」指人生際遇中的「逆境」。因此，以爲人生如果遭遇「順境」，便當「無求名之心」，如果遭遇「逆境」，便當「無致刑之道」，再進一步，即使不免近名近刑，也當「淡然忘之」、「恬然安之」、「不以動于中」、「不以神吾神」，自然，在這種解釋中，「爲善」「爲惡」的「爲」字，便只能作「是」字解，引申而作「當」、作「遭遇」解，這在古訓上，倒也是常見的詮解，因此，《莊子》的那兩句，便應解釋爲人生在世，「如果是遭遇順境，自己就應不近於名，如果是遇到逆境，自己就應不近於刑」，這種解釋，在文辭上，雖然稍嫌曲折，卻也能顯得暢順無礙，只是，在義理的貫通上，個人稍有懷疑的是，人生的「順境」「逆境」，與「養生」之事的「緣督以爲徑」，似乎關係極少，似乎不値得莊子在此處强調作爲「養生」的綱領或原則，而與「緣督以爲經」去相提並論。當然，如果說，人在「順境」或「逆境」之中，易於近於名近於刑，因而，也易於影響到「順中以爲常」的「養生」工夫，則人生際遇的順逆，似乎與「養生」也有著某些關聯，但是，果眞如此，莊子爲何不像提出「緣督以爲經」的綱領緊扣「順中以爲常」的意義一樣，直接地陳述不近「名」「刑」的重要，告訴人們要「名」「刑」兩忘，何必要從「爲善」「爲惡」的「境遇」入手，而在義蘊的表達上不煩去多繞幾層曲折的道路，才轉入「養生」的本題呢？這不免是令人不能無疑的地方。另外，釋性通《南華發覆》也說：

凡才美技能濟人利物，但爲之善，只是不要近名，化貸萬物而民弗恃，有莫舉名而物自喜，乃爲之善也。惡者，死生窮達貧富夭壽，凡所處不善之地，境界橫逆，便是惡也，一涉此境，只是安于義命，不以好惡内傷其身，不滑和，生之主不得而傷，此謂無近刑。❻

釋性通解《莊子》此文上句「爲善」作「爲之善」，他雖然自言「爲之善」，但從上下文意義中去推敲，卻實在是指「爲善」，因爲，「濟人利物」、「化貸萬物」，都是指「作善行」之事。至於《莊子》此文下句，釋性通則與屈復一樣，也是從「境遇」上去詮說「爲惡」，但卻比屈復的解釋，更爲合理，可是，他的詮說，也與屈復一樣，不免也有一些可疑的地方。吳怡先生在〈莊子內篇中的一些重要術語〉一文中解《莊子》此二句時曾說：

> 此處的兩個「爲」字，不宜當作「行」或「做」解，而應當作「爲了」或「對於」解，如爲名爲利。因此，「爲惡無近刑」，可解作對於罪惡要小心，不使自己因它而受到刑累。……此處的惡，不只是指有罪的行爲，而是泛指一般的欲望，和罪惡的引誘。……莊子說：「爲外刑者，金與木也。爲內刑者，動與過也。宵人之離外刑者，金木訊之，離內刑者，陰陽食之。夫免乎外內之刑者，惟眞人能之。」（〈列禦寇〉）所以，這句話的意思，也就是說身處在各種罪惡的引誘，和慾念的包圍中，我們千萬要小心不使自己的內心遭受到內刑，而有不安與憂患，這才能眞正的養神。❼

吳先生以爲「爲善」「爲惡」的「爲」，不應作「行」或「做」解，而應作「爲了」或「對於」解，如爲名爲利。又解「惡」爲「罪惡」「慾望」的引誘。又解「刑」爲「刑累」，並引《莊子．列禦寇》中的「外刑」與「內刑」爲證，他的解釋，對於《莊子》中這句「爲惡無近刑」的解釋，說服力是很强的。但是，「爲善」「爲惡」的「爲」字，確有「爲了」「因爲」之義，在詁訓上卻似並無「對於」之義，而「爲名爲利」，一般也只解爲「爲了名爲了利」，不必解爲「對於名對於利」，其次，吳先生在此文的前段中提到的「刑累」，似乎偏重在「金木訊之」的「外刑」，在此文後段中提到的「刑累」，似乎又偏重在「陰陽食之」的「內刑」，要之，「內刑」「外刑」都是「刑累」，在此處細加區別，關係並不太大，主要的是意義的解釋，必須在「爲」字解作「對於」的前提之下，此句的文義，才能前後貫穿爲解，否則，如果在「爲」字解作「爲了」「因爲」的前提之下，此句的文義的詮解，就不易貫穿地詮解了，但是，「爲」字解作「對於」，又很少見之於其他的古籍之中。

總之，《莊子·養生主》中「爲善無近名，爲惡無近刑」這兩句話，上句無論如何解釋，似乎都能言之成理，而下句在解釋上，似乎無論如何解釋，都不易獲得圓滿的解答，何況，這兩句話，句式一律，在解釋時，還要兼顧到兩句的文義相類的原則呢！在前賢們的解釋中，對於這兩句中的「爲」字，有人將它釋之爲「不爲」的意義，有人將它釋之爲「作爲」的意義，有人將它釋之爲「遭遇」的意義，有人將它釋之爲「對於」的意義。只是，對於《莊子》這兩句話，有些解釋能通於義理，在文辭上卻不能毫無阻礙，有些解釋能暢於文辭，卻又在義理上不能毫無黏滯，不免形成一個兩難的局面，前賢們的心血，自然值得人們去感謝去參考，但要求取一個義理文辭，兩皆貼切的解釋，似乎還有待於大家更多的努力吧！

附注

❶ 此據河洛出版社影印點校郭慶藩《莊子集釋》本，民國六十三年三月出版。

❷ 同注❶。

❸ 此據臺灣時代書局印行本，民國六十三年元月出版。

❹ 此文收入王教授所著《莊學管窺》，民國六十七年三月藝文印書館出版。

❺ 此據清道光十五年朝色劉氏刊本。

❻ 此據明天啓間刊本。

❼ 收文收入吳先生所著《逍遙的莊子》一書，民國七十三年十月東大圖書公司印行。

釋《莊子・養生主篇》「薪盡火傳」的喻義

《莊子・養生主》一篇，約可分爲五個段落，第一段是總綱，二至四段是與總綱相呼應印證的譬喻，第五段是結語。

在第一段中，莊子由「吾生也有涯，而知也無涯」中，首先提出了「知」的問題，作爲是「養生」（或者是「養其生主」）的重要障礙，同時，也提出了「養生」的三個綱領，包括積極性的主要綱領「緣督以爲經」，消極性的輔助綱領「爲善無近名」與「爲惡無近刑」，另外，也提出了從事「養生」，所能獲致的四個效果——「保身」、「全生」、「養親」、「盡年」。

在第二段中，莊子藉著有名的「庖丁解牛」的寓言，以寄寓悟道者在盤根錯節、複雜萬端的社會中，游刃有餘、善保生主的要義，也寄託了他那「緣督以爲經」、「順中以爲常」的理論。

在第三段中，莊子藉著「右師」之介，「知其天也，非人也」，表達了「右師」不愼「爲惡近刑」的結果，也反襯出悟道者應當「爲惡無近刑」的理想。

在第四段中，莊子藉著「澤雉」的「不蘄畜乎樊中」、「神雖王，不善也」，襯託出悟道者應當「爲善無近名」的理想。

在第五段中，莊子藉著「老聃死，秦失弔之」的寓言，導引出養生者必須面對的終極關懷——勘破生死大關，才能徹悟生命的眞諦，才算善盡養生的極則。因此，也才導引出「薪盡火傳」的結論。當然，「指窮於爲薪，火傳也，不知其盡也」，只是一個譬喻，不過，譬喻背後所具含的寓義，究何所指？卻是值得探索的問題，但是，在這方面，歷來的注釋，卻顯得眾說紛紜，莫衷一是，像焦竑在《焦氏筆乘》中曾說：

案佛典有解此者曰，火之傳於薪，猶神之傳於形，火之傳異薪，猶神之傳異形，前薪非後薪，則知指窮之術妙，前形非後形，則悟情數之感深，惑者見形朽於一生，便謂神情共喪，猶睹火窮於一木，便謂終期都盡，可乎？❶

郭階在《莊子識小》中也曾說道：

薪盡火傳，階案蒙莊已先將釋家輪迴之說道出矣，儒家未嘗不知，不言，慮生流弊，居生言生，亦素位之意，繹莊意，養氣者得入輪迴，否則，盡異於釋家六道輪迴。❷

焦竑與郭階，都是以佛家輪迴的觀點，去解釋《莊子》此文的意義，他們以爲，人的形體雖會衰滅，人的精神卻不會衰滅，人的精神在所寄託的形體衰滅之後，會另覓別的形體，用以寄寓，這就如同火寄於前薪，前薪燃盡，火再轉寄於後薪一樣，火永不滅，人的精神也永不澌滅，這是以佛家六道輪迴的觀點，去解說莊子對於生命的看法，不過，六道輪迴，必依因果，而莊子薪火之喻，卻看不出有因果的依存關係。又如王夫之《莊子解》曾說：

> 以有涯隨無涯者，火傳矣，猶不知薪之盡也。夫薪可以屈指盡，而火不可窮，不可窮者，生之主也。寓於薪，而以薪爲火，不亦愚乎！蓋人之生也，形成而神因附之，形弊而不足以居神，則神舍之而去，舍之而去，而神者非神也。寓於形而謂之神，不寓於形，天而已矣。❸

屈復《南華通》也說：

> 生形有斃，生理不息，未生之初，此理已具，既死之後，此理常存，如薪與火，薪燃火發，薪盡火熄，然而此火之理，自在宇宙，後復有薪，復能燃火，前薪不同于後薪，形百變而不齊，後火無殊于前火，理亘古而不易。❹

王夫之與屈復，似乎是從儒家的生命觀點，去解釋《莊子》此文的意義。王夫之以爲，人生於世，有了形體，精神才有所寄託，等到形體衰老病敝，不再能夠承載精神，則精神於是離之而去，還歸於自然之間，這也如同火寄託在薪中一樣，薪可以燃盡，但火仍可傳天地之間。屈復以爲，人之有生有死，如同天地之有晝有夜，都是必然的現象，人生在世，形體雖然衰老頹斃，而其所以能生之理，卻常存天地之間，就如薪雖有盡，火卻可以常存在宇宙之中，遇到有可燃之薪，火依舊可以再次燃燒照亮。這都是以儒家的生命不朽觀，去解釋《莊子》此文的意義。又如成玄英《莊子疏》說：

> 言人然火，用手前之，能盡然火之理者，前薪雖盡，後薪以續，前後相繼，故火不滅

也。亦猶善養生者，隨變任化，與物俱遷，故吾新吾，曾無係戀，未始非我，故續而不絕者也。夫迷妄之徒，役情執固，豈知新新不住，念念遷流，昨日之我，於今已盡，今日之我，更生於後耶！❺

陳啓天《莊子淺說》也說：

《郭注》於薪字絕句，茲依《崔注》於火字絕句，《釋文》崔云：「薪火，爝火也。」傳，轉也，猶言化也，盡，謂消滅也。此文猶謂以脂膏爲薪火而燒盡，乃一種轉化，非消滅也。比喻人由生而死，亦不過一種轉化，不必悲也。如此解釋，始與上文「安時處順」之說相應。❻

成玄英與陳啓天的解釋，似乎是以道家的觀點，去解釋《莊子》此文的意義，似乎也最接近莊子思想的眞義。

以下，我們就以莊子本身對於生死的看法，去印證薪火之喻的含義。《莊子・知北遊篇》說：

生也死之徒，死也生之始，孰知其紀。人之生，氣之聚也，聚則爲生，散則爲死。若死生爲徒，吾又何患？故萬物一也，是其所美者爲神奇，其所惡者爲臭腐，臭腐復化爲神奇，神奇復化爲臭腐，故曰，通天下一氣耳。

莊子以爲，人的生命，在天地之間，主要是「氣」的聚散，是「氣」的轉化，所以說是「通天下一氣耳」，當氣聚的時候，人則有生，當氣散的時候，人則有死，人們雖然不免愛生而惡死，但是，如果人們能了解生死之際，有如反覆相隨，那麼，也就應該採取順應自然的態度，而不必過於愛生而惡死了。《莊子・至樂篇》記載：

> 莊子妻死，惠子弔之，莊子則方箕踞鼓盆而歌，惠子曰：「與人居，長子老身，死，不哭，亦足矣，又鼓盆而歌，不亦甚乎！」莊子曰：「不然，是其始死也，我獨何能無慨然！察其始而本無生，非徒無生也，而本無形，非徒無形也，而本無氣。雜乎芒芴之間，變而有氣，氣變而有形，形變而有生，今又變而死，是相與爲春秋冬夏四時行也，人且偃然寢於巨室，而我噭噭然隨而哭之，自以爲不通乎命，故止也。」

在此處，莊子以爲，人的生命，是來自於自然，由無生無形無氣，逐漸變而有氣息，由有氣息，進而至於有形體，由有形體，進而至於有生命，最後，人的生命，又逐漸變而至於老死，以消失其形而還歸於自然，因此，莊子將生命的轉變以至於死亡的現象，譬喻爲「春秋冬夏」四時的運行一般，是一個自然而必然的現象。《莊子・至樂篇》也說：

> 支離叔與滑介叔觀於冥伯之丘，崑崙之虛，黃帝之所休，俄而柳生其左肘，其意蹷蹷然惡之，支離叔曰：「子惡之乎？」滑介叔曰：「亡，予何惡！生者假借也，假之而生生者，塵垢也。死生爲晝夜，且吾與子觀化而化及我，我又何惡焉！」

莊子藉著此一寓言，主要以爲，人的生命，來自於大自然，如同借自於大自然一樣，將來老死之後，仍將還之於大自然，也如同借物之後，也將還歸其物一般，因此，莊子將生命以至死亡的轉變現象，譬喻爲如同「晝夜」的運行一般。因此，在〈大宗師〉篇中，莊子也特別强調了「死生，命也，其有夜旦之常，天也」的意義，在〈田子方〉篇中，莊子也强調了「死生終始將爲晝夜而莫之能滑」的意義，他以爲，人的生命，由生至死，乃是一種自然的現象，這種現象，也就如同宇宙中有晝夜的變化一樣，都是一種不能改易的天然常則。因此，他也以爲，人生於世，只能順應生命的自然演化，而不能勉强求其生命的長生久視，莊子以爲，「大塊載我以形，勞我以生，佚我以老，息我以死，故善吾生者，乃所以善吾死也」（〈大宗師〉），人生在世，生息老死，是自然的規律，人們只要在生存時善於安適身心，也就能在面對死亡時也同樣地求其身心的安適了。《莊子・知北遊篇》又說：

> 人生天地之間，若白駒之過郤，忽然而已，注然勃然，莫不出焉，油然漻然，莫不入焉。已化而生，又化而死，生物哀之，人類悲之，解其天弢，墮其天袟，紛乎宛乎，魂魄將往，乃身從之，乃大歸乎！不形之形，形之不形，是人之所同知也。

莊子以爲，人生在世，匆匆而過，爲時甚暫，正與宇宙間的萬物一樣，當它們的生命力充沛的時候，沒有不興盛而生長的，當它們的生命力萎縮消散的時候，沒有不衰弱而死亡的，因此，人生於世，不過是順著自然的變化而生，又順著自然的變化而死，等到死亡的到來，一切有生之物不免加以悲哀，所以人類也不免對之傷悼，其實，生物的死亡，不過像是自然界解除了弓套，脫棄了劍囊一般，是一種不用時自然的解脫，魂魄也自然地消逝，形體也自然地腐朽，因此，人從無形到有形，再從有形到無形，實際上也是一種回歸自然的行爲，又何足驚異呢！〈大宗師篇〉曾經提到，悟道之人，能夠「與造物者爲人，而遊乎天地之一氣，彼以生爲附贅縣疣，以死爲決疣潰癰，夫若然者，又惡知死生先後之所在。」也是站在回歸自然的立場，而討論到人生在世的意義的。

莊子曾經說道：「天下有大戒二，其一命也，其一義也。」又說：「知其不可奈何而安之若命，德之至也。」（〈人間世〉）他所說的「命」，是自然存在而無可變改的事項，因此，對於人生在世的由生至死，莊子也自然以「命」視之，莊子既然有著如此的生命觀，因此，對於人生在世的生息老死，自也認爲應當坦然對之，因此，他說：「古之眞人，不知說生，不知惡死」（〈大宗師〉），「明乎坦途，故生而不說，死而不禍」（〈秋水〉），他以爲，眞正能夠體悟大道的「眞人」，必然能夠面對生死的變化，而無所欣喜憂懼，而悚動其心，內傷於己的，所以莊子主張，人生在世，要「有人之形，無人之情」，要「不以好惡內傷其身，常因自然而不益生」（〈德充符〉），所以，莊子在〈養生主篇〉中，也藉著「老聃死，秦失弔之」的寓言，而提出了「適來，夫子時也，適去，夫子順也，安時而處順，哀樂不能入也」的人生態度，要人們去安於這種生死變化自然的本眞。

要之，從莊子本身的生命觀去作了解，就會發現，他對生死的看法，既不同於佛教思想中靈魂不滅的「六道輪迴觀」，也不同於儒家思想中立德立功立言的「精神不朽觀」，莊子所主張的，仍然只是道家思想中生死演進的「生命轉化觀」。因此，〈養生主〉篇末所歸結的

「薪盡火傳」的譬喻意義，自然也只是一種生命的轉化，形體有演變，生主卻長存。也因此，比較起來，成玄英與陳啓天二人對於「薪火」之喻所作的解釋，自然也較爲符合莊子本身的用意，而易於爲人們所接受了。

附注

❶ 見焦竑《莊子翼》所引。
❷ 此據清光緒十五年刊本。
❸ 此據曾刻《船山遺書》本。
❹ 此據清道光十五年朝邑劉氏刊本。
❺ 此據河洛出版社影印點校之郭慶藩《莊子集釋》所引用者。
❻ 此據民國六十年七月臺灣中華書局初版本。

《莊子》寓言中所顯示的「無用之用」

莊子生值衰亂之世，當時是非混淆，天下沉濁，因此，他不得不藉著「寓言」的方式，去表示他的觀點，以傳達他的思想，以糾正世人的錯謬，因此，在莊子書中，他舉出了許多則「寓言」，去表示他對於人間事務「有用」「無用」的看法，《莊子·人間世篇》曾說：

> 匠石之齊，至於曲轅，見櫟社樹，其大蔽數千牛，絜之百圍，其高臨山十仞而後有枝，其可以爲舟者旁十數，觀者如市，匠伯不顧，遂行不輟。弟子厭觀之，走及匠石，曰：「自吾執斧斤以隨夫子，未嘗見材如此其美也，先生不肯視，行不輟，何邪？」曰：「已矣，勿言之矣，散木也，以爲舟則沉，以爲棺槨則速腐，以爲器則速毀，以爲門戶則液樠，以爲柱則蠹，是不材之木也，無所可用，故能若是之壽。」匠石歸，櫟社見夢曰：「女將惡乎比予哉？若將比予於文木邪？……且予求無所可用久矣，幾死，乃今得之，爲予大用，使予也而有用，且得有此大也邪？……」

在這則寓言中，莊子提到一株櫟社的大樹，其大可以遮蔽數千頭牛，在旁觀看的人，如同市集，而匠石卻絲毫不加顧視，以爲是「無所可用」之木，反之，櫟社之樹，卻以爲那正是自己的「爲予大用」，而且，它也歷經了千辛萬苦，「求無所可用，久矣」，好不容易才達到了世俗之人心目中「無所可用」的地步，它也以爲，「使予也而有用，且得有此大也邪？」

所以，櫟社之樹保護自己的方法，確是與眾不同的，從這則寓言中，莊子希望人們了解，世俗之人所以視爲「無用」的事物，換一個立場去看，或許就正可以成其爲「大用」呢！〈人間世篇〉又說：

南伯子綦遊乎商之丘，見大木焉有異，結駟千乘，隱將芘其所藾，子綦曰：「此何木也哉？此必有異材夫！」仰而視其細枝，則拳曲而不可以爲棟梁，俯而視其大根，則軸解而不可以爲棺槨，咶其葉，則口爛而傷，嗅之，則使人狂酲，三日而不已。」子綦曰：「此果不材之木也，以至於此其大也，嗟乎神人，以此不材！」

在這則寓言中，莊子提到一株可以庇蔭千輛車乘的大樹，它的枝幹拳曲，大根中空，綠葉含毒，完全不合乎世俗之人的用處，完全是一株「不材之木」，但是，正因爲它對於世俗之人的「無用」，也才能夠在紛繁錯雜的世界中，「於此其大」，享受到如此的高年，生長得如此地高大，從這則寓言中，莊子希望人們了解，一般世俗之人認爲是「不材」的「無用」之物，換一個角度去看，或許就正是「有用」的「大材」呢！〈人間世篇〉又說：

宋有荆氏者，宜楸柏桑，其拱把而上者，求狙猴之杙者斬之，三圍四圍，求高名之麗者斬之，七圍八圍，貴人富商之家求樿傍者斬之，故未終其天年，而中道之夭於斧斤，此材之患也。故解之以牛之白顙者與豚之亢鼻者，與人有痔病者，不可以適河，此皆巫祝以知之矣，所以爲不祥也，此乃神人之所以爲大祥也。

在這則寓言中，莊子提到荆氏的土壤肥沃，最適合種植楸樹柏樹和桑樹，但是，荆氏地方所種植的楸柏桑樹，卻因爲材質佳美，既可以作爲拴捆猿猴的木柱，也可以作爲房屋的棟梁，又可以作爲長者的壽棺，因此，附近人家，都需「材」孔亟，往往等不到樹木的成長高大，就已經爭相購用，爭相斬伐，所以，荆氏地方的楸樹柏樹桑樹，就世俗之人的眼光來看，那是最爲「有用」的美材，但是，如果就樹木本身的立場來看，不終天年，中道而夭，又豈是樹木自己所希望看到的結果呢？所以莊子說，「此材之患也」。同樣的道理，在祭典中，適合祭神之用的人與豬牛，將被投於河中而犧牲生命，不適合祭神之用的人與豬牛，卻反而保全了生命，所以，「吉祥」與「不吉祥」，「有用」與「無用」，就要看是站在什麼立場去考慮了，從這則寓言中，莊子希望人們了解，世俗之人認爲是「有用」之物，換一個觀點去看，對於自己，或許正是「無用」之物呢！〈人間世篇〉又說：

> 支離疏者，頤隱於臍，肩高於頂，會撮指天，五管在上，兩髀爲脇，挫鍼治繲，足以餬口，鼓筴播精，足以食十人，上徵武士，則支離攘臂而遊於其間，上有大役，則支離以有常疾不受功，上與病者粟，則受三鍾與十束薪，夫支離其形者，猶足以養其身，終其天年，又況支離其德者乎！

在這則寓言中，莊子提到一個身體殘缺、奇形怪狀、被世俗視爲是「無用」的人，卻在國家徵兵作戰時，不受徵召，在政府徵集民力時，避免苦役，反之，卻在君主濟助病患時，得到豐厚的饋助，從這則寓言中，莊子希望人們了解，世俗觀念中的「有用」與「無用」，實在是不能夠一成不變，而輕率地去加以斷定的，因此，莊子也在提醒世人，對於任何事物的價值判斷，都應審慎地思考，多方去鑒察，然後才可以去作出評斷的。《莊子・逍遙遊篇》說：

> 惠子謂莊子曰：「魏王貽我大瓠之種，我樹之而實五石，以盛水漿，其堅不能自舉也，剖之以爲瓢，則瓠落無所容，非不呺然大也，吾爲其無用而掊之。」莊子曰：「夫子固拙於用大矣，宋人有善爲不龜手之藥者，世世以洴澼絖爲事，客聞之，請買其方百金，聚族而謀曰：『我世世爲洴澼絖，不過數金，今一朝而鬻技百金，請與之。』客得之，以說吳王，越有難，吳王使之將，冬，與越人水戰，大敗越人，裂地而封之，能不龜手，一也，或以封，或不免於洴澼絖，則所用之異也，今子有五石之瓠，何不慮以爲大樽而浮乎江湖，而憂其瓠落無所容，則夫子猶有蓬之心也夫。」

在這則寓言中，莊子提到惠子有一個容量可達五石之多的大葫蘆，卻又憂慮它質料過於輕薄，不能裝盛水漿，體積又過於龐大，不能用作水瓢，因而認爲那是「無用」之物，相對地，莊子卻告訴惠子，「何不慮以爲大樽，而浮乎江湖」，正可以利用大瓠作爲浮泳的工具，以遨遊於五湖三江，豈不是逍遙而自在？從這則寓言中，莊子希望人們了解，原先被視爲是「無用」之物，在使用時，只要方法角度，稍作調整，或許就能夠轉變爲「有大用」的東西哩！《逍遙遊篇》又說：

惠子謂莊子曰：「吾有大樹，人謂之樗，其大本擁腫而不中繩墨，其小枝卷曲而不中規矩，立之塗，匠者不顧，今子之言，大而無用，衆所同去也。」莊子曰：「子獨不見狸狌乎？卑身而伏，以候敖者，東西跳梁，不辟高下，中於機辟，死於罔罟，今夫斄牛，其大若垂天之雲，此能爲大矣，而不能執鼠，今子有大樹，患其無用，何不樹之於無何有之鄉，廣莫之野，彷徨乎無爲其側，逍遙乎寢臥其下，不夭斤斧，物無害者，無所可用，安所困苦哉！」

在這則寓言中，莊子以狸貓與黃鼠狼的東西跳梁，擅於捕食小動物，而與斄牛的體大若雲，不能執鼠，作出了小大的對比，顯示出任何事物，其實都各有所長，也都各有所短，因此，從這則寓言中，莊子希望人們了解，任何事物只要是用其所長，自然會成爲「有用」之物，反之，用其所短，自然也將成其爲「無用」之物了。《莊子・外物篇》曾經記載：

惠子謂莊子曰：「子言無用。」莊子曰：「知無用而始可與言用矣，天地非不廣且大也，人之所用，容足耳，然則廁足而墊之致黃泉，人尚有用乎！」惠子曰：「無用。」莊子曰：「然則無用之爲用也亦明也。」

在這則寓言中，莊子提到，人在大地之上，每個人的立足之地，不過只是一尺見方左右，但是，假如將立足以後的土地，都挖掘成爲懸崖峭壁，下臨萬丈深淵，那麼，人們所立足的方尺之地，對人們而言，還能有什麼用處呢？莊子在〈徐无鬼篇〉中也說：「足之於地也踐，雖踐，恃其所不蹍而後善博也。」人們立足之地的所以有用，是由於有著其足所踐履不到的地方，才能產生逐步行遠的功能，因此，「無用之爲用也亦明矣」，在此，莊子希望人們了解的是，「有用」與「無用」之間，往往是相須爲用，很難截然劃分開來的，很多人世間表面上「有用」的事物，都是在人們不經意之中，藉「無用」的事物作爲基礎而完成的，反之，世俗之間認爲「有用」的事物，卻往往爲自己召致到戕傷與災禍，莊子在〈人間世〉篇之末，曾經很感慨地說：「山木自寇也，膏火自煎也，桂可食，故伐之，漆可用，故割之，人皆知有用之用，而莫知無用之用也。」也許，人們都不免有些短視，只注意到眼前事物「有用」的用處，而不太會去留意某些事物在「無用」方面的用處，可是，往往世俗以爲「無用」的事物，或許才眞正爲自己帶來了「大用」哪！

從莊子以上的幾則寓言中，我們至少可以了解得到：

第一，對於外在事物「有用」「無用」的認定，只是人們內心的一種價值判斷，不過，這種價值判斷的標準，往往也會隨著人物對象、時代背景、地方環境等因素，而有所改變的，價值判斷的標準改變了，往往「有用」的事物可能變爲「無用」，而「無用」的事物也可能變爲「有用」，因此，人們似不應該對於某一事物，貿然地認定它就是「有用」或「無用」，最簡單的例子，像世俗觀念中最具實用價值的是「金錢」，而在某些情形下，「金錢」也可能變成一無所用的東西。

第二，世俗觀念中以爲「有用」的，也許只是一些「小用」，而世俗以爲「無用」的，卻可能是更高層次的「大用」，而且，許多世俗以爲「有用」的東西，往往卻是以「無用」

作爲基礎，才能發揮其更大的作用，像世人一般觀念都以爲，應用科學是「有用」的，理論科學是「無用」的，但是，如果沒有理論科學作基礎，又那裏會有應用的科學呢！

第三，許多事物，都是各有所長，也各有所短的，能夠各適其用，而用得所長，就會「有用」，反之，不適其用，或用得其短，就會「無用」，像社會上人才的進用，如果能夠發揮其人的優點，自然就成爲「有用」的人才，反之，若是剛巧用到其人的缺點，那自然只能成爲「無用」的非人才了，因此，在社會上，被世俗視爲是「有用」的，不必過於自傲，被世俗視爲是「無用」的，也不必過於自卑，明乎此理，人們對於事物的「有用」與「無用」之間，也就不必執持得那麼堅決了。

第四，人們在對於事物作出價值判斷之時，應該高瞻遠矚，有著超乎世俗的觀點，而不應拘於小智小慧，去屈從世俗的看法，隨波逐流，與世浮沉，以至隨人腳跟，作爲轉移，從而也喪失了自己尋覓眞理的能力。

總之，在現實社會中，人們只有抱持著更謙虛的胸懷，更開闊的心靈，更客觀的態度，拓展了無盡的視野，提升了精神的境域，才能去領悟到人世間的「無用之用」，也才能去體會出宇宙中眞正的「大用」。

《莊子・德充符篇》的寓義要旨與表達方式

一、引　言

《莊子・德充符篇》，强調修德體道之人，如能德充於內，善保其得之於天的自然本性，雖然不求外物的合符，然而誠中形外，內德自然流露，聲應氣求，外物自來相符，他人自來依附，因此，對於「德充符」的解釋，郭象《莊子注》說道：「德充於內，應物於外，外內玄合，信若符命，而遺其形象也。」❶釋憨山《莊子內篇註》說道：「德充於內者，必能遊於形骸之外，而不寢處軀殼之間」，「故學道者，唯務實德充乎內，不必計其虛名見乎外，雖不求知於世，而世未有不知者也。」❷王先謙《莊子集解》也說：「德充於內，自有形外之符驗也。」❸這些看法，都是以爲「德充符」的意義，在於教人尊德性而蔑形貌，重內在而輕外在，以達到忘情去欲的道德境界。

二、寓義要旨

〈德充符篇〉所强調的要旨，約有三項，用莊子自己的話來說，那就是「德有所長而形有所忘」、「才全而德不形」、「有人之形、無人之情」，這三項要旨，自然也是互相關聯，一以貫之的，以下分別說明：

1.德有所長而形有所忘

莊子在〈德充符篇〉中，藉著一些兀者如王駘、申徒嘉、叔山無趾、哀駘它、闉跂支離無脤等形體不全之人，以說明人生在世，應該重德而輕貌，如果能夠充實內在，使「德有所長」，自然能夠不重外貌，而「形有所忘」，因此，莊子主張人與人相交往還，應該注重精神，「遊於形骸之內」，而不當求索他人於「形骸之外」，專重外貌，如果能夠「遊心於德之和」，則進而也可以像王駘一樣，「視喪其足猶遺土也」，像申徒嘉一樣，「吾與夫子遊十九年矣，而未嘗知吾兀者也」，像叔山無趾一樣，覺得自己雖然無足，卻「猶有尊足者存」，像哀駘它一樣，使人與之相處，「雌雄合乎前」，「思而不能去也」，否則，人們如其不能重德輕形，以至於「不忘其所忘而忘其所不忘」，專門注重外貌而輕忽內德，那就是捨本逐末的「誠忘」了。

2.才全而德不形

莊子在〈德充符篇〉中，藉著衛國醜人哀駘它的特殊情況，而提出了「才全」與「德不形」的兩個條件，以為哀駘它必然也是具備了那兩項條件，才能受到人們的喜愛而不願與之相離，所謂「才全」，莊子以為是：

> 死生存亡，窮達貧富，賢與不肖毀譽，饑渴寒暑，是事之變，命之行也。日夜相代乎前，而知不能規乎其始者也，故不足以滑和，不可入於靈府，使之和豫，通而不失於兌，使日夜無郤，而與物為春，是接而生時於心者也，是之謂才全。

莊子以為，死生存亡、窮達貧富、賢不肖毀譽、饑渴寒暑，這十六種境況，是人生在世，經常會遭遇得到的事情，人生在世，或死或生，或存或亡，有人意志不伸，有人鴻圖大展，有人貧無立錐，有人富可敵國，有人不肖，有人得毀，有人獲譽，有人饑寒交迫，有人暑渴難熬，因此，人生在世，際遇各自不同，命運各有良窳，但是，死生存亡、窮達貧富、賢不肖毀譽、饑渴寒暑，這十六種境況，卻都是變化莫測，往往是人們自己所無法主宰控制的事件，也是人們的知識所無法規劃預測的情況。莊子認爲，既然這些情況，是人們所無法主宰的「命」，那麼，與其憂慮不已，庸人自擾，不如聽之任之，坦然對之，而不讓這些不可預知的「命」，去進入到我們的內心深處，去擾亂我們內心原有的和諧寧靜，因此，人們應當保持自己內心深處的和諧愉悅，讓和諧的春風永遠吹拂在自己的心頭，而永遠不要讓那些不可預知的「命運」有絲毫襲進自己心靈的機會，這才可以稱之爲「才全」，才可以稱之爲是保全了人生自然和諧的本質，所以，莊子也才以爲，「知不可奈何而安之若命，唯有德者能之」。至於所謂「德不形」，莊子以爲是：

> 平者，水停之盛也，其可以爲法也，內保之而外不蕩也。德者，成和之修也，德不形者，物不能離也。

莊子以爲，寧靜停頓至極的水，是最爲準平的，不但可以照物，也可取以爲萬物平準的模範，所以，莊子也說，「人莫鑑於流水而鑑於止水，唯止能止眾止」，水之可以爲平準的法則模範，最重要的，是由於水能夠「內保之而外不蕩」，本身能保持其寧靜停頓的狀況，且外在也並無任何動盪搖晃的情況發生，因此，莊子以爲，體德悟道之人，也應該效法水的特性，保持內心和諧寧靜自然的修養，人們如能保有這種內在的修養，雖然自己不求彰顯於外，但是，充實在內，表顯於外的，自然也是和煦似春，暖然如日，外物也自然會聲應氣求，親之近之，取而法之，而不願違離遠去了，這就是所謂的「德不形」，所以，莊子在〈刻意篇〉中也曾說道：「水之性，不雜則清，莫動則平，鬱閉而不流，亦不能清，天德之象也，故曰，純粹而不雜，靜一而不變，淡而無爲，動而以天行，此養神之道也。」莊子在此，更是將「水之性」與人們的「養神之道」，作出了相互的譬喻及聯繫。

3.有人之形，無人之情

在〈德充符〉篇末，莊子藉著與惠子的對話，而提出了人們要「有人之形，無人之情」的看法，〈德充符〉說道：

惠子謂莊子曰：「人故無情乎？」莊子曰：「然。」惠子曰：「人而無情，何以謂之人？」莊子曰：「道與之貌，天與之形，惡得不謂之人？」惠子曰：「既謂之人，惡得無情？」莊子曰：「是非吾所謂情也，吾所謂無情者，言人之不以好惡內傷其身，常因自然而不益生也。」惠子曰：「不益生，何以有其身？」莊子曰：「道與之貌，天與之形，無以好惡內傷其身。今子外乎子之神，勞乎子之精，倚樹而吟，據槁梧而瞑，天選子之形，子以堅白鳴。」

莊子並非不知道凡人都具有感情，但是，莊子以爲，他所謂的「無人之情」，則是希望人們能夠保全自己自然清靜的天德，而不讓外來的喜怒哀樂的感情，內傷到自己的本性，也不讓人心的貪欲私愛，傷害到自己純眞的本質，因此，莊子主張，悟道之人，最好能夠「有人之形，無人之情」，能夠由重德輕貌，以至於忘懷形體，進而忘懷情感，不譴是非，所以他說：「有人之形，故群於人，無人之情，故是非不得於身。」能如此，才能夠「獨成其天」，而保全自己天然的德性。

莊子在〈刻意篇〉中曾經說道：「悲樂者，德之邪；喜怒者，道之過；好惡者，德之失；故心不憂樂，德之至也。」在〈養生主篇〉中曾經說道：「安時而處順，哀樂不能入也，古者謂是帝之懸解。」在〈大宗師篇〉中也曾說道：「安時而處順，哀樂不能入也，此古之所謂縣解也。」在〈田子方篇〉中也說：「喜怒哀樂不入於胸次。」便都是要人們去重內輕外，使一切足以損害內心寧靜和諧的情感，都不再輕易地進入內心，而達到養生養神、全其天德的目的，而不要像惠施一樣，以堅白之說，與人爭鳴，馳騖心靈，疲精勞神，以至於內傷己身，而不自知。

其實，〈德充符篇〉中的這三項要旨，本身也有著相互一貫的關係，因爲，能夠充實內德，自然也會遺忘外貌，逐漸進步到才全而德不形的目標，能夠達到才全而德不形的境地，自然也易於達到有人之形而無人之情的境界，以全其天德。

三、表達方式

〈德充符篇〉的寓義，是尊德而卑形，重內而輕外，不過，莊子在〈德充符篇〉中，表達此一寓義的方式，卻是藉著六個醜陋的惡人或刖足的兀者，去強調他心中的主旨。

首先，莊子舉出了魯國的兀者王駘，以爲王駘的弟子，與孔子相若，甚至孔子也稱贊他是聖人，「丘將以爲師」，「將引天下而與從之」，但是，王駘教育弟子的方法，卻是「立不教，坐不議」，他自己所持守的，也只是「命物之化而守其宗」，但是，他卻能保持內心天賦的和諧寧靜，「遊心於德之和」，即使是死生的大變，天地的覆墜，也都能無動於衷，因此，才能「視喪其足，猶遺土也」，因此，他雖然不肯「以物爲事」，但卻能贏得衆人的遵從。

其次，莊子舉出了兀者申徒嘉，藉著申徒嘉與鄭子產的對話，提出了「遊於羿之彀中，中央者，中地也，然而不中者，命也」的看法，以爲人生在世，就如同徘徊在神箭手后羿的有效射程之內，被其射中，是正常的情況，未被射中，反到是幸運了，因此，「不中」者自也不必訕笑「中」者，人生在世，既然有如「遊於羿之彀中」而無所遁逃，則也只能「知其不可奈何而安之若命」，不必太着意於「形骸之外」，而當注重內在的德性了。

再次，莊子舉出了魯國的兀者叔山無趾，踵見仲尼，表示出雖然「無足」，卻「猶有尊足者存」的主旨，進而批評孔子，以爲孔子「蘄以諔詭幻怪之名聞」，追求世俗的聲名利祿，以至於標新立異，譁衆取寵，是一種桎梏自己的「天刑」，是一種無可救藥的天降刑懲，以見只有全德之人，才能遺忘外在的聲名。

再次，莊子舉出了衛國的醜人哀駘它，以爲他「惡駭天下，和而不唱，知不出乎四域」，又無君人之位，豐厚的俸祿，卻能夠使「雌雄合乎前」，使人「思而不能去也」，經由魯哀公的詢問，才由孔子提出了「才全」而「德不形」的答案，認爲哀駘它的修養，已經達到了

「與物爲春」、「內保之而外不蕩」的境界，達到了德全於內而不露形於外的境界了。

最末，莊子藉著闉跂支離無脤與甕㽪大癭兩個形貌不全的人，而引出了「德有所長而形有所忘」的主旨。

莊子爲什麼要藉著六個兀者或醜人，去表達他那尊德卑形的意旨呢?其實，人生在世，「形之全」，是世上多數人們所有的情況，也是世上多數人們所公認共許的正常現象，反之，「形不全」，自然也已爲多數人們認爲是非正常的現象，同時，「美」與「醜」的分別愛憎，畢竟也是人們心中自然流露出來的本性、人性、和天性;然則，莊子又何以要違反人性，利用違反常經的事項去表達自己的意旨，而不怕引起人們的反感呢?在《莊子‧山木篇》中，記載了一則寓言:

> 陽子之宋，宿於逆旅，逆旅人有妾二人，其一人美，其一人惡，惡者貴而美者賤，陽子問其故，逆旅小子對曰:「其美者自美，吾不知其美也，其惡者自惡，吾不知其惡也。」

從這則寓言中顯示，莊子本人也具備了分辨外形美醜的本能與標準，同時，「美者」與「惡者」，也已經爲人們所肯定、所共許，這種對於「美」「醜」的分別與共許，也是人們心中自然出現的本能。《莊子》書中，常常提到「天」和「自然」，而「自然」更是「道」的代稱，也更是莊子思想的根荄，像下列一些例子:

常因自然而不益生。(〈德充符〉)

順物自然而無容私焉。(〈應帝王〉)

應之以自然。(〈天運〉)

調之以自然之命。(〈天運〉)

莫之爲而常自然。(〈繕性〉)

知堯桀之自然而相非,則趣操睹矣。(〈秋水〉)

可是,〈德充符〉篇中,莊子藉以表達他思想的方式,給人的感覺,卻似乎是頗爲牽强而極不自然,雖然,莊子生當衰亂之世,衆說紛紜之際,抒發理論,不免矯枉過正,但是,似乎也不應該違離人情人性,太過遼遠。

另外,〈德充符篇〉中的一些描述,使人讀後也不易感到有較强的說服力,例如:

勇士一人,雄入於九軍,將求名而能自要者,而猶若是,而況官天地,府萬物,直寓六骸,象耳目,一知之所知,而心未嘗死者乎!

其實,英雄勇士,單槍匹馬,出入於千軍萬馬之中,其目的,往往差異甚大,也不全然只在尋求勇者之「名」,莊子在此,以勇士之不懼,譬喻有道者之不懼,在意義上,也並不適合,有道者牢籠天地,包容萬物,以形骸爲寄托,以耳目爲虛迹,知萬化爲一致,而不喪失其本心,其境域極爲高遠,而竟以追逐聲名的勇武莽士作爲譬喻的對象,也顯得引喻失義,比喻不倫了。又如：

> 孔丘之於至人，其未邪！彼何賓賓以學子爲？彼且蘄以諔詭幻怪之名聞，不知至人之以是爲己桎梏邪？

孔子頻頻然以教學爲務，自是符合歷史的事實，至於以此便說孔子是以追求奇詭怪誕的聲名而聞於天下，則不但違於史實，也不見〈德充符篇〉中列舉出任何事例以資證明，因此，貿然認定孔子即此而爲天刑不解，其說服力是很低的。又如：

> 適見㹠子食於其死母者，少焉眴若，皆棄之而走，不見己焉爾，不得類焉爾，所愛其母者，非愛其形也，愛使其形者也。

㹠子之愛其母，不僅是愛其形，也更是愛使其形者，但是，說㹠子之愛其母，只在愛其精神，而全然不愛其形體，㹠子食於其死母，少焉眴若，固然有之，說是「皆棄之而走」，就不一定符合於事實了，這種說辭，同樣也很難令人信以爲眞的。

四、結　語

總之，莊子在〈德充符篇〉中所強調的理論見解，重內在而輕外在，尊德性而卑形貌，人們應該是可以接受的；至於表達思想的方式，混淆了美醜的判斷，乖離了人性的本眞，總讓人覺得有點欠缺自然。

莊子也許是受到老子「反者道之動」❹的影響，想從事物的反面去取得正面的效果，也許是順從了齊物的觀念，齊同美醜的認識，才利用這種矯枉過正的方式，去表達他的思想見解。只是，除了用這種較爲危險的方式之外，難道就不能有其他更加適當的表達方式了嗎？例如：不從形貌美醜作出對比，而從德行感人，從人們表現善德善行，使人欽敬入手，是否也能達到相同的目的呢？或許能獲得更好的效果呢？也許，善於「屬書離辭，指事類情」❺的莊周，善於以「謬悠之說，荒唐之言，無端崖之辭」❻去表達見解的莊周，在臨文撰著之際，偶爾也會有「才窮」的時候吧！

附注

❶此據河洛出版社影印點校郭慶藩《莊子集釋》所引之本。

❷此據建康書局影印金陵刻經處刊刻本。

❸此據世界書局排印本。

❹見《老子》第四十章。

❺見《史記．老莊申韓列傳》。

❻見《莊子．天下篇》。

莊子論悟道的境界與體道的工夫

一、引言

老莊都屬於道家，他們的思想，有些地方，頗爲接近，有些地方，卻不盡相同，這種情形，在談到「道」的方面，也十分明顯。

莊子在〈大宗師篇〉論及「道」的本體意義時，曾經說道：

> 夫道，有情有信，無爲無形，可傳而不可受，可得而不可見，自本自根，未有天地，自古以固存，神鬼神帝，生天生地，在太極之先而不爲高，在六極之下而不爲深，先天地生而不爲久，長於上古而不爲老。❶

莊子以爲，「道」雖然是眞實地存在，可以體驗得知，但是，它卻是清虛無爲、無形無象的，它雖然可以心心相傳，卻不能以語言文字轉相授受，也不能以眼耳鼻舌等感官經驗，而加以接觸得到的，「道」是自有其本，自具其根，早於天地產生之前，即已先天地而產生，它的作用無窮，功能廣大，能產生天地萬物，它遠在太極之前，卻不自以爲高，廣居六極之下，卻不自以爲深，自古即已存在，卻不自以爲早，在此處，莊子對於「道」的描述，與老子所說的「有物混成，先天地生，寂兮寥兮，獨立而不改，周行而不殆，可以爲天下母」❷，其意義是非常接近的，同樣都說明了「道」的獨立性與周遍性，說明了「道」所具備的那種無窮的動力。〈大宗師篇〉又說：

豨韋氏得之，以挈天地；伏戲得之，以襲氣母；維斗得之，終古不忒；日月得之，終古不息；堪坏得之，以襲崑崙；馮夷得之，以遊大川；肩吾得之，以處大山；黃帝得之，以登雲天；顓頊得之，以處玄宮；禺強得之，立乎北極；西王母得之，坐乎少廣；莫知其始，莫知其終；彭祖得之，上及有虞，下及五伯；傅說得之，以相武丁，奄有天下，乘東維，騎箕尾，而比於列星。

這不僅說明了「道」的無所不在的特性，也說明了「道」的功能力量的鉅大，莊子在〈知北遊篇〉中也曾說道：

東郭子問於莊子曰：「所謂道，惡乎在？」莊子曰：「無所不在。」東郭子曰：「期而後可。」莊子曰：「在螻蟻。」曰：「何其下邪？」曰：「在稊稗。」曰：「何其愈下邪？」曰：「在瓦甓。」曰：「何其愈甚邪？」曰：「在屎溺。」東郭子不應。

這也是格外加重地說明了「道」無所不在的特徵，所以，莊子在〈大宗師篇〉中，也特別強調「道」的作用，是「整萬物而不爲義，澤及萬世而不爲仁，長於上古而不爲老，覆載天地刻雕眾形而不爲巧」的。另外，〈知北遊篇〉又曾說道：

道不可聞，聞而非也；道不可見，見而非也；道不可言，言而非也；知形形之不形乎，道不當名。

這與老子所說的「道可道，非常道，名可名，非常名」❸，「視之不見名曰夷，聽之不聞名曰希，搏之不得名曰微，此三者不可致詰，故混而爲一」❹，意義也極爲相似，同樣是在說明「道」的不能用言語形容、不可以感官經驗去把握的特性。

要之，在形而上的思想之中，老子莊子二人所論及的「道」，尤其是在本體意義方面，確實是十分相近的，只是，二人所使用的名言詞語，有所不同而已。

二、悟道的境界

在《老子》全書的八十一章之中，論到「道」的本體意義的，雖然也只有五六章，但是，這五六章，在《老子》的五千言中，篇幅卻佔得不少，相對的，在《莊子》全書的十餘萬言中❺，論及「道」的本體意義的，份量卻極爲稀少，因爲，莊子在論及「道」的形上意義時，他已將重點放在討論悟道的境界意義，以及如何去體道的工夫進程方面❻。

在論及悟道以後的境界意義上，《莊子．大宗師》中說道：

古之眞人，不逆寡，不雄成，不謩士。若然者，過而弗悔，當而不自得也，若然者，登高不慄，入水不濡，入火不熱。

古之眞人，其寢不夢，其覺無憂，其食不甘，其息深深，眞人之息以踵，眾人之息以喉。

古之眞人，不知説生，不知惡死；其出不訢，其入不距；翛然而往、翛然而來而已矣，不忘其所始，不求其所終；受而喜之，忘而復之，是之謂不以心捐道，不以人助天，是之謂眞人。

莊子以為，眞正領悟大道，內德充實，修養達到「眞人」境界的人，能夠外於思慮，順應自然，能夠登高山而不驚懼，入水火而不濡熱，能夠寢息安寧，無憂無夢，能夠以足踵作出深深的呼息，能夠超脫死生的拘束，能夠超越時空的限制，能夠順應自然，而不以人為的作用去妨礙自然的演化，因此，在眞人的心中，永遠是以自然的變化，作為順應的理則，就如同順應四時春秋的變化一樣，「淒然似秋，煖然似春」❼，在此處，莊子所顯示出來的「眞人」的境界，只是在隱喻著修道者悟道以後可能獲致的神奇效驗而已，這也如同〈逍遙遊〉中所提到的「神人」一樣，「不食五穀，吸風飲露，乘雲氣，御飛龍，而遊乎四海之外，其神凝，使物不疵癘而年穀熟」，「之人也，物莫之傷，大浸稽天而不溺，大旱金石流土山焦而不熱，是其塵垢粃糠，將猶陶鑄堯舜者也」，也正如同〈齊物論〉中所提到的「至人」一樣，「大澤焚而不能熱，河漢沍而不能寒，疾雷破山風振海而不驚，若然者，乘雲氣，騎日月，而遊乎四海之外，死生無變於己」，都是在形容出一種至人神人聖人眞人悟道以後所能具有的特殊功能與成效。

莊子在外雜篇中，也曾利用一些寓言的方式，以譬喻出悟道之後的眞人境界，像〈達生篇〉說道：

> 仲尼適楚，出於林中，見痀僂者承蜩，猶掇之也，仲尼曰：「子巧乎！有道邪？」曰：「我有道也，五六月累丸二而不墜，則失者錙銖；累三而不墜，則失者十一；累五而不墜，猶掇之也。吾處身也，若厥株拘，吾執臂也，若槁木之枝，雖天下之大，萬物之多，而唯蜩翼之知，吾不反不側，不以萬物易蜩之翼，何爲而不得。」孔子顧謂弟子曰：「用志不分，乃凝於神，其痀僂丈人之謂乎！」

這種「用志不分，乃凝於神」的情況，正是修道者在精神凝聚專一寧靜達到極點之後的一種「其神凝」❽的悟道境界，能夠達到此一境界，才能夠感通萬物，產生無比的功能。又如在〈知北遊篇〉中記道：

> 大馬之捶鉤者，年八十矣，而不失豪芒，大馬曰：「子巧與？有道與？」曰：「臣有守也，臣之年二十而好捶鉤，於物無視也，非鉤無察也，是用之者，假不用者也以長得其用，而況乎無不用者乎！物孰不資焉！」

這種「用之者，假不用者也以長得其用」的情況，也是修道者在精神凝聚達到極度專一之後所領悟到的一種境界。另外，〈田子方篇〉也曾說道：

> 列御寇爲伯昏無人射，引之盈貫，措杯水其肘上，發之，適矢復沓，方矢復寓，當是時也，猶象人也；伯昏無人曰：「是射之射，非不射之射也，嘗與汝登高山，履危石，臨百仞之淵，若能射乎？」於是無人遂登高山，履危石，臨百仞之淵，背逡巡，足

二分垂在外，揖御寇而進之。御寇伏地，汗流至踵，伯昏無人曰：「夫至人者，上闚青天，下潛黃泉，揮斥八極，神氣不變，今女怵然有恂目之志，爾於中也殆矣夫！」

像伯昏無人一樣，能夠處危疑之時如同平時，處變亂之地而不驚懼，能夠以平常心去面對險峭危難的境域，才眞是內心的修養達到了精神凝聚以後「神氣不變」的至高境界。

要之，莊子所論聖人悟道後所能獲致的境界，表面上雖然是極爲玄妙，而實際上所希望反映出來的，卻是修道者在歷盡艱苦的工夫進程之後，所能得到的一種內心中「凝神」的境界，到達了這種境界之後，才能產生蘊蓄無窮的力量，才能發揮自在無拘的功能。

三、體道的工夫

莊子所論述的悟道境界，到底要經歷那些主要的進程，才能加以企及而到達呢？對於這個問題，在前述「痀僂者承蜩」、「大馬之捶鉤者」那兩則寓言中，莊子提到「五六月累丸二而不墜，則失者錙銖；累三而不墜，則失者十一；累五而不墜，猶掇之也」，提到「年二十而好捶鉤，於物無視也，非鉤無察也」，「年八十矣，而不失豪芒」，也已經大致地說明了體道的歷程，不過，在〈大宗師篇〉中，莊子還有更爲詳盡的論述，〈大宗師篇〉記女偊的話說：

吾猶守而告之，參日而後能外天下；已外天下矣，吾又守之，七日而後能外物；已外物矣，吾又守之，九日而後能外生；已外生矣，而後能朝徹；朝徹，而後能見獨；見獨，而後能無古今；無古今，而後能入於不死不生。殺生者不死，生生者不生，其爲物，無不將也，無不迎也，無不毀也，無不成也，其名爲攖寧，攖寧也者，攖而後成者也。

「攖寧」的境界，是一種在混亂紛雜的塵囂境域中，卻能夠超拔物外，神凝心聚而不爲外物所移的湛然定靜的境界，這種境界，也正是前文所述「眞人」所能達到的境界，至於如何才能獲致這種境界，則女偊所稱述的種種歷程，完全是一種「爲道日損，損之又損，以至於無爲」❾的工夫，也是一種「致虛」以至於至「極」，「守靜」以至於至「篤」❿的工夫，將自己心靈上一切蒙蔽的物欲外騖，一一掃落，盡情拋棄，然後才能使自己的眞心如明鏡般地眞實呈現，清澈澄顯，而無一毫欲念之雜，也無一絲悚動之意，因此，莊子藉女偊所說，三日七日九日的進程，逐漸由近及遠，慢慢達到遺忘天下大事，遺忘外在萬物，遺忘悅生惡死，而逐漸達到清明在躬、志氣如神的澄明心境，以至達到見解獨會、超越時空而遺忘死生的「攖寧」境界，這也是莊子所論述的一種較爲清晰的層層上達的體道的工夫與次第。〈大宗師篇〉又曾說道：

南伯子葵曰：「子獨惡乎聞之？」（女偊）曰：「聞諸副墨之子，副墨之子聞諸洛誦之孫，洛誦之孫聞之瞻明，瞻明聞之聶許，聶許聞之需役，需役聞之於謳，於謳聞之玄冥，玄冥聞之參寥，參寥聞之疑始。」

副墨之子，洛誦之孫等等，莊子只是以擬人化的手法，將自己所以得知體道工夫的來源，更作闡明，一則說明人們上達天理的工夫，乃多從下學人事之中得來，再則也說明聞道之途，不能離於語言文字心思意慮之外，因之，人們聞道，往往也從所謂副墨的文字書籍之中入手，進而熟讀深思，以致見解明通，心領神會，再加以力行實踐，涵泳歡唱，更進而冥會至理，以達到忘言而得意的層次。

因此，在上述所引〈大宗師〉的兩段文字之中，前者是「上達」的歷程，後者是「下學」的路徑；前者是體會修持而「日損」的「爲道」工夫，後者是了解工夫進程而「日益」的「爲學」層次；兩者相互配合，先知後行，對於體道的工夫，也闡釋得更加清晰，憨山大師《莊子內篇註》在解釋〈大宗師〉這兩段文字時曾經說道：「上言入道工夫，下言聞道，蓋亦從文字中悟來，故以重言發之。」[11]陳壽昌《南華眞經正義》也說：「學道之功，聞道之序，遞推遞進，確有師承，即寓名之中，亦各存精義，正未可以戲言目之。」[12]對於莊子所論體道的進程工夫，也有明確的闡釋。〈大宗師篇〉又說：

> 顏回曰：「回益矣。」仲尼曰：「何謂也？」曰：「回忘仁義矣。」曰：「可矣，猶未也。」它日，復見，曰：「回益矣。」曰：「何謂也？」曰：「回忘禮樂矣。」曰：「可矣，猶未也。」它日，復見，曰：「回益矣。」曰：「何謂也？」曰：「回坐忘矣。」仲尼蹴然曰：「何謂坐忘？」顏回曰：「墮枝體，黜聰明，離形去知，同於大通，此謂坐忘。」仲尼曰：「同則無好也，化則無常也，而果其賢乎！丘也請從而後

也。」

仁義禮樂，本來是儒家思想的重心，在上述這段文字中，莊子藉著道家化的孔子與顏回的對話，從忘懷仁義，以進而忘懷禮樂，再進而忘懷形體思慮，進而達到物我兩忘、與道冥合、無私無我、無偏無執的「坐忘」境界，這也更加肯定了體道修道的途徑，是必須採取「日損」的方式而無疑的。這與莊子在〈人間世篇〉中所說的「唯道集虛」，「虛室生白」，「若一志，無聽之以耳，而聽之以心，無聽之以心，而聽之以氣」的「心齋」的工夫，是十分相近的。莊子在〈天地篇〉中曾經說道：

> 黃帝遊乎赤水之北，登乎崑崙之丘而南望，還歸，遺其玄珠；使知索之而不得，使離朱索之而不得，使喫詬索之而不得也，乃使象罔，象罔得之，黃帝曰：「異哉！象罔乃可以得之乎？」

在這則寓言中，黃帝譬喻爲體道修道之人，玄珠譬喻爲大道，以喻聖人如欲體悟大道，只有將知識聞見言語思慮等一切向外的作用掃落淨盡，而以象罔無心的向內工夫，返照內觀，冥合印證，才能逐漸地日有進益，與道冥合，而澈悟大道，因此，在這則寓言之中，莊子也更加地闡明了人們冥會自省、向內覓理的體道工夫。

四、結　語

《莊子》不是神話，也不是傳說，《莊子》書中，只是藉著寓言及重言的方式，作爲譬喻或象徵，以顯示他的思想，因此，他的「謬悠之說，荒唐之言，無端崖之辭」⓭，最後，還是要落實到人生的意義上，才算有所着落，因此，在以〈大宗師〉爲主的一些篇章中，莊子談到「悟道」「體道」的用意，只是希望世人經由修持將養的工夫，而達到一種內在精神凝聚寧靜的境界，以之出而應世，才能產生無窮的生命力量，才能獲得「安時處順，哀樂不入」⓮的理想效果，他只是希望，人們生活在煩囂擾攘的紅塵世界之中，面對五光十色繁華靡麗的人間社會，爲了追求知識思慮欲念，不可避免地向外「爲學日益」之餘，同時也作點「爲道日損」的向內工夫，以求能夠不時地反躬自省，爲心靈保持一點清虛寧靜澄澈的境地，盡量掃除外來的物欲與貪念，而使得本心原始的光明，自然地呈露，明鑑衆理，照察萬象，以便在混濁紊亂的社會之中，專一致志，心凝神聚，進而應物處世，能夠立定腳跟，而不隨波逐流，迷失自我，這才是莊子在書中提出「體道」以至「悟道」的「內聖」境界的主要原因。

總之，道不遠人，道而遠人，不可以爲道，莊子所論悟道的境界與體道的工夫，即使在今天文明進步的社會中，也同樣是對於人們的生活會有所助益的，也同樣是値得人們去再三省思的。

附注

❶ 此據民國六十三年河洛出版社影印郭慶藩《莊子集釋》本，下引並同。

❷ 見《老子》第二十五章，此據民國五十年廣文書局影印王弼注本，下引並同。

❸ 見《老子》第一章。

❹ 見《老子》第十四章。

❺ 《史記·老莊申韓列傳》，說莊子「著書十餘萬言」。

❻ 徐復觀先生《中國人性論史》（此據民國五十八年臺灣商務印書館初版本）頁三八七曾說：「莊子主要的思想，將老子客觀的道，內在化而為人生的境界。」所見極是。

❼ 見《莊子·大宗師篇》。

❽ 見《莊子·逍遙遊篇》。

❾ 見《老子》第四十八章。

❿ 《老子》第十六章曾說：「致虛極，守靜篤。」

⓫ 此據民國四十五年建康書局影印金陵刻經處雕刻本。

⓬ 此據民國六十一年新天地書局影印怡顏齋雕刻本。

⓭ 見《莊子·天下篇》。

⓮ 《莊子》〈養生主篇〉及〈大宗師篇〉皆曾說道：「安時而處順，哀樂不能入也。」

《莊子・應帝王》中「壺子四示」的象徵意義

《莊子・應帝王篇》中，有一段較長的文字，敘述鄭國的神巫季咸，爲列子之師壺子四次相面，而壺子卻先後四次顯示了不同的情況，以至於季咸無法相得其實，自失而走的事，這則寓言，在〈應帝王〉中，極爲重要，本文所要探討的，重點有兩項，首先是「壺子四示」本身所象徵的意義，究屬何在？其次是「壺子四示」這則寓言，在〈應帝王〉全篇中所象徵的意義，又屬何在？

在〈應帝王篇〉中，記述壺子先後四次所顯示的情況如下：

第一示是：

> 鄉吾示之以地文，萌乎不震不止，是殆見吾杜德機也。

第二示是：

> 鄉吾示之以天壤，名實不入，而機發於踵，是殆見吾善者機也。

第三示是：

> 吾鄉示之以太沖莫勝，是殆見吾衡氣機也。

第四示是：

鄉吾示之以未始出吾宗，吾與之虛而委蛇，不知其誰何，因以爲弟靡，因以爲波隨。

壺子四次所顯示的境界，到底象徵著怎樣的意義呢？檢視一下歷來各種《莊子》的注解書籍，發現他們大致是從儒道釋等三個不同的角度去解釋《莊子》此一寓言的，以下，就分別枚舉一些例子，作爲代表，例如宣穎的《南華經解》說：

地文，妙示之以靜，則伏於大陰也。天壤，妙示之以動，則啓於大陽也。太沖莫勝，妙示之以非動非靜，則陰陽俱渾也。未始出吾宗，則太易之先也，一絲未兆，萬象俱空。

胡遠濬的《莊子詮詁》說：

地文，示以純坤。天壤，示以乾坤交媾。太沖莫勝，示以太極。未始出吾宗，則示以無極，而動靜泯絕。

以動靜、陰陽、太極、無極等觀念去詮釋「壺子四示」的境界，這是從「儒家」的角度去注解《莊子》的作法。又如向秀的《莊子注》說：

塊然若土也。天壤之中，覆載之功見矣。居太沖之極，浩然泊心，玄同萬方，莫見其迹。雖進退同群，而常深根寧極也。❶

成玄英的《莊子疏》說：

> 壺丘示見，義有四重，第一，示妙本虛凝，寂而不動，第二，示垂迹應載，動而不寂，第三，本迹相即，動寂一時，第四，本迹兩忘，動寂雙遣。

以泊心、玄同、虛凝、動寂等觀念去詮釋「壺子四式」的境界，這是從「道家」的立場去注解《莊子》的作法。又如釋德清《莊子內篇註》說：

> 此即佛門之止觀，乃安心之法也，地文，乃安心於至靜之地，此止也。天壤，謂高明昭曠之地，此即觀也。言動靜不二也，初偏於靜，次偏於動，今則安心於極虛，動靜不二，猶言止觀雙運，不二之境也。宗者，謂虛無大道之根宗，安心於無有，了無動靜之相，即佛氏之攝三觀於一心也。

巴師壺天的〈禪宗三關與莊子〉說：

> 壺子四示，以本文所用名相釋之，則第一示即空，第二示即有，第三示即雙照之中，第四示即雙遮之中，雖有四示，實為三關，此與禪宗三句，可謂巧合。❷

以止觀、安心、空有、照遮等觀念去詮譯「壺子四示」的境界，這是從「佛（禪）家」的觀點去注釋《莊子》的作法。

對於壺子在先後四次所顯示的不同情況，如果從較為寬鬆的尺度去探究，則上述從儒道佛三家出發所作的解釋，似乎都可以互相會通，三家所强調的，大致也都是一些陰陽動靜有無之間的變化，但是，如果從較爲嚴格的標準去探究，則在上述的幾種注解中，似乎要以成玄英的詮釋，最得體要，也最接近《莊子》的本義，當然，成玄英是唐代的西華法師，以道家詮釋道家，或許比儒家佛家去詮釋道家，更能得其眞義。不過，以上的幾種詮釋，都是解說壺子在被季咸所面相時，所顯示出來的「四」「次」不同的情況，如果進一步要問，綜合這「四次」所顯示出來的情況，壺子所顯示的總的意義，又何在呢？郭象《莊子注》在解釋這總的意義時曾說：「夫至人一耳，然應世變而時動，故相者無所措其目，自失而走。」順著郭象的解釋，「壺子四示」的綜合意義，似乎姑且可以說是「變化莫測，捉摸不定」的象徵。不過，「壺子四示」這一則寓言，只是〈應帝王篇〉中的一個部分而已，只有進一步了解到〈應帝王篇〉的整個意義，了解到「壺子四示」在〈應帝王篇〉中的配合地位，才能更加精確地了解「壺子四示」這一寓言本身的象徵意義。

〈應帝王篇〉所敘述的，大體上是莊子的政治思想，所以，對於〈應帝王篇〉的解釋，郭象《莊子注》說：「無心而任乎自化者，應爲帝王也。」林希逸《莊子口義》也說：「言帝王之道，合應如此也。」都是說明〈應帝王篇〉是代表莊子的政治思想。

〈應帝王篇〉中的文字，約可分爲七段。首段主要是說「有虞氏不及泰氏，有虞氏其猶藏仁以要人，亦得人矣，而未始出於非人」，指出有虞氏心懷仁義，要結人心，雖爲賢君，仍然不及泰氏的無心化物，使民自化，來得高妙。

次段主要是說「聖人之治」，「正而後行」，指出人君爲政，應當先正己身，然後才可以化貸萬民。

三段主要是說「順物自然，而無容私焉，而天下治矣」，指出為人君者，如能順應自然的變化，不以私心自用，則天下自然大治。

四段主要是說「明主之治，功蓋天下而似不自己，化貸萬物而民弗恃」，指出人君治國，應該為而不有，長而不宰，功成事遂，而都不以自居，以至於「有莫舉名，使民自喜，立乎不測，而遊於無有者也」。

第五段就是「壺子四示」的寓言，此段承第四段之後，主要是在印證和發揮上段「立乎不測」的要旨，宣穎在《南華經解》中說：「立乎不測一句，引動下文一大幅文字。」釋德清在《莊子內篇註》中也說：「上言明王立乎不測，而遊於無有，如此乃可應世，以治天下，但不知不測是如何境界，人亦有能可學而至者乎，故下撰出壺子，乃不測之人，所示於神巫者，乃不測之境。」都很正確地說明了第五段的「壺子四示」，是在闡發第四段「立乎不測」的要旨。

第六段主要是說「體盡無窮，而遊無朕」，「用心若鏡，不將不迎，應而不藏」，指出至人為君，應該要深體大道，開闊胸懷，要虛己無心，以應萬事，而不可私心造作，以致害己傷物。

第七段是藉著「鑿破渾沌」的寓言，總結為政之道，當因應自然，純任質樸，不可擅用智巧，以破壞原始。

因此，綜觀〈應帝王〉一篇的結構組織，覺得「壺子四示」一段，確是藉著一則譬喻性質的寓言，去印證發揮上一段中「立乎不測」的要旨，宣穎在《南華經解》中曾說：「壺子便是帝王垂拱榜樣，季咸便是百姓具瞻榜樣。」他以爲，莊子在寓言中，是以壺子譬喻君王，以季咸譬喻百姓，以壺子的「四示」，譬喻君王的「不可測」，以季咸的「四相」，譬喻百姓的「不能測」。因此，在這則寓言裡，壺子在「四示」中所顯現的「變化莫測，捉摸不定」，自然就應該與上一段中「立乎不測」的意義，適相接近了，不過，如果再要求嚴格一點的話，那麼，「立乎不測」到底又是怎樣的一種意境呢？

第四段中的「有莫舉名，使物自喜」，是指爲人君者，應實有其功，而不居其名，以至使百姓不知其上還有君王的存在，而自遂自喜，以爲成就在己，至於「立乎不測」，郭象《莊子注》說：「居變化之塗，日新而無方者也。」釋德清《莊子內篇註》說：「不可測識。」不過，「變化無方」，「不可測識」，到底是君王爲了使自己深自隱藏，去增加自己的神秘性，讓百姓莫測高深，無從窺伺，當作是一種統治的權術，以遂其控御的野心呢？還是君王爲了深自隱晦，不居其功，不居其名，而任物自化呢？從一般世俗而言，「不測」、「莫測高深」、「不可測識」等等，總不免有負面的評價，因此，「立乎不測」的意義，到底是前者？或是後者？卻是必須辨明的事實。

宣穎在《南華經解》中說：「帝王以一人立天下之上，下而百官，下而萬姓，人人皆季咸也，何則，意指一有所向，其覘候之審，應驗之速，雖神巫弗若也，故帝王一身之外，天下皆環而相之者。」又說：「人君一念之萌，天下伺爲趨避，智巧紛紜，皆由是起，帝王玄德默運，化馳若神，則天下由而不知。」似乎是從前者的觀點而立論的，其實，這種觀點，就是在《老子》書上，也可以找到類似的佐證，《老子》第三十六章說：「柔弱勝剛強，魚不可脫於淵，國之利器，不可以示人。」《河上公注》：「利器，權道也，治國權者，不可以示執事之臣也。」這不就是君王深自隱藏，故作神秘，而以權謀詐術控御臣民的技倆嗎！這種解釋，是否符合「立乎不測」的眞義？是否符合它在〈應帝王〉全篇中的涵義？是否又符合莊子的政治理念呢？

莊子的政治思想，與老子非常近似，老子主張「上德不德」（三十八章）、主張「太上、不知有之」（十七章）❸、主張「聖人處無爲之事，行不言之敎，萬物作焉而不辭，生而不有，爲而不恃，功成而不居」（二章），莊子主張「至仁無親」（〈庚桑楚〉）、主張「民居不知所爲，行不知所之，含哺而熙，鼓腹而遊」（〈馬蹄〉）、主張「上如標枝，民如野鹿」（〈天地〉），因此，老莊的政治思想，都主張在位者要無爲而化，垂拱而治，有如標枝之立於曠野，使百姓不知上有君王，才是最高的政治理想。

再從〈應帝王篇〉本身來看，首段的「有虞氏不及泰氏」，次段的「正而後行」，三段的「順物自然而無容私」，四段的「有莫舉名，使物自喜」，五段的季咸「自失而走」，六段的「用心若鏡」，七段的「渾沌」寓言，以至於整篇的組織配合，意義烘托，都可以與前述《老子》「太上，不知有之」，《莊子》「上如標枝」的意義，相互印證，相互發明，因此，「立乎不測」的意義，實際上，也就正是「太上，不知有之」和「上如標枝」的意思，都是指在位者治國君民，要深自隱晦，任物自化，而不自居其功，不自居其名，使百姓不知其上竟有君王的存在，這才是莊子的理想政治，也才是〈應帝王〉中全篇的要旨所在，也才是「壺子四示」那則寓言的象徵意義所在。

總之「壺子四示」主要是在印證和發揮上文「立乎不測」的要旨，也只有在「立乎不測」的意義先行確定，在此前提之下，「壺子四示」的象徵意義，才能夠隨之而有所確定，同時，「立乎不測」的詮釋和「壺子四示」的象徵意義，都要歸結到「上如標枝」與「太上，不知有之」的詁義中，才能配合它們在〈應帝王〉全篇中的意義，也才能配合它們在《莊子》全書中思想上的意義。

附注

❶ 向秀《莊子注》已佚，此引見於《列子・黃帝篇》張湛注。

❷ 見巴師所著《藝海微瀾》一書，廣文書局出版。

❸ 王弼本作「太上，下知有之」，此據吳澄本作「太上，不知有之」。

（此文原刊載於《中華文化復興月刊》二十二卷十二期，民國七十八年十二月出版）

試釋《莊子·應帝王篇》「未始出吾宗」之意義

《莊子·應帝王篇》中有一則寓言，記神巫季咸爲列子之師壺子四次看相之事，而壺子在四次被相之時，即顯示出了四次不同的現象。這四次的現象，以壺子的話來說，分別是「地文」、「天壤」、「太沖莫勝」、與「未始出吾宗」❶。

季咸是鄭國的神巫，能夠「知人之死生存亡，禍福壽夭，期以歲月旬日，若神」❷，他爲人看相算命之時，一方面，是觀察對方有形的身體骨格面貌長相，另一方面，則是端詳對方所顯現的無形的精神狀況。季咸雖然能夠看出壺子在形相面貌之外的精神狀況，但卻不能更深一層地看出壺子用以顯現這些精神狀況的意念，也就是「主宰」這些精神狀況的「內在心志」。因此，比較起來，季咸所能觀察而知的現象，仍然不夠深入，季咸所能觀察到的壺子的精神狀況，表面上，已是壺子內心意念的顯現，實際上，這些意念顯現出來的精神狀態，卻仍然是在壺子的主宰掌握控制之下，有意所顯現出來的現象，因此，季咸爲壺子看相，由壺子第一層的形體面貌，能夠進入到第二層相隨心轉的心理反映與精神狀況，卻不能夠再行進入到壺子的第三層的內心眞正的主宰情況。因此，「季咸四相」和「壺子四示」，其間二人的分別，爲明爲暗，是客是主，被動及主動，功力的上下與境界的高低，便不言而可喻了。

壺子所顯示出來的四種現象，其中「地文」、「天壤」、「太沖莫勝」等三種現象，雖然也都不容易了解，但是，參考不同的注釋，其中的意蘊，還算可以理會掌握，不致太過艱難[3]。

壺子第一次所顯示出來的「地文」現象，「萌乎不震不正」[4]，「是殆見吾杜德機也」，是一種茫茫然毫無舉動的現象，就如同久旱渴竭、大地上裂痕處處所顯示出來的情況一樣，植物動物，全然寂靜枯窒，已經生機杜塞，毫無一絲生意可見，所以，壺子稱之爲「杜德機」，又以「一泓死水」、「古井波沉」的「止水」現象，作爲譬喻，而季咸則要以生氣全無、即使被風勢吹襲、也絲毫不動的「溼灰」現象，去作爲形容之辭了。

壺子第二次所顯示出來的「天壤」現象，「名實不入，而機發於踵，是殆見吾善者機也」，是一種自深邃幽微低下之處，所逐漸萌長的生意，就如同陽剛的天氣，下降至大地之內，一陽始生，春雷乍動，大地開始復甦，而產生新生的契機一樣，大地逐漸春回，在表面的閉塞沉寂之中，蘊蓄了無窮的生機變化，所以，壺子稱之爲「善者機」，又以「源頭活水」、「生意盎然」的「流水」現象，作爲譬喻，而季咸則要以逆境中充滿希望的「杜權」現象，去作爲形容之辭了。

壺子第三次所顯示出來的「太沖莫勝」現象，「是殆見吾衡氣機也」，是一種沖虛至極、無所偏倚的渾同現象，含攝動靜，然而動靜之發，淆然平衡，卻絲毫不見徵兆顯示的現象，所以，壺子稱之爲「衡氣機」，又以「鯢桓之審」[5]的大魚潛藏於深淵之下、俟機而動、動靜不可預知的現象作爲譬喻，而季咸則要以被相者精神恍惚、心意不一的「不齊」現象，去作爲形容之辭了。

壺子第一次、第二次、第三次所顯示出來的現象，雖然也不容易索解，總還可加理會，然而，壺子第四次所顯示出來的現象，以及他自己的說辭，則相當不容易掌握其意義。

壺子第四次所顯示出來的「未始出吾宗」現象，到底是怎樣地一種現象？何以又能令季咸一見之下，「立未定」，就驚慌失措地，「自失而走」呢？在第四次的看相之後，季咸「立未定，自失而走」，卻並不曾像前三次爲壺子看相之後，提出了批評的意見，只有壺子在被相之後，自己仍然是像前三次一樣，提出了自己的解說之辭，壺子說：「吾與之虛而委蛇，不知其誰何，因以爲弟靡，因以爲波隨，故逃也」❻。

要探討壺子所說「未始出吾宗」等解說之辭的意義，個人以爲，有兩項前提，必須注意，其一，是壺子第四次所顯示出來的精神狀況，必然應與前三次他所顯示出來的精神狀況，有所不同，有所分別。其二，是壺子第四次所顯示出來的精神狀況，必然足以使得看相者季咸在心理上造成相當大的疑懼震驚，所以才會使得季咸「立未定，自失而走」。從這兩個角度而言，則在許多的注釋之中，個人以爲，成玄英在《莊子義疏》中的解說，對於壺子第四示以及前三示所顯現的意義，詮釋得都較爲合乎理想，成玄英《莊子義疏》說：

> 壺丘示見，義有四重，第一示妙本虛凝，寂而不動。第二示垂迹應感，動而不寂。第三示本迹相即，動寂一時。第四本迹兩忘，動寂雙遣。❼

依據成玄英的解釋，壺子第一次所顯示的精神狀況，是着重在虛寂凝靜，重點在一個「靜」

字。壺子第二次所顯示的精神狀況，是着重在相應感動，重點在一個「動」字。壺子第三次所顯示的精神狀況，是着重在外表無徵無兆，而內裡則動靜難測，是着重在有動有靜，動靜無別。壺子第四次所顯示的精神狀況，是着重在宗旨全不外現，因而動靜兩不可知。

成玄英解釋壺子第四次所顯示的精神狀況，宗本與形迹，兩者皆忘，動作與寂靜，二者皆無，在某種程度上，與壺子第一次所顯示出來的精神狀況，非常接近，容易相淆。而且，成玄英那兩句綜括性的「本迹兩忘，動寂雙遣」的解說，對於壺子所說的「未始出吾宗」的意義，或許還詮釋得相當平允，但是，對於壺子所說的「吾與之虛而委蛇，不知其誰何，因以爲弟靡，因以爲波流」的意義，則似乎未能加以涵蓋，作出相應的解釋，所以，對季咸要自失而逃的原因，探討得便也不能夠令人滿意了。

「未始出吾宗」，宗是宗主宗本主宰之義，郭象注說：「雖變化無常，而常深根冥極也。」「虛而委蛇」，郭象注說是「無心而隨物化。」至於「弟靡」與「波流」，郭象注此二句說：「變化頹靡，世事波流，無往而不因也。」郭象對於壺子那幾句話的注釋，着重在幽冥不測，因應變化，隨物而遷等意義上，但是，個人以爲，郭象之注，仍然解說得不夠明確，個人以爲，壺子那一段話的意義，應該要從〈應帝王篇〉中的上下文段落的意義內去尋求答案。

〈應帝王〉一篇，基本上，是敘說莊子的政治思想，整篇可分爲七個段落，其義理結構，非常謹嚴：

第一段敘說有虞氏懷藏仁義，要結人心，所以不及泰氏的君民相忘，同歸自然，所以，人君當無心而任化。

第二段敘說一切人爲的經式儀度，都只是欺德，所以，人君當先正己心，虛而待物，進而才能順化百姓。

第三段敘說有心而治天下，則近於鄙陋，所以，人君當順應自然，而無容私心存在。

第四段敘說胥易技係，都不能免於勞形怵心，所以，人君當立乎不測，功成而不居。

第五段敘說季咸四相與壺子四示，以闡明人君當虛己應物，立乎不測，無形無相，以免開啓世人機智之端。

第六段敘說爲政當無名無謀，遊於無形，所以，人君當用心有如明鏡，應物而不爲物所傷。

第七段敘說渾沌與儵忽的交往，以至於渾沌日鑿一竅，七日而死，所以，人君當返樸還淳，不任智巧，以作全篇的總結。

在〈應帝王篇〉中，義理的結構，極爲謹嚴，中心的主旨，也貫串在七個段落之中，但是，特別是以第四、第五、第六等三個段落，其義理聯繫，也最爲緊密。第五段中「壺子四示」的寓言，正是抒發第四段中人君要「功蓋天下，而似不自己，化貸萬物而民弗恃，有莫舉名，使物自喜，立乎不測，而遊於無有」的義理重心。而第六段中的「無爲名尸，無爲謀府，無爲事任，無爲知主」，正是詮釋第四段中「遊於無有」的思想重心。第六段中的「體盡無窮，而遊無朕，盡其所受乎天，而無見得，亦虛而已，至人之用心若鏡，不將不迎，應而不藏，故能勝物而不傷」，則更是詮解了第五段中壺子第四次所顯示的「未始出吾宗」的實際義蘊。同時，「壺子四示」寓言中壺子第四次所顯示出來的「未始出吾宗」，不僅與第四段中「立乎不測」的意義，相互呼應，也更與第六段中「至人之用心若鏡」的意義，相互呼應。三段之間，緊密配合，而卻以第四段中「壺子四示」的寓言，尤其是以壺子第四示的要義，作爲前後兩段「立乎不測」及「用心若鏡」的象徵表現。

至於壺子第四次所顯示的「未始出吾宗」的意義，個人以爲，是壺子將自己內心的宗旨意念，完全潛藏掩飾，而不加以任何外在的顯現，相者季咸從表面看去，眼前所見，對方形貌之外，在精神狀況方面，相者所看到的，正如一面明鏡，從明鏡中，卻照見了相者自己，顯現了自己的精神狀況，自己心意中的所思所念，眼前明鏡中也就立即出現了某事某象，鏡中的變化，隨著自己的意念想法而變動不已，彼此相應相合，所以，壺子要說「虛而委蛇，不知其誰何」，要說「因以爲弟靡，因以爲波流」，壺子所顯現的精神狀況，是至虛已極的明鏡一面，委宛隨順著相者的心情變化，如波逐水流，相應不已，所以，下段要說，「至人之用心若鏡」，正是指出，明鏡忠實地反映了外在的事物，充分發揮了「應而不藏」的功能。所以，季咸才會覺得壺子之相，大違常情，眼前所見，得未曾有，所以才會心中大駭，驚慌失措，不擇路而逃佚了。李贄《莊子解》說：「及其未始出吾宗，則示以無所示。」❽胡文英《莊子獨見》也說：「弟靡、波流，俱是季咸眼中看見壺子委蛇之象。」❾陳壽昌《南華眞經正義》也說：「季咸心目中看成如此，但覺恍惚不可爲象。」❿所說的意義，都與上述的詮解相近。

老子曾說：「聖心無常心，以百姓心爲心。」⓫正可以借來譬喻此處壺子所代表的帝王，要虛心順化，不具成心，而全以百姓之心爲心，以民衆所希望的爲希望，因此，帝王之心，所反映出來的，便全是百姓心中所願欲的心意，這與「至人之用心若鏡」、「立乎不測」、「未始出吾宗」、「因以爲弟靡，因以爲波流」，是正好相互印證的。

要之，〈應帝王篇〉所顯現的，是莊子的政治理念，主旨在說明「帝王之道，合應如此」⑫，因此，對於君王們虛心待物，功成不居的要旨，也闡發得特別深刻精妙，「壺子四示」的寓言，是〈應帝王篇〉中最長的一段，雖然是強調了君德的「立乎不測」，但是，尤其是其中壺子第四次所顯示出來的「未始出吾宗」的意義，卻最爲重要，也最能與「立乎不測」、「至人之用心若鏡」等前後段落的意義，作出緊密的配合，不過，「未始出吾宗」的意義，歷來就極爲費解，所以，才試爲詮釋如上，以供參稽之用。

附注

❶ 太沖莫勝，俞樾《諸子平議》說：「勝，當讀為朕。」

❷ 見《莊子·應帝王篇》，此據河洛出版社影印郭慶藩《莊子集釋》本，下引並同。

❸ 筆者有〈莊子應帝王中「壺子四示」的象徵意義〉一文，載於《中華文化復興月刊》二十二卷十二期，可資參考。

❹ 萌乎不震不正，郭慶藩《莊子集釋》引俞樾說：「《列子·黃帝篇》作萌乎不誫不止。」作「不止」義長。

❺ 鯢桓之審，《列子·黃帝篇》作「審」，楊伯峻《列子集釋》引奚侗之說，以為當作「瀋」字。

❻ 《經典釋文》說：「弟，徐音頹，弟靡，不窮之貌。崔云，猶遜伏也。波流，崔本作波隨，云，常隨從之。」

❼ 此據河洛出版社影印郭慶藩《莊子集釋》所引用者。

❽ 此據藝文印書館影印明萬曆刊本。
❾ 此據清乾隆刊本。
❿ 此據新天地書局影印清光緒怡顏齋刊本。
⓫ 見《老子》第四十九章。
⓬ 見林希逸《莊子口義》。

（此文原刊載於《逢甲中文學報》第一期，民國八十年十一月出版）

《莊子》內篇要義通釋

一、引言

《漢書・藝文志》著錄《莊子》五十二篇，陸德明《經典釋文》載有晉司馬彪《莊子注》五十二篇，《釋文・序錄》說：「內篇七，外篇二十八，雜篇十四，解說三。」又說：「《漢書・藝文志》《莊子》五十二篇，即司馬彪、孟氏所注是也。」今司馬彪注本已不可見，然其所注的《莊子》五十二篇，理當就是根據《漢書・藝文志》中所著錄的版本，而作出的注釋。

《隋書・經籍志》著錄郭象《莊子注》三十卷，目一卷，注曰：「梁《七錄》三十三篇。」目前通行於世的郭象《莊子注》共十卷三十三篇，分爲內篇七、外篇十五、雜篇十一，已非《漢書・藝文志》中著錄版本的舊貌。

自古以來，學者評論，大體以爲，今本《莊子》，內篇七篇，爲莊子本人所手著，內容也較有系統，至於外篇與雜篇，則多屬於莊子弟子或莊門後學所敘述，內容則較爲駁雜。

其實，《莊子》內篇七篇，不但各篇內容，極有系統，同時，七篇之間的次序關係，也極爲綿密謹嚴，甚至，在思想義理方面，也確實有著一些共同具備的中心觀念貫串其間。

二、《莊子》書中「道」的意義

莊子屬於道家，雖然，在《莊子》書中，談到「道」的地方，並不像《老子》書中那樣普遍和常見，但是，「道」在莊子的思想中，仍然居於極爲重要的地位，《莊子・天地篇》說：

> 泰初有无，无有无名，一之所起，有一而未形，物得以生，謂之德。未形者有分，且然無間，謂之命。留動而生物，物成生理，謂之形。形體保神，各有儀則，謂之性。❶

莊子以爲，宇宙的原始時期，「道」已先之而存在，但是，「道」既非「有」，也無任何稱名，只可勉强稱之爲「無」，經過混沌時期，由「道」才產生「一」，進而萬物才逐漸由「一」而生成，此「一」也可稱之爲「德」。「德」未成爲形體時，即已含有陰陽之分，隨處存在，可稱之爲「命」。陰陽和成的氣，相互激盪而產生了物，物物各自具備其形態，便可稱之爲「形」。形體各有精魄，各有舉措的規範，便可稱之爲「性」。莊子的這種宇宙形成之論，與老子所說的「有物混成，先天地生」（二十五章），「天下萬物生於有，有生於無」（四十章），「道生一，一生二，二生三，三生萬物」（四十二章）的意義，是非常相似的，所以，莊子在〈知北遊篇〉中也曾說道：「有先天地生者物邪？物物者非物。」在〈庚桑楚篇〉中也曾說道：「萬物出乎無有，有不能以有爲有，必出乎無有。」在〈齊物論篇〉中也曾說道：「有有也者，有無也者，有未始有無也者，有未始有夫未始有無也者。」其意義也都與〈天地篇〉中所敘述的宇宙形成的觀點，可以相互印證，《莊子・大宗師篇》也說：

> 夫道，有情有信，無爲無形，可傳而不可受，可得而不可見，自本自根，未有天地，自古以固存，神鬼神帝，先天地生，在太極之先而不爲高，在六極之下而不爲深，先天地生而不爲久，長於上古而不爲老。

《莊子・知北遊篇》也說：

> 道不可聞，聞而非也；道不可見，見而非也；道不可言，言而非也；知形形之不形乎，道不當名。

莊子以爲，「道」是眞實存在，可以體驗的事物，但卻毫無形迹可見，也不可用人們的眼耳鼻舌等感覺而知，「道」是自爲本根，自古存有，且「無所不在」（〈知北遊〉）的事物，這些敘述，與老子所說的「獨立而不改，周行而不殆，可以爲天下母」（二十五章），「道可道，非常道」（一章），是十分接近的。由於莊子主張「道」是「無所不在」，無處不至，任何有形無形、高低卑下的地方，都有著「道」的存在，因此，很自然地，在莊子的思想中，「道」不僅是抽象地存在，不僅是宇宙生成的根本法則，同時，「道」也落實在許多具體的事事物物之中，而成爲人生日用之間不能相離相去的基本軌範。所以莊子要說：「夫道，於大不終，於小不遺，故萬物備。」（〈天道〉）要說：「夫道，覆載萬物者也。」（〈天地〉）要說：「道者，萬物之所由也。」（〈漁父〉）因此，把抽象而內在的「道」，落實到人生日用行爲措施之中，莊子以爲，「道」才更具有「道無終始」（〈秋水〉）、

「無所不在」（〈知北遊〉）、「未始有封」（〈齊物論〉）、「物得以生」（〈天地〉）的意義，《莊子・天道篇》說：

> 水靜則明燭鬚眉，平中準，大匠取法焉，水靜猶明，而況精神，聖人之心靜乎，天地之鑒也，萬物之鏡也。夫虛靜恬淡寂寞無爲者，天地之平而道德之至，故帝王聖人休焉。

又說：

> 夫虛靜恬淡寂寞無爲者，萬物之本也。

《莊子・刻意篇》也說：

> 夫恬惔寂寞虛无无爲者，此天地之平而道德之質也。

要之，「道」的精神本質是「虛靜恬惔自然無爲」，抽象的「道」，落實到人生日用社會政治等方面，其基本性格，也同樣是「虛靜恬惔自然無爲」，因此，這種基本性格，也明顯地貫串暢通在《莊子》一書思想精華所在的內七篇之中。

三、內篇要義通釋

1.〈逍遙遊〉

〈逍遙遊〉一篇的主旨，指點出人生在世，應當超越形骸的拘束，開拓心靈的領域，才能獲致精神上無限的自由與自在。因此，莊子在此篇之中，由鯤鵬的蓄積深厚，大而能化，引出了蜩與學鳩二蟲的無知，引出了小不及大的對比，用以譬喻人生在世，只有遊心於廣大無際的精神領域，才是眞正値得追求的理想目標；然後再由宇宙回歸到人間，由萬物回歸到人生，逐步舉出四種不同層次的人生境域：第一種是學者、名流、能臣、賢君所代表的才智之士。第二種是能夠自我肯定、不爲外物所移的宋榮子。第三種是未能超越時空限制而仍有所待的列禦寇。第四種才是能夠體合大道、順應宇宙變化的眞正逍遙者。

莊子對於上述四種人生的境域，由低到高，作出不斷的提升，最後，才點出了眞正逍遙的「至人」、「神人」、「聖人」的境界，並點明了獲致這種境界的用力途徑——「無功」、「無名」、「無己」。因此，莊子在〈逍遙遊篇〉的後半幅中，便以不同的寓言，去印證以上的三種途徑及境界。

莊子以爲，人生在世，如能「無功」、「無名」，不爲名韁利鎖所羈絆，不爲功名利祿所牢籠，自然能夠無求於人，無待於物，品格自然崇高自立，心靈亦能自足於己，從而達到「神人」、「聖人」的境界；更重要的是，如能在內心之中，做到「無己」，將自己的心靈層次，提升到「虛靜恬惔自然無爲」的境地，虛己忘我，優然自得，才能達到絕對「逍遙」的「至人」境界。

2.〈齊物論〉

〈齊物論〉一篇的主旨有三，分別是「齊是非」、「齊死生」與「齊物我」。三者之中，以討論「齊是非」者，所佔的篇幅最多，以討論到「齊死生」者，敘說最少，而以討論到「齊物我」者，又居於關鍵性的地位。

在〈齊物論〉篇中，莊子使用了最多的篇幅，去討論齊同是非的問題，因此，從南郭子綦的「吾喪我」，引出了人籟地籟天籟的「吹萬不同」，再譬喻出論辯者的百家爭鳴，「與接爲構，日以心鬥」、各「隨其成心而師之」的現象，進而提出泯除彼此論辯是非的方法——「以明」與「兩行」，以達到「道通爲一」的目標。

其次，莊子也提到了「天地與我並生，而萬物與我爲一」的觀點，說明「物我可齊」，以作爲「齊同是非」的理由。也提出了「予惡乎知說生之非惑邪？予惡乎知惡死之非弱喪而不知歸者邪？」的看法，說明「死生如一」，以作爲論者各執己見、爭辯而難於獲得眞理的理由。

最後，莊子並舉出了「莊周夢爲胡蝶」的寓言，以點明「物我難分」、「物我可齊」，以至「是非可泯」的觀念。

因此，在〈齊物論〉篇中，討論最多，也最重要的，仍然是「齊是非」的問題，莊子以爲，是非之在於人心，也如同三籟之在於大地，論者各抒己見，各師成心，吹萬不同，爭相論辯，雖有勝負，難見眞理。莊子以爲，只有在「道通爲一」、「照之於天」的原則下，只有在「以明」與「兩行」的條件之下，人們才能以清澈靈明的心境，去設身處地，去站在對方的立場，去昭察眾理，去觀照事物。實則，人們所以能夠具備「以明」「兩行」的方法，最重要的，必須先具備「虛靜恬惔自然無爲」的心境，不師心自用，不主觀專斷，虛己忘我，才能推之向外，泯除彼此的是非爭辯，同時，人們所以能夠泯滅「死生」「物我」的界限，也必須先在內心具有「虛靜恬惔自然無爲」的修養，才能夠措心廣大，去昭察天地的衆理，去靜觀萬物的變化，才能去體悟「死生」「物我」的眞諦。

因此，「虛靜恬惔自然無爲」的心靈修養，實在是齊同「死生」「物我」的基礎，也更是齊同人與人之間「是非」爭辯的基礎。

3.〈養生主〉

〈養生主〉一篇的主旨，在於指明人生在世，形體有盡，精神無窮，因此，人們應當護養精神，才能達至薪盡火傳的目的。

莊子在此篇之中，首先點出了護養生主的三個綱領——屬於消極方面的「爲善無近名」與「爲惡無近刑」，以及屬於積極方面的「緣督以爲經」，然後提出，人們在世，如果能夠遵循前述的三項綱領，當能獲致四項效果——「保身」、「全生」、「養親」、「盡年」。

在上述的三項綱領之中，尤其是以「緣督以爲經」，最爲重要，因此，在〈養生主〉篇中，莊子便以篇幅極大的寓言「庖丁解牛」，去印證去解說「緣督以爲經」、「順中以爲常」的意義，而只以篇幅較少的寓言，去印證去解說另兩項比較次要的綱領「爲善無近名」與「爲惡無近刑」。

「庖丁解牛」此一寓言之中，所譬喻的，仍然是盤根錯節、複雜萬端的人間世界，人們處身在如此的社會之中，要善養其生命的主宰，必須「緣督以爲經」，順中以爲常，順應

「虛靜恬惔自然無爲」之「道」，順應人間社會自然的常則，審慎而行，才能善保其精神的健全，才能在人間社會之中，「因其固然」，「依乎天理」，才能「以無厚入有間」，才能在人生的旅途之上，「恢恢乎其於遊刃必有餘地」，才能行有餘力，「善刀而藏之」，長保其精神的安妥。

因此，〈養生主〉一篇，莊子所指出的，仍然只是「虛靜恬惔自然無爲」之「道」，人生在世，以此措心，不莽撞，不割制，才能由「技」入「道」，使精神的「刀刃，若新發於硎」了。

4.〈人間世〉

〈人間世〉一篇的主旨，指出人們生在世間，在錯綜複雜的人際關係中，如何處世的問題，大略分之，不外「處人」與「自處」兩端。而〈人間世〉一篇，約可分爲八段，莊子在前三段中，討論如何「處人」的原理，在後五段中，討論如何「自處」之道。

在〈人間世〉的前三段中，莊子分別提出了三則寓言：一、滿腔救世熱忱的顏回，將赴衛國，遊說殘暴獨裁的衛君。二、葉公子高出使於齊，在大國猜忌互疑的往來之間，辦理外交事務。三、顏闔擔任天性殘忍凶惡的衛國太子的老師。莊子用這三件事情，代表人與人之間，最難相處的情況。在這些極難相處的事件中，人們究竟應該要如何去與人相處呢？

在第一段中，莊子提出了「心齋」的看法，以爲只有「虛室生白」，才能使得「吉祥止止」，以爲只有自己「虛而待物」，虛心忘己，才能順應自然，「入遊其樊而無感其名，入則鳴，不入則止」，無門無毒，「一宅而寓於不得已」，才能感而後應，行事無礙。

在第二段中，莊子提出了「乘物以遊心，託不得已以養中」的原則，提出了「哀樂不易施乎前，知其不可奈何而安之若命」的態度，秉持著這種原則與態度，去與人相處，自然能夠虛心順命，符合大道。

在第三段中，莊子提出了「形莫若就，心莫若和」的方式，以爲只有採取這種方式，去對待暴虐之人，才能使自己正身以順物，而不爲己累。

在這三則寓言之中，莊子所提出的與人相處的方法及態度，其實，都不外是以「虛靜恬惔自然無爲」之道居心，都仍然離不開順應自然的大道。

在〈人間世〉的其他段落之中，莊子藉著「匠石之齊」、「南伯子綦遊乎商之丘」、「支離疏」、「孔子適楚」等幾則寓言，提出了「無用之用，是爲大用」的概念，作爲人們在亂世中自處的原則，其實，以無用爲有用，仍然還是莊子道論中「虛靜恬惔自然無爲」那一原則的應用而已。

5.〈德充符〉

〈德充符〉一篇的主旨，指出人生在世，如能「德充於內，而衆物自然符應於外」，要人們尊重內德，而輕視外形。

在〈德充符〉篇中，莊子藉著兀者王駘、申徒嘉、叔山無趾，以及醜陋之人哀駘它、闉跂支離無脤、甕㼜大癭等，去表達他那「德有所長而形有所忘」的思想，因此，他才提出了「自其異者視之，肝膽楚越也，自其同者視之，萬物皆一也」的看法，以爲人們如能了悟此一道理，自然能夠「遊心於德之和」，「視其所一而不見其所喪，視喪其足猶遺土也」。同時，他也提出了「才全而德不形」的理想，以爲「死生存亡，窮達貧富，賢與不肖毀譽，飢渴寒暑」等十六種情況，都是人生在世，可能會遭遇的情形，也是人們的知識所無法去把握去主宰的現象，對於這些現象，悟道之人，只有使它「不足以滑和，不可入於靈府」，人們的內心，才可以如春風一般，而「不失於兌」，才能達到「才全」的標準。同時，人們只有像寧靜至極的水平一樣，「內保之而外不蕩」，才能達到「德不形」的標準。人們能夠如此，「才全而德不形」，然後才能使眾物自來親附而不知其所以然。

另外，莊子並且主張，人生在世，最好能夠「有人之形」，而「無人之情」，使得自己能夠「不以好惡內傷其身，常因自然而不益生」，才能達到「獨成其天」的理想境地。其實，無論是「遊心乎德之和」，還是「知其不可奈何而安之若命」，或者是「才全而德不形」，或者是「有人之形，無人之情」，要作到這些理想，基本上，都必須充實內在的德性，秉持著「虛靜恬惔自然無爲」的大道，才能靜觀外物的變化，才能不慕外在的繁華靡麗，才能逐漸地重德忘形，而達到「全德」的目標。

6.〈大宗師〉

〈大宗師〉一篇的主旨，在於指明，宇宙中可以作爲宗主師法者，唯有大道，因此，在「大宗師」篇中，莊子主要討論到「道體」與「體道」兩個問題，前者探討宇宙中爲天地萬物所宗所本之道，後者討論眞人如何去體悟大道而以大道爲師的方法。

在〈大宗師〉篇中，莊子首先說明眞人之境界與大道冥合，指出眞人能夠「不逆寡，不雄成，不謨士」而無悔無尤；能夠「登高不慄，入水不濡，入火不熱」，而登假於大道；能夠「其寢不夢，其覺無憂，其食不甘，其息深深」，而安閒恬淡；能夠「不知說生，不知惡死」，而超然於死生之外；能夠了悟「天與人不相勝」的道理，而登進於「天人合一」的境地。同時，更強調了「死生，命也，其有夜旦之常，天也」，以爲人生在世，死生的變化，既然不是人們自己所能主宰掌握的事情，倒不如一任大化，隨順自然，「藏天下於天下」，「兩忘而化其道」，以「善吾生者，乃所以善吾死」的態度，去坦然處之而「遊於物之所不得遯」者，以達到「安時而處順，哀樂不能入也」的境地。

其次，莊子提出了眞人體悟大道的方法，從「參日而後能外天下」，到「七日而後能外物」，到「九日而後能外生」，到「而後能朝徹」，到「而後能見獨」，到「而後能無古今」，到「而後能入於不死不生」，以至於達到「攖而後成」的「攖寧」境界。

最後，莊子又以顏回能夠從事於悟道的修養，由「忘仁義」進而到「忘禮樂」，以至進而到「墮枝體，黜聰明，離形去知，同於大通」的「坐忘」境界，以說明眞人體悟大道的方式與歷程。

在〈大宗師〉篇中，莊子指出了眞人所能獲致的境界，與如何體悟修持以達到此一境界的途徑。其中關於悟道的方法，最主要的，是依循「爲道日損」的原則，將積累在人們心靈上的物欲私願，逐漸掃落，「損之又損」，而逐漸達到「以至於無爲」的「攖寧」與「坐忘」的境界，也就是達到了眞正在內心中「虛靜恬惔自然無爲」的境界。

7.〈應帝王〉

〈應帝王〉一篇的主旨，指出爲政者，應當無心而任化，那才是眞正的帝王之道。

在〈應帝王〉篇中，莊子首先提出了「有虞氏不及泰氏」的主張，因爲，「有虞氏其猶藏仁以要人」，還未能作到名心盡去、超然物外的地步。

其次，莊子提出了爲政者應當「正而後行」，先正己心，然後「遊心於淡，合氣於漠，順物自然，而無容私焉」的修養，再提出「明王之治」，應當具有「功蓋天下，而似不自己，化貸萬物而民弗恃，有莫舉名，使物自喜，立乎不測，而遊於無有」的態度。

再次，莊子更舉出了神巫季咸爲壺子四次看相的寓言，以至壺子四次分別顯示出「地文」、「天壤」、「太沖莫勝」、「未始出吾宗」的變化莫測的境界，以應合帝王爲政，當「立乎不測」，深自隱晦，功成不居的態度。

同時，莊子再提出「至人之用心若鏡，不將不迎，應而不藏」的方式，以說明君王應該具備虛己無心以適順萬物的內在修養。

最末，莊子並以「鑿破渾沌」的寓言，作爲結語，以說明君王爲政，當順應自然，不任智巧的原則。

在〈應帝王〉篇中，莊子曾經嚴斥爲政者「以己出經式儀度，人孰敢不聽而化諸」的爲政理念，認爲那是一種惡劣的「欺德」，他所強調的爲政的原則，像「順物自然而無容私」，像「有莫舉名，使物自喜」，像「立乎不測，而遊於無有」，像「用心若鏡，不將不迎，應而不藏」，其實，都正是君王們立足在以「虛靜恬惔自然無爲」居心的基礎之上，所推衍出來的政治思想。

四、結　語

《莊子》一書，以內篇七篇，最具系統，所含思想，也最能代表莊子本人的眞實面貌，同時，七篇中的思想理論，也都具含著一個共同的中心觀念，可以貫串會通，加以表出，褚伯秀《莊子管見》說：

（內篇）始於〈逍遙遊〉，終以〈應帝王〉者，學道之要，在反求諸己，無適非樂，然後外觀萬物，理無不齊，物齊而己可忘，己忘而養生之主得矣，養生所以善己，應世所以善物，皆在德以充之，充則萬物符契，宗之爲師，大宗師之本立矣，措諸治道也何難？內則爲聖爲神，外則應帝應王，斯道之所以斂之一身，不爲有餘，散之天下，不爲不足也❷

嚴復《莊子評點》說：

嘗謂內七篇秩序井然，不可棼亂，何以言之，蓋學道者以拘虛囿時束教爲厲禁，有一于此，未有能通者也，是故開宗明義，首戒學者必遊心于至大之域，而命其篇曰〈逍遙遊〉，逍遙遊云者，猶佛言無所住也，必得此而後聞道之基以立。其次則當知物論之本齊，美惡是非之無定，曰寓庸，曰以明，曰因是，曰寓諸無竟，曰物化，其喻人可謂至矣。

再進則語學者以事道之要曰養生，〈養生主〉者，非養生也，其主旨曰依乎天理，是故有變境而無生滅，安時處順，薪窮火傳，不知其盡。然而人間不可棄也，有無所逃于天地之間者焉，是又不可以不講，故命曰〈人間世〉，一命一義，而寓諸不得已，是故莊子者，非出世之學也。由是群己之道交得，則有德充之符，處則爲大宗師，〈周易〉見龍之在田也，達則爲應帝王，九五飛龍之在天也，而道之能事盡矣。❸

蔣師慰堂先生〈莊子考辨〉也說：

七篇之文，分之則明一義，合之則首尾相承，〈逍遙遊〉取譬於鯤鵬，以自贊其逍遙，若全書之總冒；〈齊物論〉泯是非而均物我，掃蕩一切，爲立論之前趨；或明養生之道，或論涉世之方，或著至德之符；其體維何？以大道爲宗師；其用維何？以帝王爲格致；所謂本末兼該，體用具足，以成其一家之❹者也。

以上三位學者的看法，都以爲內篇七篇之中，次第井然，系統謹嚴，內外本末，體用明晰。

另外，王船山《莊子解》說：

寓形於兩間，遊而已矣，無小無大，無不自得而止，其行也無所圖，其反也無所息，無待也；無待者，不待物以立己，不待事以立功，不待實以立名，小大一致，休于天均，則無不逍遙矣；逍者，嚮於消也，過而忘也，遙者，引而遠也，不局於心知之靈也，故物論可齊，生主可養，形可忘而德充，世可入而害遠，帝王可應而天下治，皆

胸合于大宗，以忘生死，無不可遊也，無非遊也。❺

船山提出了一個「遊」字，去貫串《莊子》內七篇的要旨，所謂「遊」，自然是指「遊心」，而不是指「形骸」之遊了。林雲銘《莊子因》也說：

〈逍遙遊〉言人心多狃於小成，而貴於大，〈齊物論〉言人心多泥於己見，而貴於虛，〈養生主〉言人心多役於外應，而貴於順，〈人間世〉則入世之法，〈德充符〉則出世之法，〈大宗師〉則內而可聖，〈應帝王〉則外而可王，此內七篇分著之義也，然人心唯大故能虛，唯虛故能順，入世而後出世，內聖而後外王，此又內七篇相因之理也。❻

林雲銘提出「大」字、「虛」字、「順」字，去貫串《莊子》內七篇的要旨，此三字之中，尤以「虛」字，更屬重要。但是，無論是「遊」字「虛」字，無論是「遊心」或是「虛心」，其實，仍然都與「虛靜恬惔自然無爲」的「道」的意義，並無二致。

因此，我們可以說，「道」的意義，「虛靜恬惔自然無爲」的意義，實際上，是貫串在《莊子》的內篇之中，而成爲七篇的中心觀念，這是可以被承認的。

附注

❶ 此據河洛出版社影印點校郭慶藩《莊子集釋》本，下引並同。

❷ 引見焦竑《莊子翼》。

❸ 此據曾克耑先生《岷雲堂叢刊》本。

❹ 文載《圖書館學季刊》二卷一期。

❺ 此據廣文書局影印《船山遺書》本。

❻ 此據廣文書局影印本。

「濠梁之辯」窺疑

一、引言

《莊子・秋水篇》末，有一則著名的寓言，記述莊子與惠子的「濠梁之辯」，錄出如下：（爲了方便說明，特將此寓言文句，分段寫出，並加標號）

A、莊子與惠子遊於濠梁之上。

B、莊子曰：「儵魚出游從容，是魚樂也。」

C、惠子曰：「子非魚，安知魚之樂？」

D、莊子曰：「子非我，安知我不知魚之樂？」

E、惠子曰：「我非子，固不知子矣，子固非魚也，子之不知魚之樂，全矣。」

F、莊子曰：「請循其本。子曰汝安知魚樂云者，既已知吾知之而問我。我知之濠上也。」

對於這一則寓言，歷來的注釋詮解，當代學者的研究分析，都有極爲豐碩的成果，筆者僅就瀏覽所及，擇其具有代表性的說法，稍加枚舉，並就管窺所及，略獻所疑，以供參考。

二、各種詮解

郭象《莊子注》說：

尋惠子之本言云，非魚則無緣相知耳，今子非我也，而云汝安知魚樂者，是知我之非魚也，苟知我之非魚，則凡相知者，果可以此知彼，不待是魚，然後知魚也，故循子安知之云，已知吾之所知矣，而方復問我，我正知之於濠上耳，豈待入水哉？❶

郭象是以玄理的觀點立場去解釋「魚樂」的意義，郭象此注，專從玄言名理方面，去解釋莊子「循其本」的辯論，他以爲，惠子既然主張相非則不可以相知，但莊子也可以爲，惠子並非莊子，也可以知莊子非魚，則是相非者也可以相知了，所以說，「不待是魚，然後知魚」，這是郭象發揮莊子非魚而可以在濠上知魚樂的要旨。

邵雍《觀物內外篇》說：

此盡己之性，能盡物之性也，非魚則然，天下之物盡然，若莊子者，可謂善通物矣。❷

邵雍則是以儒學的觀點，去解釋「魚樂」的意義，邵雍此注，藉《中庸》「唯天下之至誠，爲能盡其性，能盡其性，則能盡人之性，能盡人之性，則能盡物之性」之義，以釋莊子能知魚樂，而善通於物的要旨。

另外，從「心理現象」去分析莊子「魚樂」的是陳大齊先生，他在〈濠梁之辯的是非〉一文中，曾經說道：

> 莊子與惠子辯論的焦點，在於心理現象之能知與不能知，……人所由以知道心理現象的徑途，計有兩條，一爲內省，一爲外察。內省，謂在心內直接省察，外察，謂從心外間接省察。此兩種省察所得，爲評述簡便計，姑稱內省所得爲內知，稱外察所得爲外知。……濠梁的論辯，實出於內知與外知的糾纏不清，徒逞口舌，無益於理……雙方所說，可謂亦是亦非，因其知字取義不同而異，知字解作內知的意義，惠子是而莊子非，反之，解作外知的意義，莊子是而惠子非。❸

陳先生從心理現象去作分析，他以爲，「自家的心理現象，可以內知，人所能內知的，亦唯自家的心理現象」，反之，「他人的心理現象，無法內知，只能外知」，他以爲，魚的快樂，非人所能「內知」，卻儘可爲人所「外知」，因此，從「內知」的角度而言，惠子所言爲當，反之，從「外知」的角度而言，則莊子可以知道魚樂。

戴君仁先生的《魚樂解》，則是以唯心唯物的分別，去解說莊子與惠子觀點的所以不同，他說：

> 惠施是唯物的，莊子是唯心的……莊子魚樂故事，也應以物不離心來說明。莊子是唯心的，惠施則執著有物——離心而獨立之物。❹

戴先生以爲，「莊子魚樂故事，也應以物不離心來說明」，他以爲，莊子是唯心的，「一切物不離心，即物之所以呈現爲此物，是由我的心識所賦與」，因此，他以爲，惠子、濠梁、游魚，「都是莊周的心所造成的，而附屬於魚身上的快樂，更是莊周的心所感覺。」

最早從美學的觀點，以「美感經驗」、「移情作用」去解釋「魚樂」的，是朱光潛先生，他在《談美》一書之中，曾經討論到〈宇宙的人情化〉，他說：

魚沒有返省的意識，是否能夠像人一樣「樂」，這種問題大概在莊子時代的動物心理學也還沒有解決，而莊子硬拿「樂」字來形容魚的心境，其實不過把他自己的「樂」的心境，外射到魚的身上罷了，他的話未必有科學的謹嚴與精確。❺

朱先生以爲，人們知覺外物，卻常把自己的感覺外射到物的本身上面，因此，就人們而言，便往往將本來在我的感覺，轉變而成在物的感覺了，他用這種美學上的移情作用，去解釋莊子知道魚樂的原因。

另外，像李澤厚先生，在〈莊子美學札記〉之中，也同樣曾以美學的觀點，去解釋莊子的「魚樂」，他說：

在這個著名的論辯中，惠子是邏輯的勝利者，莊子卻是美學的勝利者，……「魚之樂」這三個字，究竟是什麼意思？恐怕也並不很清楚。按心理學的看法，魚的從容出游的運動形態，由於與人的情感運動態度，有同構照應關係，使人產生了「移情」現象，才覺得「魚之樂」，其實，這並非「魚之樂」，而是「人之樂」，「人之樂」通過「魚之樂」而呈現，「人之樂」即存在於「魚之樂」之中，所以，它並不是一個認識論的邏輯問題，而是人的情感對象化和對象的情感化，泛心理化的問題。❻李先生也是從美學的立場，去解釋莊子將自己的美感經驗投射到魚的身上，所以，他才强調，莊子的知道魚樂，並非是「魚之樂」，而只是「人之樂」了。

至於近代學者，從邏輯推理的立場去分析「魚樂」寓言的，爲數就更多了。

三、略獻所疑

歷來解析「濠梁之辯」的論著，基本的觀點，往往各有差異，而且，對於「魚樂」這一則寓言，各人分析時所着重的文句，也不盡相同。有人着重莊子所說的「儵魚出游從容，是魚樂也」（B），以說明莊子可以知魚之樂；有人着重惠子所說的「我非子，固不知子矣，子固非魚也，子之不知魚之樂，全矣」（E），以說明惠子推斷的確切；有人着重莊子所說的「請循其本，子曰汝安知魚樂云者，既已知吾知之而問我」（F），以發揮莊子確實已經能夠了解魚樂的結果；有人着重莊子所說的「吾知之濠上也」（F），以說明莊子原始直觀以知魚樂的原因。筆者則覺得，在這則寓言中，使人感到懷疑的是，莊子對於惠子所說的那句「子非魚，安知魚之樂」（C），在複述時所採取的態度與作法。下面，就將惠子與莊子二人關鍵性的語句，先加列出，以資比較。

C、惠子曰：「子非魚，安知魚之樂？」

F、莊子曰：「請循其本。子曰汝安知魚樂云者，既已知吾知之而問我。我知之濠上也。」

從C段中，我們了解，惠子的原意，只是在問莊子，「你不是魚，怎麼可能知道魚之樂？」在此一問句中，根本上，惠子是懷疑莊子知道魚樂的可能性，因爲，「安」是疑辭，疑辭多具有否定的意味，因此，「安知」與「不知」，只是疑問句與否定句不同表達方式的差異而已，在實質上，所傳達的內容，並無不同，都是「不可能知道」的意義。

從F段中，莊子既然是「請循其本」，既然是要回到惠子原本所說的論題之上，而且，又引述了惠子的話語，則自然應該忠於惠子的原義才是。可是，莊子在此段中，他複述了惠子的話語，卻並不曾符合惠子話語的原本意義，他將惠子「怎麼可能知道魚之樂？」的語義，轉換成爲「用怎樣的方法去知道魚之樂？」在如此的問句中，則顯示惠子承認莊子已經知道了魚之樂，只是想問問莊子是用怎樣的方式去知道的而已，因此，在此段之末，莊子才說出了「我知之濠上」的回答之詞，正是在肯定自己已經知道魚樂之後，才去作出回答惠子所問自己是怎樣知道魚樂的方法。同時，在複述惠子的話語中，莊子也有意地忽略掉惠子「子非魚」那句話，不加複述，未免有避重就輕之嫌，實際上，惠子所問的「安知魚之樂？」那句話，並不預設惠子自己了解莊子已經知道魚樂的事實，也並不必一定引至於莊子「既已知吾知之」的結果。

因此，惠子原本的問語（C段），經由莊子引用複述（F段）之後，意義已經有了相當的差異，因此，莊子並沒有忠實地複述出惠子話語的原義，反而是有意地在暗中改換了惠子的語義。

因此，在F段中，莊子雖然是提出了「請循其本」的目標，而他自己卻並未能眞正地作到了「循其本」的事實。同時，從D段莊子的回答中，也可以明白地看出，莊子已經十分了解惠子所問的語義，是「懷疑他根本不可能知道魚之樂」，所以，莊子才套用了惠子的語氣，回以「子非我，安知我不知魚之樂？」的答詞。否則，如果莊子眞是認爲惠子之意，已經了解他知道魚樂，只是問一問是他是怎樣知道魚樂的方法，則莊子何不直接地回答「我知之濠上？」來得簡單明白呢！卻反要去「請循其本」地複述惠子在C段中的話語，以取信於惠子，而唯恐惠子不加信任呢！

另外，在E段中，惠子也已一再地强調，「我非子」、「子固非魚」，因而才說，自己雖「固不知子」，可是，「子不知魚之樂，全矣」，因此，惠子在E段中的兩句「不知」，也都只是「不能知」的意義，否則，如果惠子已經肯定莊子知道魚樂，則何必還要說莊子是「子之不知魚之樂，全矣」呢！

因此，D段以下的辯論，以至於F段中莊子改換了惠子的語義的結果，都只是莊子在求取論辯的勝利時所引發出來的技巧而已，當然，也因如此，莊子與惠子二人，也才有其論辯的意義可言，否則，如果惠子所問，只是想要問一問莊子怎樣去知道魚樂的方法，則二人的對話，又如何能構得成是論辯呢！因此，從此則寓言基本的「論辯」性格而言，惠子不可能了解莊子已經知道魚樂，莊子也並不知道惠子已經了解他自己已經知道了魚之樂。

筆者閱讀《莊子》這則寓言，上述的懷疑，久存心中，對於有關的論著，也格外留意，像王煜先生在《老莊思想論集》中便曾說道：

> 「既已知吾知之而問我」一句，祇是莊子對惠施內心的臆斷，(presumption)，充其量可謂言中惠施的心思，然而依照名理，「汝安知魚樂」一問句，不預設「已知汝知魚樂」。❼

像高柏園先生在〈莊子魚樂之辯探義〉一文中也曾說道：

> 惠子語中之「安知」一詞，當理解爲「是否知」(Whether)，而不是「如何知」(how)。理由是，惠子在第四段之回答「我非子，固不知子矣，子固非魚也，子之不知魚之樂，全矣」，此中，惠子「人非魚，則人不能知魚樂」之立場實甚明顯。由此可知，惠子並不是先認定莊子知魚樂，而後再問其如何知魚樂，而是問莊子是否能知魚樂。❽

像羊滌生先生在〈莊子「濠梁之辯」與「辯無勝」〉一文中，也曾說道：

> 莊子最後的反駁，更是答非所問，他迴避了自己的矛盾，而且歪曲了惠施的原意。惠施說：「子非魚，安知魚之樂。」並非已經斷定莊子已「知魚之樂」，……莊子說惠施的話是「既已知吾知之而問我」，是強加之於惠施。❾

對於這些意見，筆者也深具同感，也格外容易產生實獲我心的共鳴感覺。

四、結　語

後上一節的懷疑及討論中，我們大致可以推斷出一些看法，作爲此文的結語：

1.惠子在最先的問句中，確實是從根本上懷疑莊子知道魚樂的可能性，而不是承認莊子已經知道魚樂，卻只是想去問一問他是怎樣知道的方法。

2.莊子與惠子，在思想的方向上，確實屬於兩種不同的範疇，有著相當的差異，莊子是偏於藝術的、直觀的，惠子是偏於科學的、邏輯的，因此，莊子所說的「我知之濠上」，如果從直覺、美學、藝術心靈、移情作用等角度去解釋，確也可以言之成理，作出適當的分析。

3.莊子如果把握住「我知之濠上」的立場，在F段中，刪去「既已知吾知之而問我」，而只說：「請循其本，子曰汝安知魚樂云者，我知之濠上也」，則莊子與惠子的這場爭辯，可以說是各具立場，兩無勝負，莊子雖然無從贏得辯論的勝利，但也絕不至於落在失敗的一面。但是，莊子不此之圖，卻去曲解而改換了惠子的語義，以作爲自己求取勝利的技巧，態度未免有欠磊落，對於惠子而言，這樣的論辯，也有欠公平。

4.此則寓言，莊子既然作出了「我知之濠上」的論斷，此一論斷，卻又與惠子所持的立場「子之不知魚之樂，全矣」，完全相反，從情理上看，則惠子不可能默然接受，似乎應該還有些回應的爭辯才是，因此，此一寓言，在感覺上，似乎還未到達可以終結的地步，這則寓言，是否出之於莊子弟子後學所記，而不免稍爲偏袒於莊子，則不能詳知了。

附注

❶ 此據河洛出版社影印點校本郭慶藩《莊子集釋》。

❷ 引見錢穆先生之《莊子纂箋》。

❸ 見《中華文化復興月刊》十二卷十一期。

❹ 見《大陸雜誌》四十四卷四期。

❺ 此文收入朱先生《談美》一書，此據民國六十九年十一月臺灣開明書局十四版。

❻ 文載李氏所著《走我自己的路》一書。

❼ 見王氏此書頁二三九〈辯無勝負〉篇。

❽ 文載《中華文化復興月刊》二十二卷四期。

❾ 文載《中國文化月刊》一一九期。

嚴幾道《莊子評點》要義闡釋

一、引言

侯官嚴復幾道先生，平生喜讀《莊子》，早年誦讀《莊》書，每有所見，常於書眉簡端，施以丹黃，隨手評點，記錄心得，其後，該書為桐城馬通伯久借不歸，民國五年，幾道先生年已六十四歲，乃據馬氏《莊子故》一書，重加評點，幾道先生逝世之後，此書曾由上海商務印書館出版，尚未行世，而燬於一二八日寇侵略淞滬之役❶，民國四十一年，福州曾克耑先生嘗抄撮幾道先生評點諸語，錄為〈嚴幾道先生之莊子學〉一文，刊載於香港《人生》雜誌，其後，嚴靈峰先生並取該文，收入所輯《無求備齋莊子集成續編》之中，民國五十九年，藝文印書館並影印《侯官嚴氏評點莊子》一書行世。

曾克耑先生抄撮幾道先生評點《莊子》諸語，嘗就評點方式，略分為「內篇總評」、「總評」、「評證」、「註釋」、「圈點」幾項，至於評點內容，則包羅甚廣，舉凡校正文字、疏釋章句、駁正古注、申釋大義、印證西說、比況現勢、評論得失，並多蘊涵，而勝義卓識，也絡繹不絕，足供研讀莊學者取為參考之用。

此文之作，意在表章幾道先生評點《莊子》諸語的精義，故擇其精要，依次臚列，並加闡釋，以見幾道先生評點諸語，在莊學研究上價值之一斑。

二、要義闡釋

1.《莊子・逍遙遊》篇曾說：

有鳥焉，其名爲鵬，背若泰山，翼若垂天之雲，摶扶搖羊角而上者九萬里，絕雲氣，負青天，然後圖南，且適南冥也，斥鴳笑之曰：「彼且奚適也？我騰躍而上，不過數仞而下，翱翔蓬蒿之間，此亦飛之至也，而彼且奚適也？」此小大之辯也，故夫知效一官，行比一鄉，德合一君，而徵一國者，其自視也亦若此矣，而宋榮子猶然笑之。

嚴幾道先生《評點》說：

斥鴳者，以小笑大者也，宋榮子者，以大笑小者也，然而二者，皆不知逍遙者也，夫使和以天均，則小大皆有攸適已。❷

〈逍遙遊〉首段之中，藉鯤鵬的變化，以說明至人逍遙無待的意義，在此節中，以鵬鳥與斥鴳對比，宋榮子與小德小能者對比，以申明「小大之辯」，以應合「小不及大」的要旨，郭象注此篇曾說：「夫小大雖殊，而放於自得之場，則物任其性，事稱其能，各當其分，逍遙一也。」幾道先生以爲，斥鴳以小笑大，宋榮子以大笑小，實皆不能眞知逍遙的意義，只有「和以是非，而休乎天鈞」（〈齊物論〉），使萬物各安其分，各任本性，而無彼此之爭，方能得其均衡之理，幾道先生之說，重在推闡郭象的義旨，雖與莊子本身的見解，不甚吻合，也可作爲參考的資料。

2.《莊子・齊物論篇》曾說：

> 夫大塊噫氣，其名爲風，是唯無作，作則萬竅怒呺……冷風則小和，飄風則大和，厲風濟則眾竅爲虛。

嚴幾道先生《評點》說：

> 厲風濟則眾竅爲虛，非深察物理者不能道，凡有竅穴，其中函氣，風過其上，則穴中之氣，隨之俱出，而成眞空，醫家吸入器，即用此理爲製，故曰，厲風濟則眾竅爲虛，虛，眞空也，濟，過其上也，向秀解濟作止，誤。

在〈齊物論〉中，莊子以爲「大塊噫氣，其名爲風」，由於「山林之畏佳，大木百圍之竅穴」，有各種不同的形狀，因此，大風過處，眾竅穴便發出不同的聲音，以象徵大道爲一，恰似天籟無心而任化，而世間百家爭鳴，因而有「萬竅怒呺」的情形產生。但若疾風不再，則百竅自然無聲，復歸虛空，郭象注此節說：「言大風止則眾竅虛，及其動則眾竅實。」林疑獨注說：「眾竅爲風所鳴，萬形爲化所役，風不能鳴，則萬竅虛，化不能役，則萬物息。」[3]幾道先生則以科學之觀點，解釋「厲風濟」，而眾竅所以爲「虛」的道理，他的說法，較諸傳統的解釋，要精確明晰得多。

3.
《莊子·養生主篇》曾說：

公文軒見右師而驚曰：「是何人也？惡乎介也？天與，其人與？」曰：「天也，非人也，天之生是使獨也，人之貌有與也，以是知其天也，非人也。」

嚴幾道先生《評點》說：

分明是人，乃說是天，言養生之安，無奈何如命。

右師之介，從外貌觀察，本來不易分辨他的斷足，是由於天然？或是由於人爲？因爲，從正常的角度去看，人都是有著兩條腿的，所以說：「人之貌，有與也。」可是，右師卻只有一條腿，他的另一條腿，如果是天生就不具有的，那麼，自然就是上天使得他介了，不過，即使是人爲的情況所造成，可是，從更高的一個層次去看，那何嘗不是天命注定要他成爲一個介者而假手於人間的刑懲呢！因此，莊子假借公文軒之口，直接說出「天也，非人也」的斷語，以肯定人生不能外於天命的支配，莊子也用這則寓言，去說明「養生主篇」中「安時處順，哀樂不入」的人生哲學，因此，幾道先生此處的評點意見，正好章明了《莊子》此節的要義。〈養生主篇〉在「公文軒見右師」一節之後，接著又說：

澤雉十步一啄，百步一飲，不蘄畜乎樊中，神雖王，不善也。

這一段文字，有人懷疑與上節不相連屬，當爲錯簡，但是，幾道先生《評點》說：

上既言安于無奈何矣，而不以人賊天，又養生者之所當知，故以澤雉不蘄畜樊中，繼右師天介之後。

幾道先生以「不以人賊天」，不以人爲戕賊天然，去詮釋澤雉不求畜於樊籠之中的寓意，也正好說明了「澤雉」一段文字的不是錯簡。

4.

《莊子・人間世篇》曾說：

顏回見仲尼，請行，曰：「奚之？」曰：「將之衛。」曰：「奚爲焉？」……顏回曰：「端而虛，勉而一，則可乎？」曰：「惡！惡可！」……回曰：「敢問心齋。」仲尼曰：「若一志，無聽之以耳，而聽之以心，無聽之以心，而聽之以氣，聽止於耳，心止於符，氣也者，虛而待物者也，唯道集虛，虛者，心齋也。」

嚴幾道先生《評點》說：

此處教以「一志」，教以「虛而待物」，而前此于回之自言，「端而虛，勉而一」，則以爲不可，何邪？此處之虛一，所以爲心齋，回之虛一，將以爲諫法。

衛國國君，「輕用其國，而不見其過，輕用民死，死者以國量乎澤若蕉」，顏回欲往諫而救之，請見孔子，孔子問其何所憑藉而往，顏回答以「端而虛，勉而一」，孔子以為不可，顏回數請，孔子乃告以「若一志」的「心齋」之法，幾道先生則以為，孔子的「心齋」，「虛而待物」，與顏回的「端而虛，勉而一」，雖然都著重一個「虛」字，兩者實有不同，幾道先生以為，孔子所說的「若一志」、「虛而待物」的「心齋」，主要是自己本身內在的修養工夫，是有諸己而後求諸人的基本條件；顏回前次所說的「端而虛，勉而一」的「虛一」，卻是外在的用以去諫勸衛君的方法技巧；因此，孔子所說的，是求之於己的，顏回所用的，是求之於人的，求之於己，主權操之在己，求之於人，主權操之在人；要之，在己在人，為主為客，際遇必然有所不同，成敗也將由此而分，幾道先生此段評語，將孔子與顏回的兩種「虛一」的境界，區分明白，對於了解《莊子》此篇的用意，確實有著很大的幫助。

5.

《莊子・德充符篇》曾說：

> 魯有兀者王駘，從之遊者，與仲尼相若…………。
>
> 申徒嘉，兀者也，而與鄭子產同師於伯昏無人…………。
>
> 魯有兀者叔山無趾，踵見仲尼…………。

嚴幾道先生《評點》說：

> 前段王駘，是使人忘其兀，此段申徒嘉，乃使人忘己兀，是德充符者，能使人我皆遺

形也，至叔山無趾，不但自忘其兀，而轉以不兀者爲天刑，其弔詭微妙，有如是者。

首先，兀者王駘能夠了解到天地萬物，「自其異者視之，肝膽楚越也，自其同者視之，萬物皆一也」的道理，能夠「遊心於德之和」，能夠「物視其所一而不見其所喪」，所以，他雖然是斷腳的兀者，卻能夠「視喪其足猶遺土也」，所以，才能「使人忘其兀」，使人們忘記了他的斷腳，而覺得他與常人無異。其之，兀者申徒嘉，能夠了解到人生處世，「知不可奈何而安之若命」的道理，能夠內有其德，而使人「與我遊於形骸之內」，所以，才能「使人忘己兀」，使別人忘記了他是一個斷腳的兀者。再次，兀者叔山無趾，能夠了解到人生在世，除了完整的雙腳之外，「猶有尊足者存」的道理，能夠「務學以復補前行之惡」，所以，才能「轉以不兀者爲天刑」，反而以形體完整的人，是受到了上天的刑懲。在〈德充符篇〉的前三篇中，幾道先生分別以「使人忘其兀」、「使人忘己兀」、「轉以不兀者爲天刑」等三語，說明此三節中不同的重點，對於此三節中意義的闡發，確實有著畫龍點睛的作用。

6.

《莊子．大宗師篇》曾說：

子桑户、孟子反、子琴張三人相與友…………子桑户死，未葬，孔子聞之，使子貢往侍事焉，或編曲，或鼓琴，相和而歌曰：「嗟來桑户乎！嗟來桑户乎！而已反其眞，而我猶爲人猗！」子貢趨而進曰：「敢問臨尸而歌，禮乎？」二人相視而笑曰：「是惡知禮意。」子貢反，以告孔子，曰：「彼何人者邪？修行無有，而外其形骸，臨尸而歌，顏色不變，無以命之，彼何人者邪？」孔子曰：「彼，遊方之外者也，而丘，遊方之內者也，外內不相及，而丘使女往弔之，丘則陋矣……。」

嚴幾道先生《評點》說：

孔子知桑戶諸人，皆遊於方之外，誠不能以世俗之禮爲之拘，然而使己棄方之內，而從之遊，則又不爲也，故曰：「吾與汝共之。」勉之之辭也，且魚之生也，不能去水，人之生也，豈能離道，不能離道，則方內外皆可相忘，又何必求爲畸人之侔於天而畸於人乎？莊子蓋知孔子之深，故能言之如此，嗟乎，當爲栖栖之時，孔子自知爲天之戮民久矣。

莊子視死生爲順化，故主張「善吾生者，乃所以善吾死」，主張「安時而處順，哀樂不能入」，因此，對死生大事，認爲足以相忘，認爲人之死亡，爲反歸本眞，故孔子以道家爲遊於方域之外，超脫於世俗之上，而己身則遊於方域之內，爲「天之戮民」，故也期求與子貢共遊於方內方外以相忘於道術之際；幾道先生於此節之中，分析方內方外之別，剖析儒道兩家之異，又謂「莊子蓋知孔子之深，故能言之如此」，幾道先生，一則站在儒家立場，以論孔子勉勵子貢爲道自任之心，一則闡明莊子深知孔子之義，所論多深刻中理，足資參考。

7.

《莊子・達生篇》曾說：

紀渻子爲王養鬥雞，十日而問：「雞已乎？」曰：「未也，方虛憍而恃氣。」十日又問，曰：「未也，猶應嚮景。」十日又問，曰：「未也，猶疾視而盛氣。」十日又問，曰：「幾矣，雞雖有鳴者，已無變矣，望之似木雞矣，其德全矣，異雞無敢應者，反走矣。」

嚴幾道先生《評點》說：

自海通以來，大抵皆虛憍恃氣，夫氣不可無，而不足恃，至應嚮而無實，則自處于至勞，必敗之道也，改革以來，爭言變法，又大抵皆應嚮景者矣，設遇木雞，以其冷血，不應感情，彼且譁而去之，烏能觀其所以爲鬥者乎？能御氣而不爲嚮景之所變，則幾矣。

幾道先生藉著《莊子》此節，評論晚清海通以來，國勢空虛無實，而朝野上下，又多驕矜自傲，昧於時局，假借不實的氣勢，逞強誇誕，偶遇外侮乍至，即聞聲向影驚惶，以至疲於奔命，用取敗亡，幾道先生且又以爲，即使康梁變法改革以來，其形勢仍然一如往昔，不見更易，以此虛弱之國勢，一旦遭遇冷血無情強悍凶頑的敵人，又怎能與之相爭相鬥相抗衡呢！因此，只有沉潛內斂，莊敬自強，能以志帥氣，不爲外物聲嚮魅影所悚動其心，方能立足於當世，個人如此，國家亦復如此：幾道先生於此節中，並不依文釋義，也不申述《莊子》的要旨，而是轉取近時的局勢，以作比證，卻也使人對於《莊子》此節，有著另外的一種會心，更深一層的體悟。

8. 《莊子・山木篇》曾說：

陽子之宋，宿於逆旅，逆旅人有妾二人，其一人美，其一人惡，惡者貴而美者賤，陽子問其故，逆旅小子對曰：「其美者自美，吾不知其美也，其惡者自惡，吾不知其惡也。」陽子曰：「弟子記之，行賢而去自賢之行，安往而不愛哉！」

嚴幾道先生《評點》說：

美惡是一重公案；自美自惡，又是一重公案；人以爲美，人以爲惡，是第三重公案也；至於美惡而自忘其美惡，且又不知人之以爲美惡，則所謂送君者自厓而反矣。

逆旅主人之妾二人，其一人美，其一人惡，是第一層義蘊；其美者自美，其惡者自惡，是第二層義蘊；逆旅小子以美者爲惡，以惡者爲美，是第三層義蘊；人有其美而去其自美之心，人有其惡而去其自惡之心，人能行賢而去其自賢之行，是第四層義蘊。幾道先生的評點意見，將《莊子》此節分析得十分透澈，對於理解《莊子》此節，頗有助益。

9. 《莊子・知北遊篇》曾說：

有先天地生者物邪？物物者非物，物出不得先物也，猶其有物也。

嚴幾道先生《評點》說：

物物者非物，此最要義，故西教像人爲眞宰，哲學家以其觀念最稚也，而中國唐之劉柳言天，且謂其好惡賞罰，與人意殊，雖然，是特不可知耳，以爲同人，固可以非，以爲異人，亦未必是，孰從而決之？

老子以爲，「有物混成，先天地生」❹，莊子以爲，「有天地生者物」，都認爲在天地有形萬物生成以前，已經有一主宰萬物生成之「物」存在，只是，能主宰產生天地萬物之「物」，卻是「無形」的「非物」，所以，莊子在此篇中，也曾以「視之而不見，聽之而不聞，搏之而不得」，去形容此「物」；唐代的劉禹錫，以爲「天之能，人固不能也，人之能，天亦有所不能也」，故主張「天與人交相勝」❺，柳宗元也以爲，「天地，大果蓏也」，「其烏能賞功而罰禍乎！功者自功，禍者自禍，欲望其賞罰者大謬」❻，對於「天」，他們也有不同的看法，但都不曾說出「物物者」有形的形相。所以，莊子以爲，「物物者非物」，幾道先生以爲，西方宗教以像人爲眞宰之代表，是頗爲幼稚的看法。

10.

《莊子・外物篇》曾說：

宋元君夜半而夢人被髮闚阿門，曰：「予自宰路之淵，予爲清江使河伯之所，漁者余且得予。」元君覺，使人占之，曰：「此神龜也。」……乃刳龜，七十二鑽而無遺策，仲尼曰：「神龜能見夢於元君，而不能避余且之網，知能七十二鑽而無遺策，不能避刳腸之患，如是，則知有所困，神有所不及也，雖有至知，萬人謀之，魚不畏網而畏鵜鶘，去小知而大知明，去善而自善矣。嬰兒生無石師而能言，與能言者處也。」

又說：

惠子謂莊子曰：「子言無用。」莊子曰：「知無用而始可與言用矣，天地非不廣且大也，人之所用容足耳，然則廁足而墊之致黃泉，人尚有用乎？」惠子曰：「無用。」莊子曰：「然則無用之爲用也亦明矣。」

嚴幾道先生《評點》說：

嬰兒兩語，當自成章，即不然，屬下段，石師於言，有用之用，能言相處，無用之用，而究之嬰兒之得效，於何者爲多？知此則無用之用見矣，〈徐无鬼〉：「足之於地也踐，雖踐，恃其所不蹍而後善博也，人之於知也少，雖少，恃其所不知而後知天之所謂也。」與此乃相發明。

神龜雖能見夢於宋元君，雖能七十二鑽而無遺策，但不能全身自活其命，故其智實多屬小智，魚雖能知網爲無知，鵜鶘有知，故不畏網而畏鵜鶘，但鵜鶘爲魚之害小，而網罟爲魚之害大，則魚之智，也屬小智；故人必先能去其小智之心，然後可以進而入於大智之域，人必先能去其自以爲善之念，然後可以進而有其眞善之行，〈外物篇〉中此節要義，已具在於此，而「嬰兒生無石（碩）師而能言，與能言者處也」兩句，與上文之義，並無連貫之處；嚴靈峯先生以爲，「嬰兒」兩句，當自爲一章，或聯屬於下段之首，因爲，石師能以言語教授嬰兒，使之能言，是「有用之用」，嬰兒雖無石師之教，而與能言之人相處，自然向化，則是「無用之用」，此與下段莊子言「無用之爲用也，亦明矣」，在意義上正相符合，且與〈徐无鬼篇〉所說的，都是在闡明「無用之用，是爲大用」的宗旨，因此，嚴靈峯先生的意見，應該是相當正確的判斷。

三、結　論

嚴靈峯先生對於傳統文化，有深刻的了解，對於西方新學，也有透澈的認識，因此，他在閱讀《莊子》之時，往往能夠以新穎的見解，科學的觀點，去闡釋莊學的要義，也往往能夠抒發出許多前所未見的新義蘊與新境界，不僅對於世人閱讀《莊子》，具有珍貴的參考價值，同時，人們也可藉此了解嚴靈峯先生在當時的處境與思想，作知人論世的體認；此文之作，意在彰顯嚴靈峯先生評點《莊》書的精義，故取嚴靈峯先生評點諸語，擇選十條，略事闡釋，以見大端，至於十條之外，嚴靈峯先生評點《莊》書的嘉言勝義，爲數尚多，此文則不能一一枚舉了。

附注

❶ 此據王遽常所著《嚴幾道年譜》，民國六十四年臺灣商務印書館臺一版。

❷ 此據藝文印書館影印之《侯官嚴氏評點莊子》，民國五十九年六月初版，並參考曾克耑先生輯錄之〈嚴幾道先生之莊子學〉。

❸ 引見焦竑《莊子翼》。

❹ 見《老子》第二十五章。

❺ 見劉禹錫所著〈天論〉。

❻ 見柳宗元所著〈天說〉。

（此文原刊載於《興大文史學報》第二十一期，民國八十年三月出版）

嚴幾道對於莊子思想的批評

一、引 言

侯官嚴幾道先生，平生喜讀《莊子》，早年，誦讀《莊子》一書，每有所見，即於書眉之間，施以丹黃，隨時評點，記錄心得，其後，該書爲桐城馬通伯久借不歸，民國五年，幾道先生年已六十四歲，乃據馬氏《莊子故》一書，重加評點，幾道先生逝世之後，此書曾由上海商務印書館出版，尙未行世，而燬於一二八日寇侵略淞滬之役❶，民國四十一年，福州曾克耑先生嘗抄撮幾道先生評點諸語，集爲〈嚴幾道先生之莊子學〉一文，刊載於香港《人生》雜誌，並單行爲《岷雲堂叢刊》之一種，其後，嚴靈峰先生復取該文，收入《無求備齋莊子集成續編》。而海軍總司令部，以幾道先生爲我國海軍耆宿，也嘗爲之重印《老子》、《莊子》、《王荊公詩》等三種評點。民國五十九年，藝文印書館又曾影印《莊子評點》一書於臺北。

幾道先生《莊子評點》一書，份量繁富，論其內容，有校正文字者，有詮釋訓詁者，有疏釋章句者，有駁正各家注解者，有指示讀莊門徑者，有申釋要義者，有指點文章優劣者，有印證傳統學說者，有參證西方新學者，有比況當代局勢者，有評析莊學得失者，而且，無論在上述的那一方面，幾道先生的評點意見，都擁有許多勝義卓識，足供研讀《莊子》的參考，但是，個人閱讀此書之時，印象最深刻的，卻是幾道先生評論莊子學說缺失流弊方面的見解，他的看法，不但切實精到，而且，多數都是歷來研究《莊子》之學者所極少談到的意見，所以，也越發顯得珍貴。

以下，即將幾道先生對於莊子思想的批評意見，加以表出，俾供參考。

二、批　評

1、昧於進化的趨向

幾道先生認爲莊子思想的缺失，共有三項，其一是昧於進化的趨向，其二是忽略仁義的價值，其三是誤解人生的意義。對於這三項缺失，他都曾加以批評，在批評莊子昧於進化的趨向方面，像《莊子・馬蹄篇》曾說：

> 彼民有常性，織而衣，耕而食，是謂同德，一而不黨，命曰天放，故至德之世，其行塡塡，其視顚顚，當是時也，山無蹊隧，澤無舟梁，萬物群生，連屬其鄉，禽獸成群，草木遂長，……夫赫胥氏之時，民居不知所爲，行不知所之，含哺而熙，鼓腹而遊，民能已知矣，及至聖人，屈折禮樂以匡天下之形，縣跂仁義以慰天下之心，而民乃始踶跂好知，爭歸於利，不可止也，此亦聖人之過也。

嚴幾道先生《評點》說：

> 此篇持說，極似法之盧梭。盧梭爲《民約》等書，即操此義，以初民爲最樂。顧以事

實言，乃最苦者，故其說盡破。❷

莊子以爲民有常性，善治天下者，順民素樸之性，即可以爲治，如果不此之圖，作爲一切規矩準繩，以限制人民，創爲一切道德仁義，以拘束百姓，則是治天下者之過錯，幾道先生則以爲，人類文明，是進化的，而非退化的，所以，他並不認爲莊子所說的原始質樸，就是人類最理想的境界，也不以爲初民的情況，就是人類最快樂的生活。又如《莊子·胠篋篇》曾說：

> 子獨不知至德之世乎？昔者容成氏、大庭氏、伯皇氏、中央氏、栗陸氏、驪畜氏、軒轅氏、赫胥氏、尊盧氏、祝融氏、伏羲氏、神農氏，當是時也，民結繩而用之，甘其食，美其服，樂其俗，安其居，鄰國相望，雞狗之音相聞，民至老死而不相往來，若此之時，則至治已。

嚴幾道先生《評點》說：

> 此說與盧梭正同，然而大謬。莊所謂至德之世，世間固無此物，而今日非澳各洲，內地未開化之民，其所當乃至苦，如是而曰至治，何足慕乎？

幾道先生以爲，莊子所謂至德之世，其名雖爲返於質樸本眞，而實與文明落後，略無分別，故舉出非洲澳洲內陸之民，作爲例證，其地名爲原始，實則未及開化，世人皆知其情況最爲困苦。因此，他以爲莊子所說的「至德之世」，只是莊子心目中想像的樂園而已，既不符合歷史的事實，也就不值得人們去羨慕了。《莊子・胠篋篇》又說：

今遂至使民延頸舉踵曰：「某所有賢者。」贏糧而趣之，則內棄其親，而外去其主之事，足跡接乎諸侯之境，車軌結乎千里之外，則是上好知之過也，上誠好知而無道，則天下大亂矣……甚矣夫好知之亂天下也，自三代以下者是已，舍夫種種之機而悅夫役役之佞，釋夫恬淡無爲而悅夫哼哼之意，哼哼已亂天下矣。

嚴幾道先生《評點》說：

且無論所言之離乎事實也，就令果然，其說謂絕聖棄智者，亦何能至邪？世運之降，如岷峨之水，已滔滔而爲荆揚之江，乃欲逆而挽之，使之在山，雖有神禹，且不能至。禹之所爲，亦疏之瀹之，使之歸海而無爲氾濫之患而已，此言治者所不可不知者也。

莊子以爲，「聖人生而大盜起」，「絕聖棄知，大盜乃止」，在上者如果好智而無道，尊尚賢智，蔑棄自然，則天下必將大亂，幾道先生則以爲，人類進化，由野蠻而已經日趨文明，由蒙昧而已經日進於聰慧，再想要退歸原始，絕棄聖智，也將是不可能的事情，正如小河之水，已經流入大江，而想要使之逆流還源，也同樣是絕不可能的事情，因此，幾道先生以爲，道家思想雖以「自然」爲宗，但是，這種「退化」的觀點，卻是極不自然的行爲。又如

《莊子・在宥篇》曾說：

> 昔者黃帝始以仁義攖人之心，堯舜於是乎股無胈、脛無毛，以養天下之形，愁其五藏以爲仁義，矜其血氣以規法度，然猶有不勝也，堯於是放讙兜於崇山，投三苗於三峗，流共工於幽都，此不勝天下也，夫施及三王而天下大駭矣，下有桀跖，上有曾史，而儒墨畢起，於是乎喜怒相疑，愚知相欺，善否相非，誕信相譏，而天下衰矣。

嚴幾道先生《評點》說：

> 天下固衰，而其初亦未嘗盛。

《莊子・在宥篇》中，主張「在宥天下，不聞治天下」，主張人人有其本具的善性，人人有其本具的明德，主張人君爲政，宜使天下之人，「不淫其性，不遷其德」，則天下自然和諧，自黃帝堯舜以下，不順自然，造作有爲，而天下由是衰微，但是，幾道先生則以爲，黃帝堯舜以後，天下固然衰微，黃帝堯舜以前，卻也未曾有過昌盛的時代，因此，莊子的說法，是不足取信於人的。總之，幾道先生是從歷史發展的事實上，去批評莊子昧於「進化」的觀念，去反駁莊子「退化」的觀點，去反對莊子以古爲盛，以原始質樸爲理想境界的看法。

2. 忽略仁義的價值

幾道先生也曾批評莊子忽略仁義的價值，像《莊子・徐无鬼篇》曾說：

齧缺遇許由曰：「子將奚之？」曰：「將逃堯。」曰：「奚謂邪？」曰：「夫堯，畜畜然仁，吾恐其爲天下笑，後世其人與人相食與！夫民，不難聚也，愛之則親，利之則至，譽之則勸，致其所惡則散。愛利出乎仁義，捐仁義者寡，利仁義者衆。夫仁義之行，唯且無誠，且假夫禽貪者器，是以一人之斷制利天下，譬之猶一覕也，夫堯知賢人之利天下也，而不知其賊天下也，夫唯外乎賢者知之矣。」

嚴幾道先生《評點》說：

言老莊者，每言後世之亂，往往歸獄先王，聞其言亦若成理，然使舍先王之道，而用老莊之術，則天下從此果遂治乎？殆不然矣，吾則謂幸有先王，天下尚有今日，若用老莊，不知胡底，晉宋之間，其已事矣。老莊之所謂仁義，煦煦（即畜畜）子子者也，與孔孟之所謂仁義大殊，必推極而言之，即韓愈之博愛行宜，亦恐有未盡也，夫煦煦子子之仁義，其終幾何不僞，故曰唯且無誠，既無誠矣，則未有不爲禽貪者器，既爲禽貪者器矣，則方其始用，其利天下不過一覕，而賊天下可以無窮，則至人與人相食，其言不爲過也。

莊子藉著許由之口，說出仁義雖爲聖人所重，但是，後世之人，卻往往假借仁義之名，以遂其私利之實，仁義既已成爲貪瀆者獵取私利的工具，也就自然成爲賊害天下的工具了，幾道先生則以爲，老莊所說的仁義，表面上雖似高遠，卻只是一種不切實際的偏宕之詞，與孔孟所說由人們本心出發的仁義，大不相同，由老莊的仁義出發，既不能使人們切實踐行，則容易使人們走上虛僞無誠的道路，也更不免使得仁義成爲賊害人群的工具，幾道先生以爲，後世持老莊之論的人，往往以清靜虛無作爲理想的境界，而以堯舜禹湯作爲淆亂天下的罪魁禍首，其實，魏晉以下的虛玄之學，導致了國家的衰頹，已經足夠作爲後世省思的課題了，民族的維繫至今，豈不仍然是依靠著孔孟仁義道德的力量嗎！要之，幾道先生在此，雖然是站在儒學的立場，去反駁道家學說的流弊，畢竟也是由孔孟所代表的儒家學說，最能順乎人情，合乎人性，而不像道家的學說，總不免有著矯枉過正的缺陷。又如《莊子・胠篋篇》曾說：

> 聖人不死，大盜不止，雖重聖人而治天下，則是重利盜跖也，爲之斗斛以量之，則并與斗斛而竊之，爲之權衡以稱之，則并與權衡而竊之，爲之符璽以信之，則并與符璽而竊之，爲之仁義以矯之，則并與仁義而竊之，何以知其然邪？彼竊鉤者誅，竊國者爲諸侯，諸侯之門而仁義存焉。

嚴幾道先生《評點》說：

> 然而以爲大盜利用之故，謂斗斛權衡符璽仁義爲不必設，設而於天下無所利焉，此又過激之談，而不得物理之平者矣。

幾道先生以爲，斗斛權衡符璽仁義等等，爲正常社會必具之利器，如果有人因而竊取其利，則罪過應在竊取之人，而不是在於「利」之本身，因此，幾道先生以爲，莊子「掊擊聖人，縱舍盜賊，而天下始治」的主張，是到果爲因的偏宕行爲，是因噎廢食的錯誤想法，是不合情理的「過激之談」，因爲，事情的因與果，不應加以蔑視顚倒，不能因爲其事有弊，而遂盡去其有利之用，因此，莊子所見及的，大抵多是人生社會病態的非常現象，而不是人生社會健康的正常現象，所以，莊子才會蔑視仁義，而不了解仁義是根於人們的天性之中，有其維持人性尊嚴的價値，有其維持社會和諧的力量。

3.誤解人生的意義

幾道先生在批評莊子誤解了人生的意義方面，像《莊子・駢拇篇》曾說：

伯夷死名於首陽之下，盜跖死利於東陵之上，二人者，所死不同，其於殘生傷性，均也，奚必伯夷之是而盜跖之非乎？天下盡殉也，彼其所殉仁義也，則俗謂之君子，其所殉貨財也，則俗謂之小人，其殉一也，則有君子焉，有小人焉，若其殘生損性，則盜跖亦伯夷已，又惡取君子小人於其間哉！……吾所謂明者，非所謂仁義之謂也，任其性命之情而已矣。

嚴幾道先生《評點》說：

莊生最長喻義，其詞鋒殆不可當，用以剽剝儒墨。雖然，使人類所重，而果在生，則伯夷盜跖，誠可同訾。顧所重有甚於生者，而使人人徒知有生，則天下將至於不得生，則伯夷所爲，又烏可議？且任其性命之情，其爲說亦眾矣，夷曰：「吾任吾性命之情。」跖亦曰：「吾任吾性命之情也。」則論者又何道以處之。

莊子以爲，伯夷殉於名，盜跖殉於利，二人所殉的情形，雖有不同，而殘害生命，戕傷本性，卻是相同，因此，莊子以爲，對於伯夷盜跖，自然也就不必强加以君子小人的分別之辭，只要各人順乎天賦的本性，那就是最理想的境界了，幾道先生則以爲，殉名與殉利，目標確有不同，價值也自然相異，莊子不推究二人所殉的目標，不考慮二人行爲價值的差別，卻只就同屬犧牲生命這一事件之上，加以强調，其結果，必至使得人們眼中只看重「生存」，以至於只要能夠維持生命的生存，也將可以放棄人生一切的立場與目標，幾道先生以爲，只有在人人都知道除了「生存」之外，還有比「生存」更加重要的目標，人們在生活之中，才會有更高的理想與價值觀念的存在，從這個角度去省察，則伯夷的犧牲生命，又怎能說是毫無價值，在意義上，又怎能取與盜跖的喪失生命，等量而齊觀呢！在這一段文字中，幾道先生從人生在世所當具有的意義與價值上，去批評莊子的「全生養性」的觀念，確實具有相當大的說服力。另外，幾道先生對《莊子・人間世篇》評論時曾說：

吾讀此篇，未嘗不廢書而歎也，夫莊生《人間世》之論，固美矣，雖然，察其究竟，則所言者，期于乘物而遊，託不得已以養神，終其天年而已，顧吾聞之，人之生于世也，俯仰上下，其所受于天地父母者至多，非人類而莫與，則所以于三才者，固必有其應盡之天職，而由是殺身成仁、舍生取義之事興焉，此亦莊所謂不可解于心、無所逃于天地之間者，豈但知無用之用，返初全生，遂爲至人已乎？且生之爲事，亦有待而後貴耳，使其禽視獸息，徒曰支離其德，亦何取焉？此吾終以老莊為楊朱之學，溺于其說者，未必無其蔽也，觀于晉之夷甫平叔諸人，可以鑑矣。

《莊子·人間世篇》，前半幅敘述了處於人間世界的艱難可畏，後半幅表示了以無用之用為全生盡年的大用，幾道先生則以為，人之生於宇宙之間，所受益於天地父母之恩惠極多，因此，人生在世，也當有其應盡之義務，如果人生在世，僅僅只知返於質樸的本性，保全一己的生命，而無關乎他人的隱痛，即可視以為「至人」，那麼，這與禽獸的視息於世，渾噩一生，又有什麼區別呢！因此，幾道先生以為老莊之道，不免近於楊朱為我之學，而戒人無受其蒙蔽了。

幾道先生於《莊子·在宥篇》中，曾經評道：「嘗謂莊周與孟子當世相及，乃孟莊二氏，從無一言，互為評騭，何邪？頗疑莊與楊為疊韻，周與朱為雙聲，莊周即《孟子》七篇中所謂楊朱。」又於〈庚桑楚篇〉評道：「莊周即不必為楊朱，而其學則眞楊氏為我之學也。」幾道先生疑莊周即楊朱，稍後，蔡元培先生撰《中國倫理學史》，也有相同的看法。此姑不論，重要的是，幾道先生以為，莊子全生盡年的思想，是非常接近楊朱為我之學的，他也以為，老莊之道，畢竟是偏離了人生的正軌，畢竟不曾了解到人生的價值，也誤解了人生在世的意義。

三、結　語

嚴幾道先生對於莊子思想的批評，集中在三個重點上，其一是站在「進化」的立場，去批評莊子「退化」的觀念；其二是站在「道德」的立場，去批評莊子忽視了「仁義」的價值；其三是站在「儒學」的立場，去批評莊子誤解了「人生」的意義。

幾道先生曾經譯有《天演論》，對於達爾文、斯賓塞、赫胥黎等人所創導的進化論(Evolutionism)，頗多了解，對於「物競天擇，適者生存」的理論，也極爲服膺，因此，他從「進化」的觀點，去考察莊子的思想，自然覺得莊子反古還淳的思想，是充滿了「退化」的觀念，而不以之爲然了。

幾道先生對於儒家孔孟學說，有著深刻的理解，他從仁義忠信、社會道德、人倫關係、人生意義等方面，去考察莊子的思想，自然覺得莊子的蔑視仁義，輕忽人倫、柔弱濡下、全生養性的觀念，是忽視了仁義的價值，是誤解了人生的意義，而都不是人生的正軌了。

幾道先生從「進化」及「儒學」的觀點，去批評莊子的思想，對於莊子而言，並不十分公允；然而，從整個社會人生的意義而言，幾道先生的批評意見，確實也能指陳出莊子思想的某些缺失，提供給世人作爲參考。只是，幾道先生的批評意見，只集中在《莊子》一書的外篇與雜篇之中，對於莊子思想重心所在的內篇部分，則批評得極少，不能不說是有所遺憾。

歷來研究《莊子》一書的學者們，多數都是着重從正面去疏釋《莊子》的文辭，闡發莊學的要義，肯定莊學的價值，很少有人能從負面去評論莊子思想的缺失，幾道先生雖然喜誦《莊子》，「於《莊子》累讀不厭」[3]，但是，對於《莊子》思想所能產生的流弊與缺失，他仍然是不加掩飾，而力加評論，以作爲世人的參考，這種態度，總是十分難能而可貴的。

附注

❶ 此據王遽常所著《嚴幾道年譜》，民國六十六年臺灣商務印書館臺一版。

❷ 此據藝文印書館影印之《侯官嚴氏評點莊子》，民國五十九年六月初版，並參考曾克耑先生輯錄之〈嚴幾道先生之莊子學〉。

❸ 見王遽常《嚴幾道年譜》頁一一二。

（此文原刊載於《書目季刊》二十四卷三期，民國七十九年十二月出版）

試析荀子對於老莊思想的批評

一、引　言

春秋戰國時代，諸子百家，蠭出並作，相互爭鳴，因此，彼此之間，學說的爭辯，思想的評論，也勢不可免，在先秦的思想家中，荀子的時代，較爲晚出[1]，因此，對於在他之前的一些思想學說，他也曾經作出了不少的批評意見。

在《荀子》書的〈非十二子篇〉中，他曾經對於它囂、魏牟、陳仲、史鰌、墨翟、宋鈃、慎到、田駢、惠施、鄧析、子思、孟軻等十二人的學說，作出了極爲嚴厲的批評。

在《荀子》書的〈天論篇〉中，他曾經對於慎子、老子、墨子、宋子等四人的思想，作出了極爲透澈的批評。

在《荀子》書的〈解蔽篇〉中，他曾經對於墨子、宋子、慎子、申子、老子、莊子等六人的見解，作出了極爲深刻的批評，並且批評墨子等六人，都是「觀於道之一隅而未之能識」的「曲知之人」。

此文之作，僅試爲分析荀子對於老子與莊子思想的批評意見，探討其批評意見所以形成的學術背景，至於荀子對於其他諸人的批評意見，則不加涉及。

以下，先分析荀子批評老子思想的意見，再分析荀子批評莊子思想的意見。

二、荀子批評老子思想的意見

荀子在〈天論篇〉中曾經說道：

老子有見於詘，無見於信。

又曾說道：

有詘而無信，則貴賤不分。

楊倞《荀子注》說：

（老子）著五千言，其意多以屈爲伸，以柔勝剛，故曰，見詘而不見信也，信，讀爲伸。

又說：

貴者伸而賤者詘，則分別矣，若皆貴柔弱卑下，則無貴賤之別矣。❷

梁啓雄《荀子柬釋》引梁任公之言說：

詘信即「屈伸」，古今字，老子以「柔弱勝剛強」，「不爲天下先」，專務以詘爲教。而不知「自強不息」、「日進無疆」之爲美德，所謂無見於信也。❸

李滋華（滌生）先生《荀子集釋》說：

「詘信」、「屈伸」，古今字，老子云：「大直若屈，大巧若拙。」「不敢爲天下先，故能成器長。」「知其榮，守其辱，爲天下谷。」皆有見於屈，無見於伸之義。故荀子批評他說：老子只看到「屈」在人生中的大用，沒有看到「伸」在人生中的大用。

又說：

人情以屈伏卑下爲賤，以伸展高尚爲貴，只有屈卑的，沒有伸展高尚的，貴賤就沒有分別了。[4]

荀子批評老子「有見於詘，無見於信」，從各家的疏解中，我們知道，「詘信」和「屈伸」是古今字，而所謂「屈」，是指老子思想中柔弱卑下居後不爭的主張，所謂「伸」，是指人們生活日用之間，剛健自强日進不息的一面，荀子以爲，老子只見到「柔弱」在人生行事中的作用，卻不曾見到「剛健」在人生行事中的作用，因此，老子所見到的，畢竟只是一種「自我委屈式」的人生觀，卻見不到另外一種「直道而行式」的人生價值。

同時，荀子以爲，老子的這種「有詘而無信」的思想，只見到人生行事中「柔弱」的好處，卻見不到人生行事中「剛健」的美德，推致其極，將至於「貴賤不分」的結果，「貴賤不分」，楊注以爲，是「貴者伸而賤者詘，則分別矣，若皆貴柔弱卑下，則無貴賤之別矣」，楊倞的說辭，較爲晦澀，易滋誤會，他似乎是說，人生的價值標準，行爲準則，應該是

「貴者應伸而賤者應詘」，換句話說，應該是「伸者爲貴而詘者爲賤」，如此，貴賤才有分別，如果人生一切行事，都以柔弱卑下委屈爲貴，則「貴」「賤」之間，也就混淆而無所分別了，李滋華先生則以爲，「人情以屈伏卑下爲賤，以伸展高尙爲貴，只有屈卑的，沒有伸展高尙的，貴賤就沒有分別了」，李先生以「人情」作爲價值衡量的標準，（因爲，人情總是不太相遠的）以爲人之常情，自屬以屈伏卑下爲「賤」，以伸展高尙爲「貴」，如果，像老子一樣，只認定屈卑的行爲，才是人生經久可行的途徑，而過分地强調了柔弱的價值，這種觀念，又普遍地爲世人所遵信，則人們在日用之間，勢將會只具有一種價値標準的選擇，而遺忘了人生還另有伸展高尙的一面，還另有直道而行的一面，還另有一種可供人們選擇的價値標準，則勢必混淆了貴賤之間的標準，而使得貴賤不再分別，甚至變作了以「賤」爲「貴」，變成了以人生的「負面」價値，去取代了「正面」的價値的判斷，李先生的解釋，不但清晰明白，也更加肯定了荀子所謂的「貴賤」，不是指世俗官爵名位的崇卑，而是指人生價値衡量的一種準則。

荀子批評老子「有見於詘，無見於信」，在上文所引述的《荀子柬釋》與《荀子集釋》之中，我們見到，梁任公與李滋華兩位先生，已經枚舉了一些《老子》書中的文句，以說明老子「有見於詘」的思想特徵，以下，爲了印證荀子的批評意見，即再從《老子》書中，分類枚舉出更多的例子，作爲證明的資料❺，例如：

持而盈之，不如其已，揣而銳之，不可長保，金玉滿堂，莫之能守，富貴而驕，自遺

其咎，功遂身退，天之道。（第九章）

曲則全，枉則直，窪則盈，敝則新，少則得，多則惑，是以聖人抱一爲天下式；不自見故明，不自是故彰，不自伐故有功，不自矜故長；夫唯不爭，故天下莫能與之爭，古之所謂曲則全者，豈虛言哉，誠全而歸之。（二十二章）

明道若昧，進道若退，夷道若纇，上德若谷，大白若辱，廣德若不足，建德若偷，質眞若渝，大方無隅，大器晚成，大音希聲，大象無形，道隱無名，夫唯道，善貸且成。（四十一章）

大成若缺，其用不弊，大盈若沖，其用不窮，大直若屈，大巧若拙，大辯若訥，躁勝寒，靜勝熱，清靜天下正。（四十五章）

人之生也柔弱，其死也堅強，萬物草木之生也柔脆，其死也枯槁，故堅強者死之徒，柔弱者生之徒，是以兵強則不勝，木強則兵，強大處下，柔弱處上。（七十六章）

《老子》第九章中所說的戒盈、戒銳、戒驕、戒退，第二十二章中所說的取曲、取枉、取窪、取敝，第四十一章中所說的似昧、似退、似纇、似辱，四十五章中所說的若缺、若屈、若拙、若訥，第七十章中所說的柔弱、柔脆、處上、處下，基本上，都是老子思想中對於人們行爲準則方面所顯示出來的一種「委屈不伸形式」的人生觀。又如：

知其雄，守其雌，爲天下谿，爲天下谿，常德不離，復歸於嬰兒；知其白，守其黑，爲天下式，爲天下式，常德不忒，復歸於無極；知其榮，守其辱，爲天下谷，爲天下

谷，常德乃足，復歸於樸。（二十八章）

天下之至柔，馳騁天下之至堅，無有入無間，吾是以知無為之有益，不言之教，無為之益，天下希及之。（四十三章）

名與身孰親？身與貨孰多？得與亡孰病？是故甚愛必大費，多藏必厚亡，知足不辱，知止不殆，可以長久。（四十四章）

禍莫大於不知足，咎莫大於欲得，故知足之足，常足矣。（四十六章）

為者敗之，執者失之，是以聖人無為，故無敗，無執，故無失，民之從事，常於幾成而敗之，愼終如始，則無敗事，是以聖人欲不欲，不貴難得之貨，學不學，復眾人之所過，以輔萬物之自然，而不敢為。（六十四章）

《老子》第二十八章中所說的守雌、守黑、守辱，第四十三章中所說的不言之教、無為之益，第四十四章中所說的知足不辱、知止不殆，第四十六章中所說的知足之足，第六十四章中所說的無為、無執、不欲、不學，基本上，都是老子思想中對於與人相處方面所顯示出來的一種「退讓謙抑形式」的社會觀。又如：

不尚賢，使民不爭，不貴難得之貨，使民不為盜，不見可欲，使民心不亂，是以聖人之治，虛其心，實其腹，弱其志，強其骨，常使民無知無欲，使夫智者不敢為也，為無為，則無不治。（三章）

將欲取天下而為之，吾見其不得已，天下神器，不可為也，為者敗之，執者失之，故

物或行或隨，或歔或吹，或強或羸，或挫或隳，是以聖人去甚去奢去泰。（二十九章）

江海所以能爲百谷王者，以其善下之，故能爲百谷王，是以欲上民，必以言下之，欲先民，必以身後之，是以聖人處上而民不重，處前而民不害，是以天下樂推而不厭，以其不爭，故天下莫能與之爭。（六十六章）

天之道，其猶張弓與？高者抑之，下者舉之，有餘者損之，不足者補之；天之道，損有餘而補不足，人之道則不然，損不足以奉有餘，孰能有餘以奉天下，唯有道者，是以聖人爲而不恃，功成而不處，其不欲見賢。（七十七章）

天下莫柔弱於水，而攻堅強者莫之能勝，以其無以易之，弱之勝強，柔之勝剛，天下莫不知，莫能行，是以聖人云，受國之垢，是謂社稷主，受國不祥，是爲天下王，正言若反。（七十八章）

《老子》第三章中所說的虛心、實腹、弱志、強骨，使民無知無欲，第二十九章中所說的去甚、去奢、去泰，第六十六章中所說的必以言下之、必以身後之，第七十七章中所說的爲而不恃、功成而不處，第七十八章中所說的受國之垢、受國不祥，基本上，都是老子思想中對於治國君民方面所顯示出來的一種「柔弱卑下形式」的政治觀。

要之，上述《老子》書中所顯示出來的思想，無論是在人生、社會、政治的觀點上，在個人的心志與行爲上，都只是一種偏於柔弱退讓封閉而委屈求全的態度，而不是一種近乎剛健伸展開闊而勇往直前的態度，因此，荀子批評老子的思想，認爲他是「有見於詘，無見於信」，從某些方面看，確是有著相當程度的道理。

至於荀子以為，老子的「有見於詘，無見於信」，可能導致於產生「貴賤不分」的不良後果，則是指出，老子這種柔弱卑屈的思想，如果大行於世，而為人們所廣泛地推崇與肯定，則在世人的心目之中，勢將排斥掉另外一種與之相反的觀念，久而久之，也將從而忘卻了人間還有另外一種剛健自尊的思想存在，以致模糊了價值的標準。

荀子批評老子「有見於詘，無見於信」，以為老子的思想，只見到人生行事中「屈」的一面，很自然地，荀子也就以「伸」自居，以為自己的思想，是站在人生行事中「伸」的一面了。因此，荀子對於老子的批評，一方面，是他從客觀的立場上，認識了老子思想的缺點，另一方面，也是他從主觀的立場上，由自己本身的學術思想作出發點，而作出的批評意見。

三、荀子批評莊子思想的意見

荀子在〈解蔽篇〉中曾經說道：

> 莊子蔽於天而不知人。

又曾說道：

> 由天謂之道，盡因矣。❻

楊倞《荀子注》說：

天，謂無爲自然之道，莊子但推治亂於天，而不知在人也。

又說：

因任其自然，無復治化也。

梁啓雄《荀子柬釋》引梁任公之言說：

莊子以「復歸於自然」爲道之極軌，而不知人治之有加於天行，本書〈天論〉：「大天而思之，孰與物畜而制之，從天而頌之，孰與制天命而用之……故錯人而思天，則失萬物之情。」此正所以解莊子之蔽也。

又說：

因者，純放任其自然之天，不復盡人事也。

李滋華（滌生）先生《荀子集釋》說：

「天」，無爲自然之道。「人」，人爲。莊子宗天，因任自然而薄人文，荀子主人，崇尚禮樂而重人爲，〈天論〉篇曰：「措人而思天，則失萬物之情。」正所以解莊子之蔽。此言：莊子以因任自然爲道之極軌，而不知人力之足以制天用天。萬物固由天生，成之則在人也。

又說：

爲鼠肝，爲蟲臂，一切隨緣任化，不復致力，即「因」之義。言若以自然爲道，則隨緣任化，不盡人事，就盡於治道之一切了。

荀子批評莊子「蔽於天而不知人」，從各家的疏解中，我們知道，「天」，是指無爲自然之義，「人」，楊倞的解釋，專門將之局限在人世間的「治亂」方面，範圍未免過小，梁任公將之解釋爲「人治」「人事」，意義已較爲擴大，李滋華先生將之解釋爲「人爲」「人文」「人力」，意義則更加廣大而安妥，也更適合《荀子》書中對於「人」這一概念的認識。在評論中，荀子以爲，莊子只見到宇宙間自然無爲的優點，以爲是大道的原則，卻不了解人爲的力量，人文的效用，足以宰制自然，應用自然，因此，莊子所見到的「天」，在整個宇宙世界人物之間，仍然是受到了莫大的蒙蔽而不自知。

同時，荀子以爲，莊子這種「蔽於天而不知人」的思想，只見到宇宙間自然無爲的好處，卻見不到人們在宇宙間所能發揮的力量，推致其極，必至於產生「由天謂之道，盡因矣」的結果；「因」，楊倞釋之爲「因任」、梁任公釋之爲「放任」，李滋華先生釋之爲「隨緣任化」，最爲切當，「由天謂之道，盡因矣」，李滋華先生解釋爲「言若以自然爲道，則隨緣順化，不盡人事，就盡於治道的一切了」，不但清晰明白，同時，也更肯定，荀子所說的「人」，不應該只限制在人們政權轉移的「治亂」方面，實則，一切「人爲」的力量，一切「人文」的效用，都應該包涵在「人」的範圍之內。

荀子批評莊子「蔽於天而不知人」，在上文所引述的《荀子柬釋》與《荀子集釋》中，我們見到，梁任公與李滋華兩位先生，已經各自枚舉了一些荀子的言論，以說明莊子「蔽於天而不知人」的思想特徵，以下，爲了印證荀子的批評意見，即再從《荀子》書中，分類枚舉出更多的例子，以作爲證明的資料❼，例如：

公文軒見右師而驚曰：「是何人也？惡乎介也？天與，其人與？」曰：「天也，非人也，天之生是使獨也，人之貌，有與也，以是知其天也，非人也。」（〈養生主〉）

老聃死，秦失弔之，三號而出，弟子曰：「非夫子之友邪？」曰：「然。」「然則弔焉若此，可乎？」曰：「然，始也吾以爲其人也，而今非也，向吾入而弔焉，有老者哭之，如哭其子，少者哭之，如哭其母，彼其所以會之，必有不蘄言而言，不蘄哭而哭者，是遁天倍情，忘其所受，古者謂之遁天之刑，適來，夫子時也，適去，夫子順也，安時而處順，哀樂不能入也，古者謂是帝之懸解。」（〈養生主〉）

死生，命也，其有夜旦之常，天也，人之有所不得與，皆物之情也。彼特以天爲父，而身猶愛之，而況其卓乎！人特以有君爲念乎己，而身猶死之，而況其眞乎！泉涸，魚相與處於陸，相呴以濕，相濡以沫，不如相忘於江湖，與其譽堯而非桀，不如兩忘而化其道。夫大塊載我以形，勞我以生，佚我以老，息我以死，故善吾生者，乃所以差吾死也。（〈大宗師〉）

聖人之生也天行，其死也物化，靜而與陰同德，動而與陽同波，不爲福先，不爲禍始，感而後應，迫而後動，不得已而後起，去知與故，循天之理。故無天災，無物累，無人非，無鬼責。其生若浮，其死若休，不思慮，不豫謀，光矣而不耀，信矣而不期，其寢不夢，其覺無憂，其神純粹，其魂不罷，虛無恬惔，乃合天德。（〈刻意〉）

支離叔與滑介叔觀於冥伯之丘，崑崙之虛，黃帝之所休，俄而柳生其左肘，其意蹶蹶然惡之，支離叔曰：「子惡之乎？」滑介叔曰：「亡，予何惡！生者，假借也，假之而生生者，塵垢也。死生爲晝夜，且吾與子觀化而化及我，我又何惡焉！」（〈至樂〉）

在〈養生主〉篇中，右師之介，究竟是由於天然，抑或是由於人爲？尙不可知，而公文軒卻斷定他是由於天然而非由於人爲。老聃之死，秦失以爲是適時而來，適時而去，以爲人生當安時處順，使哀樂之情，不入於胸次。在〈大宗師篇〉中，提到人生在世，勞佚安息，必不可免，人之死生，有如晝夜之變化，都是自然的現象，生既爲善，死也自然可以爲善。在〈刻意篇〉中，提到聖人生爲天行，死爲物化，其生若浮，其死若休，去知與故，循天之理，虛無恬惔，方合乎天德。在〈至樂篇〉中，提到生爲假借，死生如同晝夜之變化。這些，基本上，都是莊子思想中「順乎命定」、「安於自然」的一種人生觀。又如：

天下莫大於秋毫之末，而太山爲小，莫壽乎殤子，而彭祖爲夭。天地與我並生，而萬物與我爲一。（〈齊物論〉）

民濕寢則腰疾偏死，鰌然乎哉？木處則惴慄恂懼，猨猴然乎哉？三者孰知正處？民食芻豢，麋鹿食薦，蝍且甘帶，鴟鴉耆鼠，四者孰知正味？猨猵狙以爲雌，麋與鹿交，鰌

> 與魚游。毛嬙麗姬，人之所美也，魚見之深入，鳥見之高飛，麋鹿見之決驟，四者孰知天下之正色？（〈齊物論〉）
>
> 自其異者視之，肝膽楚越也；自其同者視之，萬物皆一也。（〈德充符〉）
>
> 以道觀之，物無貴賤；以物觀之，自貴而相賤；以俗觀之，貴賤不在己。以差觀之，因其所大而大之，則萬物莫不大；因其所小而小之，則萬物莫不小；知天地之爲稊米也，知豪末之爲丘山也，則差數覩矣。（〈秋水〉）
>
> 牛馬四足是謂天，落馬首，穿牛鼻，是謂人，故曰，無以人滅天，無以故滅命，無以得徇名，謹守而勿失，是謂反其眞。（〈秋水〉）

在〈齊物論篇〉中，提到天地與我並生，萬物與我爲一，也提到處在平等的地位上，人與其他動物之間，很難有相同的價值標準。在〈德充符篇〉中，也提到萬物皆一的觀念。在〈秋水篇〉中，提到在大道的觀點下，物無貴賤之分，無差別之數，也提到天與人的不同，以及無以人爲的事項去損滅天然的和諧。這些，基本上，都是莊子思想中「物我齊一」、「安於自然」的一種物我觀。又如：

> 明王之治，功蓋天下，而似不自己，化貸萬物而民弗恃，有莫舉名，使物自喜，立乎不測，而遊於無有者也。（〈應帝王〉）
>
> 無爲名尸，無爲謀府，無爲事任，無爲知主，體盡無窮，而遊無朕，盡其所受乎天，而無見得，亦虛而已，至人之用心若鏡，不將不迎，應而不藏，故能勝物而不傷。

（〈應帝王〉）

彼民有常性，織而衣，耕而食，是謂同德；一而不黨，命曰天放；故至德之世，其行塡塡，其視顚顚；當是時也，山無蹊隧，澤無舟梁，萬物群生，連屬其鄉，禽獸成群，草木遂長，是故禽獸可係羈而遊，鳥鵲之巢可攀援而闚。（〈馬蹄〉）

夫赫胥氏之時，民居不知所爲，行不知所之，含哺而熙，鼓腹而遊，民能已此矣。及至聖人，屈折禮樂，以匡天下之形，懸跂仁義，以慰天下之心，而民乃始踶跂好知，爭歸於利，不可止也，此亦聖人之過也。（〈馬蹄〉）

至德之世，不尚賢，不使能，上如標枝，民如野鹿，端正而不知以爲義，相愛而不知以爲仁，實而不知以爲忠，當而不知以爲信，蠢動而相使，不以爲賜，是故行而無迹，事而無傳。（〈天地〉）

在〈應帝王篇〉中，提到在上位者，當無爲任化，不居其名；也當遊於無朕，而盡其所受於天者。在《馬蹄篇》中，提到民有常性，在上位者，當順任天放，又當順應自然，使民含哺而熙，鼓腹而遊，切勿屈折禮樂，懸跂仁義，以人損天。在《天地篇》中，提到在上位者，當不尙賢能，不多仁義，但任自然，使民如野鹿之遨遊而已。這些，基本上，都是莊子思想中「恬惔無爲」、「安於自然」的一種政治觀。

要之，上述《莊子》書中所顯示出來的思想，無論是在人生觀方面、物我觀方面、政治觀方面，都未免太強調了天然自然虛靜無爲的作用，而不免忽略了人爲的力量，在人生、物類、政治等方面所曾產生的功能，因此，荀子批評莊子的思想，認爲他是「蔽於天而不知人」，從某些方面看，確是有著相當程度的道理。

至於荀子以爲，莊子的「蔽於天而不知人」，可能導致於「由天謂之道，盡因矣」的不良後果，則是批出了莊子的這種思想，如果大行於世，而爲人們所廣泛地推崇與肯定，則在人們心目之中，勢將產生一切放任自然、隨緣順化，而不復求盡人事、致力人爲的情形。

荀子批評莊子的思想，「蔽於天而不知人」，以爲莊子的思想，只見到宇宙世界中自然的功能，卻見不到宇宙界中人爲的力量，因此，很自然地，荀子自己，也就以「知人」而「不蔽於天」自居了。所以，荀子批評莊子，一方面，是他從客觀的立場上，認識了莊子思想的缺點，另一方面，也是他從主觀的立場上，由自己本身的學術思想作出發點，而作出的批評意見。

四、荀子批評老莊思想的原因

在老莊的思想中，最主要的觀念，自然是「道」，但是，「道」可統「天」，因此，老莊書中所謂的「天」，也往往是「道」的代稱，是自然無爲的意義。荀子批評莊子，說他是「蔽於天而不知人」，以爲莊子只認識到宇宙中天然的力量，其實，在某些方面，荀子本身也與莊子一樣，對於「天」，曾經有著不少的認識，《荀子・天論篇》說：

> 天行有常，不爲堯存，不爲桀亡。應之以治則吉，應之以亂則凶，彊本而節用，則天

不能貧，養備而動時，則天不能病，修道而不貳，則天不能禍；故水旱不能使之饑渴，寒暑不能使之疾，祆怪不能使之凶。本荒而用侈，則天不能使之富，養略而動罕，則天不能使之全，信道而妄行，則天不能使之吉；故水旱未未至而饑，寒暑未薄而疾，祆怪未至而凶。

又說：

天不爲人之惡寒也輟冬，地不爲人之惡遼遠也輟廣。

又說：

治亂，天邪？曰，日月星辰瑞曆，是禹桀之所同也，禹以治，桀以亂，治亂非天也。❽

《荀子·禮論篇》也說：

天能生物，不能辨物，地能載人，不能治人。

荀子以爲，「天」是永恆不變的自然體，依照著自然的規律而運行不息，「天」不會由於人事的改易而產生變動，也不會由於人們的好惡而稍爲改變其常規，「天」只是一種沒有意志的物質，既不能對人們降福或降禍，也不能對人間社會產生或亂或治的影響力量。對於「天」的看法，在這一點上，荀子與莊子的觀點，是十分相近的，至於荀子對於莊子之所以有不同的意見，進而批評莊子「蔽於天而不知人」，主要是在於他對「天人之分」（〈天論〉）的看法上面。

莊子雖然認識到「天」的自然本質，但是，他卻認爲，宇宙之間，既然有一種自然的和諧存在，人們只要清虛無爲，自然順應，便能夠融入這一宇宙的和諧之中，因此，他主張，人們對於「天」，要採取「崇天」「順天」「應天」而行的態度，就像前文所引述的某些《莊子》書中的例證一樣。其實，在這一點上，老子對「天」的認識和主張，與莊子是十分相似的，因此，由於「天道」引領著「人生之道」，老子的思想，自然也就走上了「崇天」「順天」「應天」的途徑，隨順因任於「自然」的方向。

荀子卻不然，他既已認識到「天」的自然本質，他便不再深求於「天」，他轉而求之於「人」，以「人」爲本位，以「人」作爲宇宙的重心，他說：「君子敬其在己者，而不慕其在天者，是以日進也。」在此，「己」與「天」的對待，也就是「人」與「天」的對待，在「己」者，也就在「人」者，他說：「在人者，莫明於禮義。」所以，荀子在人生修養方面，也特別强調了「禮義」的功能，由於他强調了「人生」及「禮義」的功能，所以，對於宇宙一些「星墜、木鳴」的怪異現象，他也認爲是「天地之變，陰陽之化，物之罕至者也，怪之，可也，而畏之，非也」，認爲是不足恐懼的事情，反之，他認爲，「人祅，則可畏也」，他認爲，一切人謀不臧的事項，才是最可畏懼的災害，因此，更進一步，對於自然界的「天」，他也提出了人們應該「制天」「用天」的看法，他說：「大天而思之，孰與物畜而制之，從天而頌之，孰與制天命而用之」[9]，也就是由於站在「以人」去「制天」「用天的立場上，站在强調了「人爲」力量的立場上，荀子才對莊子「崇天」「順天」的思想，提出了「蔽於天而不知人」的批評意見，也才認爲，莊子的過於順從自然，勢將導致「由天謂之道，盡因矣」的結果，勢將一切因應自然，而輕忽了人爲力量的價值，從而也輕忽了「人」在宇宙間應有的價值，因此，像前述莊子思想中的一些「順乎命定」、「物我齊一」、「恬淡無爲」、「安於自然」的觀點，這在强調「人爲」力量的荀子而言，必然是無法加以接受的。

在批評老子思想方面，由於荀子特別注重「人爲」的力量，特別重視「人」在宇宙中的價值，所以，他也主張，人在宇宙之中，不應該只是隨順自然的變遷，不應該只是曲從自然的演化，隨緣委屈，柔順任化，他以爲，人在宇宙之中，應該要作自己的主宰，應該要作萬物的重心，剛健自强，伸張心志，因此，荀子特別强調了「人」的重要，他說，「人之所以爲人者，非特以二足而無毛也，以其有辨也」，「辨莫大於分，分莫大於禮，禮莫大於聖王」（見〈非相篇〉），又說，「水火有氣而無生，草木有生而無知，禽獸有知而無義，人有氣有生有知亦且有義，故最爲天下貴」（見〈王制篇〉），荀子以爲人之最爲可貴的地方，是由於人能分別是非，而分別是非，最重要的，便是認識「禮義」的功能，尤其是「禮」，荀子更認爲，「禮者，人道之極也」（見〈禮論篇〉），這也是宇宙間其他生物所無法具備，而爲人所獨具的能力，所以才格外顯得珍貴。

另外，荀子雖然主張「人之性惡」，但是，他也以爲，「今人之性惡，必將待師法然後正，得禮義然後治」，就像「枸木必將待檃栝烝矯然後直」一樣，只要人們能夠「化性而起僞」（見〈性惡篇〉），盡力學問，踐行禮樂，積漸不已，盡到「人爲」（僞）的力量，則必然能夠成爲賢德的「君子」，甚至於優入「聖人」的境域，所以，荀子認爲，「上爲聖人，下爲士君子，孰禁我哉！鄉也混然涂之人，俄而並乎堯舜」（見〈儒效篇〉），並不是絕不可能的事實。

也就是由於荀子以「人」爲宇宙的重心，以「人」爲本位的思想，所以才特別强調「人爲」的力量，認爲「人」在宇宙之中，只要善於應用自身的力量，便可以發揮無窮無盡的作用，本著這種信念，所以，荀子才以爲人生應該要行健不已、剛强不息地往前邁進，這種情形，對照著老子清虛無爲寧靜自然的「天道觀」與「人生觀」，在爲學與爲政那兩方面，對比得也特別明朗。

在爲學方面，荀子主張力學方能有成，他以爲，就像「木受繩則直，金就礪則利」一樣，「君子博學而日參省乎己，則知明而行無過矣」，也像「蓬生麻中，不扶而直，白沙在泥，與之俱黑」一樣，所以「君子居必擇鄉，遊必就士，所以防邪僻而近中正也」，因此，他主張人們爲學，必須要累積功力，以致有成，他以爲，「不積蹞步，無以至千里，不積小流，無以成江海」，「鍥而舍之，朽木不折，鍥而不舍，金石可鏤」，只要「眞積力久」，則必能有得於己，以至於「始乎爲士，終乎爲聖人」[10]，這種堅持方向，奮力學習的精神，與老子「絕聖棄智」（十九章）的基本主張，相距又何止霄壤。

在爲政方面，荀子主張教化作爲，他以爲，人君是國家的主宰，他以爲，「天地生君子，君子理天地，君子者，天地之參也，萬物之揔也，民之父母也」（〈王制〉），以爲「天下者，至重也，非至彊莫之能任」（〈正論〉），因此，主張「人主者，以官人爲能者也」

（〈王霸〉），而「主道利明不利幽，利宣不利周」（〈正論〉），主張「王者之論，無德不貴，無能不言，無功不賞，無罪不罰」，主張人君要「選賢良，舉篤敬，興孝弟，收孤寡，補貧窮」（〈王制〉），主張為人主者，應該要「輕田野之稅，平關市之征，省商賈之數」，像這種君王以強勢的作法，任賢舉能，「以政裕民」（〈富國〉）的為政態度，與老子所推崇的小國寡民、不尙賢能、虛心弱志的基本主張，其間相差，又豈能以道里計。

荀子上承孔門之教，為傳經之儒，對於孔門的六經，具有承傳光大的貢獻⑪。他對於孔門《易經》行健不息的要旨，自然也有深刻的會心，因此，荀子批評老子，說老子「有見於詘，無見於信」，自然也是從剛健自強的立場而出發的，因為，從荀子自己的思想淵源、思想內容來看，他所顯示出來的，確是一種強力奮起直道而行的態度，以及對於「人」的力量的自我肯定的精神，而卻不是在自然力量的籠罩之下，委屈隨順的柔弱之道，因此，荀子對於老子思想所作的批評意見，從他自己的學說觀點來看，自然是十分恰當的。

五、結　語

對於老莊思想的批評，在荀子以前，只有《莊子・天下篇》中的評論意見，最為具體，〈天下篇〉說：

> 以本為精，以物為粗，以有積為不足，淡然獨與神明居，古之道術有在於是者，關尹老聃聞其風而說之，建之以常無有，主之以太一，以濡弱謙下為表，以空虛不毀萬物

爲實……老聃曰：「知其雄，守其雌，爲天下谿；知其白，守其辱，爲天下谷。」人皆取先，己獨取後，曰受天下之垢；人皆取實，己獨取虛，無藏也故有餘，巋然而有餘。其行身也，徐而不費，無爲也而笑巧，人皆求福，己獨曲全，曰苟免於咎。以深爲根，以約爲紀，曰堅則毀矣，銳則挫矣。常寬容於物，不削於人，可謂至極。

又說：

芴漠無形，變化無常，死與生與，天地並與，神明往與！芒乎何之，忽乎何適，萬物畢羅，莫足以歸，古之道術有在於是者，莊周聞其風而說之，以謬悠之說，荒唐之言，無端崖之辭，時恣縱而不儻，不以觭見之也。以天下爲沉濁，不可與莊語，以巵言爲曼衍，以重言爲眞，以寓言爲廣，獨與天地精神往來，而不敖倪於萬物，不譴是非，以與世俗處。……上與造物者遊，而下與外生死無終始者爲友，其於本也，宏大而辟，深宏而肆，其於宗也，可謂調適而上遂矣，雖然，其應於化而解於物也，其理不竭，其來不蛻，芒乎昧乎，未之盡者。

〈天下篇〉究竟屬誰所作，尚無法遽加論定[12]，只是，〈天下篇〉中，對於老莊思想的源流要義，未免闡釋得較多，批評得較少，同時，〈天下篇〉既然也收在今本的《莊子》書內，則其作者與莊學的關係，必非尋常，對於莊子的思想，推崇較多，也屬常情，在批評方面，自然也較爲保留。在荀子以後，西漢以前，對於老莊思想的批評，則出現得較多，例如《呂氏春秋不二篇》說：

老聃貴柔。

所評意見，則極爲簡單。又如《史記・太史公自敘》引司馬談〈論六家要指〉曾說：

道家使人精神專一，動合無形，贍足萬物，其爲術也，因陰陽之大順，采儒墨之善，撮名法之要，與時推移，應物變化，立俗施事，無所不宜，指約而易操，事少而功多。

又說：

道家無爲，又曰無不爲，其實易行，其辭難知，其術以虛無爲本，以因循爲用，無成勢，無常形，故能究萬物之情，不爲物先，不爲物後，故能爲萬物主，有法無法，因時爲業，有度無度，因物與合，故曰聖人不朽，時變是守；虛者道之常也，因者君之綱也，群臣並至，使各自明也。其實中其聲者謂之端，實不中其聲者謂之窾，窾言不聽，姦乃不生，賢不肖自分，白黑乃形，在所欲用耳，何事不成！乃合大道，混混冥冥，光耀天下，復反無名，凡人所生者神也，所託者形也，神太用則竭，形太勞則敝，形神離則死，死者不可復生，離者不可復反，故聖人重之，神者生之本也，形者生之具也，不先定其神，而曰我有以治天下，何由哉！

司馬談的學術思想，偏重在道家方面，所以，他的敘論六家要指，於儒墨名法陰陽各家之外，最爲推崇道家的思想，最爲顯揚道家學說的應用價值，也因此，他對道家思想的批評意見，便顯得稱許過當，而未能見及其基本的缺點了。又如《史記‧老莊申韓列傳》曾說：

> 老子所貴道，虛無因應，變化於無爲，故著書辭稱微妙難識。莊子散道德放論，要亦歸之自然。申子卑卑，施之於名實。韓子引繩墨，切事情，明是非，其極慘礉少恩。皆原道德之意，而老子深遠矣。

司馬遷是董仲舒的弟子，他的學術思想，博識多方，而重心仍在儒家方面，他對老莊學說的敘述，尚稱中理，但對老莊思想的缺失，則未嘗論及。又如《漢書‧藝文志‧諸子略‧小序》曾說：

> 道家者流，蓋出於史官，歷記成敗存亡禍福古今之道，然後知秉要執本，清虛以自守，卑弱以自持，此君人南面之術也，合於堯之克攘，《易》之嗛嗛，一謙而四益，此其所長也。及放者爲之，則欲絕去禮學，兼棄仁義，曰獨任清虛，可以爲治。

班固推尋道家思想的淵源，以爲出於古代的史官，又以道家的清虛卑弱，爲君王南面之術，都不免是站在漢代（以至黃老）的觀點，去推論道家的學說，至於絕去禮學，兼棄仁義，班固則將之歸結至道家的後學末流，而以爲與原始道家的思想，無所關係。

要之，在西漢以前，對於老莊思想的批評意見，仍然是以荀子的評論，最爲中肯確切，最爲簡明扼要，荀子的批評，文字雖然精簡，含義卻豐富具足，也最能掌握老莊思想的基本精神，最能把握老莊思想的基本缺陷，荀子批評莊子思想的缺點是「蔽於天而不知人」，荀子的批評，固是站在「人爲」的「制天」「用天」的立場，去批評莊子的過於尊崇自然、順應自然，而忽略了人爲的力量，以至於低估了人爲的價值。另外，荀子批評老子思想的缺點是「有見於詘，無見於信」，荀子的批評，也同樣是站在「人爲」的「制天」「用天」的立場，去批評老子的過於尊崇自然、順應自然，而忽略了伸張人爲的力量，以至於隨順委屈的行徑。因此，追根究柢，荀子認爲，莊子思想的基本缺點，是過於「崇天」與「順天」，老子思想的基本缺點，同樣也是過於「崇天」與「順天」，所以，對於「天人之分」有著相異的見解，在認識到「天」的「自然」本質之後，對於「措天重人」與「以人順天」的取向不同，是荀子與老莊思想所以不同的基本因素，也是荀子所以批評老莊思想的基本原因。

總之，荀子對於老莊思想的批評，從小處看，可以視爲是荀子與老莊思想的基本差異，從大處看，也可以視爲是儒家思想與道家思想的基本差異，同時，藉著荀子對於老莊思想的批評意見，實則，也已經更加凸顯了「人」在宇宙中的價值，彰顯了「人」在世界上的意義，因此，如果人們在接觸老莊的思想學說之際，能夠深思一下荀子對於老莊思想的批評意見，則可能在自己的心目中，另作一番相對的反省，另作一番不同的思慮，從而在自己的心目中，也可能多作一番比較與調適，能夠如此，則荀子所提供給世人的，又豈是微小的貢獻呢！

附注

❶《史記·孟荀列傳》曾說：「齊襄王時，而荀子最為老師。」又說：「李斯曾為弟子，已而相秦。」劉向〈孫卿新書敘錄〉說：「孫卿後孟子百餘年。」據錢穆先生《先秦諸子繫年》所考，荀子約生於周顯王二十九年，當西元前三四〇年，卒於秦始皇二年，當西元前二四五年。

❷此據中華書局《四部備要》本，下引並同。

❸此據民國五十四年臺灣商務印書館臺一版本，下引並同。

❹此據民國六十八年二月學生書局初版本，下引並同。

❺下引《老子》，並據民國五十年廣文書局影印王弼注本。

❻楊倞之注，以「道」字屬下句，此從王先謙《荀子集解》所校，以「道」字屬上句讀。

❼下引《莊子》，並據民國六十三年河洛出版社影印郭慶藩《莊子集釋》本。

❽此據民國五十年十一月世界書局所印王先謙《荀子集解》本，下引《荀子》並同。

❾以上所引，並見《荀子·天論篇》。

❿以上所引，並見《荀子·勸學篇》。

⓫清人汪中，曾撰〈荀卿子通論〉一文，以為「荀子於諸經無不通」，「荀卿之學，出於孔氏，而尤有功於諸經」，又以為，「荀卿善為《易》」，其義亦見〈非相〉〈大略〉二篇」。

⓬有人以為，〈天下篇〉是莊子的後序，作者是莊周本人，有人以為，〈天下篇〉是莊子的門人後學所撰，迄無定論。

（此文原刊載於《興大中文學報》第五期，民國八十一年一月出版）

國家圖書館出版品預行編目資料

老莊研究

胡楚生著. – 初版. – 臺北市：臺灣學生，
1992[民 81]
面；公分. – (中國哲學研究叢刊；33)

ISBN 957-15-0456-4 (平裝)

1.老子 — 批評，解釋等
2.莊子 — 批評，解釋等

121.317　　　　81005252

老莊研究（全一冊）

著作者：胡楚生
出版者：臺灣學生書局
發行人：孫善治
發行所：臺灣學生書局
臺北市和平東路一段一九八號
郵政劃撥戶：〇〇〇二四六六八號
電話：(〇二)二三六三四一五六
傳真：(〇二)二三六三六三三四

本書局登記證字號：行政院新聞局局版北市業字第玖捌壹號

印刷所：宏輝彩色印刷公司
中和市永和路三六三巷四二號
電話：二二二六八八五三

定價：平裝新臺幣二七〇元

西元一九九二年十月初版
西元二〇〇一年十月初版二刷

12133

ISBN 957-15-0456-4 (平裝)

臺灣 學生書局 出版

中國哲學叢刊

- ㉔ 譚嗣同變法思想研究　王　樾著
- ㉕ 明清之際儒家思想的變遷與發展　林聰舜著
- ㉖ 張載哲學與關學學派　陳俊民著
- ㉗ 明末清初學術思想研究　何冠彪著
- ㉘ 道教新論　龔鵬程著
- ㉙ 儒釋道與中國文豪　王　煜著
- ㉚ 帛書老子校注析　黃　釗著
- ㉛ 中國古代崇祖敬天思想　王祥齡著
- ㉜ 黃老學說與漢初政治平議　司修武著
- ㉝ 近思錄詳註集評　陳榮捷著
- ㉞ 老莊研究　胡楚生著
- ㉟ 莊子氣化論　鄭世根著
- ㊱ 韓非之著述及思想　鄭良樹著
- ㊲ 儒家的生命情調　戴朝福著
- ㊳ 中國文化哲學　馮滬祥著
- ㊴ 朱子學與明初理學的發展　祝平次著
- ㊵ 明末清初理學與科學關係再論　張永堂著
- ㊶ 中華文化的省思　戴朝福著
- ㊷ 老子新校　鄭良樹著
- ㊸ 孔子的生命境界——儒學的反思與開展　蔡仁厚著
- ㊹ 仁學　譚嗣同著，湯志鈞．湯仁澤校注
- ㊺ 荀子集釋　李滌生著
- ㊻ 劉宗周及其愼獨哲學　黃敏浩著
- ㊼ 燕園耕耘錄——朱伯崑學術論集(上冊)　朱伯崑著
- ㊽ 燕園耕耘錄——朱伯崑學術論集(下冊)　朱伯崑著
- ㊾ 體用與心性：當代新儒家哲學新論　賴賢宗著
- ㊿ 哲學史與儒學論評：世紀之交的回顧與前瞻　蔡仁厚著
- 51 歷代聖哲所講論之心學述要　朱維煥述要

52 老子道德經闡釋　朱維煥著
53 儒學反思錄　龔鵬程著